Nikos Chilas/Winfried Wolf
DIE GRIECHISCHETRAGÖDIE

Bibliografische Information der Deutschen Bibliothek:
Die Deutsche Bibliothek verzeichnet diese Publikation
in der Deutschen Nationalbibliografie.
Detaillierte bibliografische Daten sind im Internet über http://dnb.ddb.de abrufbar.

© 2016 Promedia Druck- und Verlagsgesellschaft m.b.H., Wien
Alle Rechte vorbehalten
Lektorat: Hannes Hofbauer
Gestaltung: Stefan Kraft
Druck: CPI – Clausen & Bosse, Leck
Printed in Germany
ISBN: 978-3-85371-403-4

Fordern Sie die Kataloge unseres Verlags an:

Promedia Verlag
Wickenburggasse 5/12
A-1080 Wien
E-Mail: promedia@mediashop.at
Internet: www.mediashop.at
www.verlag-promedia.de

DIE GRIECHISCHE TRAGÖDIE

Rebellion, Kapitulation, Ausverkauf

NIKOS CHILAS / WINFRIED WOLF

PROMEDIA

Die Autoren

Nikos Chilas, geboren 1944, war jahrelang Korrespondent des griechischen öffentlich-rechtlichen Rundfunks ERT in Deutschland und Österreich. Seit 1999 berichtet er für die griechische Tageszeitung »To Vima«.

Winfried Wolf, geboren 1949 in Horb am Neckar, studierte Politikwissenschaften in Freiburg und Berlin. Von 1994 bis 2002 war er Mitglied des deutschen Bundestags. Chefredakteur von »Lunapark21 – Zeitschrift zur Kritik der globalen Ökonomie«. Im Promedia Verlag sind von ihm bisher erschienen: »Verkehr. Umwelt. Klima. Die Globalisierung des Tempowahns« (2. Auflage 2007) und »Sieben Krisen, ein Crash« (2007).

Inhaltsverzeichnis

Vorwort 7

Kapitel 1
Griechenland-Krise und Migrationskrise 9

Kapitel 2
Von der Rebellion zur Kapitulation 17

Kapitel 3
Die griechische Krise ist eine Krise der Europäischen Union 41

Kapitel 4
Die Politik der Memoranden 2010 bis 2015 61

Kapitel 5
Großprojekte, Rüstung und Korruption 89

Kapitel 6
Deutsche Politik und Griechenland 113

Kapitel 7
Der Zerfall des politischen Systems und das Troika-Regime 135

Kapitel 8
Syriza 155

Kapitel 9
Ein ganzes Land im Ausverkauf 185

Kapitel 10
Kräfteverhältnisse und Realpolitik 205

Vorwort

Wir haben mitgefiebert, mitgelitten, mitgestritten: Damals, Ende Januar 2015, als der Wahlsieg von Syriza feststand und die Regierung des Merkel-Freundes Samaras endlich durch ein linkes Projekt abgelöst wurde. Damals im Frühjahr 2015, als Alexis Tsipras und Jannis Varoufakis die zerstörerische Politik der Troika anprangerten. Damals, im Juli, als es beim Referendum das überwältigende OXI – „nein" – gab. Spätestens als die griechische Regierung und das Parlament in Athen – als Resultat der erpresserischen Politik der EU – mehrheitlich einem dritten Memorandum mit der Verschärfung der Sparpolitik zustimmten, schieden sich die Geister. War es Verrat? Nur eine Kapitulation? Dann aber eine bedingungslose? Ist Syriza weiter eine linke Partei oder hat sie nach der Abspaltung ihres linken Flügels und der Unterzeichnung des neuen Memorandums die Seiten gewechselt?

Wir sind nicht nur leidenschaftliche Beobachter der Entwicklung in Griechenland und in der EU. Wir sind als Mitherausgeber der im März 2015 gegründeten Publikation *Faktencheck:HELLAS* auch praktisch engagiert in der Solidarität mit der griechischen Bevölkerung. Diese Zeitschrift erschien in fünf Ausgaben und am Ende in sechs Sprachen, darunter in einer griechischen Ausgabe als Beilage zur linken griechischen Tageszeitung *EFSYN* (Zeitung der Redakteure).[1] Für die Kooperation mit dieser hervorragenden Zeitung bedanken wir uns vor allem bei Dimitris Psarras vom EFSYN-Redaktionsteam, für die Zusammenarbeit bei redaktionellen Themen, insbesondere beim Thema Migration, sind wir Dorothee Vakalis in Thessaloniki zu großem Dank verpflichtet. Es ist daran gedacht, das Projekt fortzusetzen und in eine Publikation *FaktenCheck:Europa* umzuwandeln. Wir gehen dabei davon aus, dass Rebellion und Krise in Griechenland im Zusammenhang mit der Krise der EU und mit der Krise des Euro zu sehen sind und dass es zu einem neuen Aufbrechen dieser Krise mit einem neuen „Fenster der Hoffnung" kommen wird.

Dieses Buch wäre nicht zustande gekommen, hätte es nicht die breite Solidarität mit der griechischen Bevölkerung und dabei die erwähnte Publikation *FaktenCheck:HELLAS* gegeben. Wir bedanken uns bei all denen, die am Zustandekommen dieser erstaunlichen Veröffentlichung mitgewirkt haben, namentlich bei Sebastian Gerhardt, Susanne Rohland, Nadja Rakowitz, Werner Rügemer, Karl Heinz Roth, Mag Wompel, Heino Berg, Margarita Tsomou und Joachim

---

1. Die deutsche Ausgabe erreichte (alle fünf Ausgaben addiert) eine Auflage von 230.000 Exemplaren. Informationen und Bilanz siehe www.faktencheckhellas.org

Römer, bei denen, die die Zeitschrift ins Griechische (Nikoleta Charana), Spanische (Claudia Cabrera), Englische (Christian Bunke), Französische (Bernard Schmid) und ins Italienische (Martina Moog) übersetzten und bei den vielen Dutzend Menschen, die das Projekt so großzügig und engagiert unterstützt hatten, nicht zuletzt viele Mitglieder des Wissenschaftlichen Beirats von Attac.

Wir bedanken uns ferner bei Erika Kanelutti-Chilas, Andrea Marczinski und Hannes Hofbauer für Lektoratsarbeiten. Lange Gespräche mit Interview-Charakter wurden mit den folgenden Personen geführt: mit Christophoros Papadopoulos, Abgeordneter von Syriza, mit dem Ökonom Petros Linardos-Rylmon, mit Panagiotis Lafazanis, Sprecher der Volkseinheit (LAE), und mit Nadja Valavani, der ehemaligen stellvertretenden griechischen Finanzministerin.

Όχι στην εκποίηση της ζωής μας! – Nein zum Ausverkauf unseres Lebens!

Das war die Parole, die in den Tagen des Referendums an vielen Mauern Athens prangte.

Sie gilt heute genauso wie damals.

Nikos Chilas und Winfried Wolf
Athen und Berlin, am 28. Januar 2016

Kapitel 1
Griechenland-Krise und Migrationskrise

Oder: Von der Hetzjagd auf ein neues, altes Gespenst

Ihr unterzeichnet jetzt hier in Frankfurt den Frieden, aber was geschieht in Paris, Mann? Holen Sie endlich diese rote Fahne vom Pariser Stadthaus! Die Schweinerei hat mich schon einige Nächte gekostet, verdammt schlechtes Beispiel für Europa! Muß man ausrotten wie Sodom und Gomorrha, mit Pech und Schwefel. [...] Ihr seid mir komische Käuze. Waffenhilfe schlagt ihr schamhaft ab, aber eure Gefangenen [die gefangenen französischen Soldaten, die dann zur Niederschlagung der Commune eingesetzt wurden; d. Verf.] sollen wir freigeben, hintenherum. Weiß ja, weiß ja, es soll nicht mit Hilfe einer fremden Regierung geschehen sein. Nach der Melodie: ›Ach Theodor, du alter Bock, greif mir nicht vor den Leuten unter'n Rock, wie?‹ [...] Naja, unsere Kanaille im Reichstag verlangt ja auch, dass wir den Bonaparte [Napoleon Bonaparte III, der zuvor in preußische Kriegsgefangenschaft geriet; d. Verf.] ausliefern, wird nischt draus, den halt ich mir im Ärmel, damit ich euch an der Leine halte, haha. Ausliefen tu ich den gemeinen Mann, daß ihr die Genossen in Paris zur Ader lassen könnt, das wird 'ne Überraschung sein. Krieg hin, Krieg her. Ordnung muss sein. Da greif ich auch dem Erbfeind untern, schön, untern Arm, Favre. Aber jetzt haben sie bald 200.000 Mann freigekriegt von uns. [...]
Aber wie gesagt, ich will Taten sehn, Mann. Ich hab Ihnen zugestanden, dass sie mit der Kriegsentschädigung erst nach der Pazifizierung von Paris anfangen, also bringt gefälligst etwas Dampf dahinter.

Auszug aus dem Theaterstück von Bertolt Brecht, Die Tage der Commune[1]

Frankreich könnte froh sein, wenn jemand das Parlament zwingen würde, aber das ist schwierig, so ist die Demokratie [...] Wenn Sie mit meinen französischen Freunden, ob mit [dem französischen Finanzminister] Michel Sapin oder mit [dem Wirtschaftsminister Frankreichs] Emmanuel Macron sprechen, dann haben sie lange Geschichten zu erzählen über ihre Schwierigkeiten, die öffentliche Meinung und das Parlament von der Notwendigkeit der Arbeitsmarktreform zu überzeugen.

Wolfgang Schäuble im April 2015[2]

---

1. Bertolt Brecht, Gesammelte Werke 5, Stücke 5, Frankfurt am Main 1967, S. 2172.
2. Nach: *Frankfurter Allgemeine Zeitung* vom 17. April 2015.

Am Anfang war es nur ein Spuk. Doch er versetzte Europa in Angst und Schrecken. »Ein Gespenst geht um in Europa – das Gespenst des Kommunismus«, schrieben Karl Marx und Friedrich Engels im *Manifest der Kommunistischen Partei*. »Alle Mächte des alten Europa haben sich zu einer heiligen Hetzjagd gegen dies Gespenst verbündet, der Papst und der Zar, Metternich und Guizot, französische Radikale und deutsche Polizisten.«[3]

Die Jagd war nicht leicht. Die Hetze ging oft ins Leere. Ein Gespenst ist schwer zu fassen. Allerdings ermöglichte das vage gehaltene Gründungsdokument, in dem die Heilige Allianz erklärte, »den menschlichen Einrichtungen Dauer verleihen« zu wollen, den Rundumschlag gegen jede Art fortschrittliche Position. »Wo ist die Opposition, die nicht von ihren regierenden Gegnern als kommunistisch verschrieen worden wäre?«, fragten die Verfasser des *Manifestes*.

Gleichwohl war es der Anfang einer neuen Ära der Hoffnung. Einer Ära der Rebellion von Proletariern, die »nichts zu verlieren (haben) als ihre Ketten.« Von Menschen, die »eine Welt zu gewinnen« hatten.[4]

Nach der Gründung der sozialdemokratischen Parteien in der zweiten Hälfte des 19. Jahrhunderts bekam das Gespenst Fleisch und Blut. Entsprechend handgreiflich wurde die Repression. Die Abschlachtung der Pariser Kommunarden 1871 ist ein beredtes Beispiel dafür. Sie wurde exekutiert durch ein Bündnis, wie es aktuell auch in der Eurokrise und in der griechischen Tragödie zur Anwendung kommt: einer Achse Berlin-Paris.

Das Muster, die demokratische Linke so früh, so oft und so gründlich wie nur möglich niederzuschlagen und damit die Hoffnung auf eine Gesellschaft der Solidarität und eine Welt ohne Ausbeutung auszulöschen, wurde seither noch unzählige Male angewandt. So mit der Ermordung hunderttausender Menschen in Indonesien 1965, mit dem Putsch der Obristen in Griechenland 1967 oder mit dem Militärputsch in Chile 1973.[5]

3. Karl Marx / Friedrich Engels, *Manifest der Kommunistischen Partei*, in: Marx-Engels-Werke (MEW), Band 4, S. 461. François-Pierre-Guillaume Guizot war in den Jahren 1840 bis 1848 französischer Innenminister. Fürst von Metternich war in den Jahren 1821 bis 1848 österreichischer Staatskanzler und maßgeblicher Begründer der »Heiligen Allianz«. In der Heiligen Allianz schlossen sich die Monarchien Österreich, Preußen und Russland (und in der Folge die meisten anderen Königreiche Europas) zusammen, um ihre Macht gegen die bürgerliche Revolution, gegen liberale Bestrebungen und gegen das aufstrebende Proletariat zu verteidigen.
4. Ebenda, S. 461.
5. In diesen Zusammenhang gehört auch die Niederschlagung des »Prager Frühlings« durch den Einmarsch sowjetischer Truppen in Prag 1968. Wobei die »Hetzjagden«, die die »Heilige Allianz« von Moskaus Gnaden nach dem Zweiten Weltkrieg u. a. 1956 in Ungarn, 1968 in Warschau und im gleichen Jahr in Prag veranstaltet hatte, nie ein solches Ausmaß an Brutalität erreichten wie die angeführten Hetzjagden im Westen. Nehmen wir das Beispiel Indonesien, ein Ereignis, das in der Öf-

2015 war es wieder so weit. Erneut wurde das Gespenst identifiziert. Im hochverschuldeten Griechenland hatte eine linke Partei mit Namen Syriza die Regierung übernommen. Dies sollte nicht ohne Folgen bleiben. Die ersten, wenn auch zaghaften Reformen zugunsten der breiten Bevölkerung im Land sowie die Kampagne von Alexis Tsipras und Jannis Varoufakis gegen die Politik der Austerität, verharmlosend als »Sparpolitik« bezeichnet, deuteten auf ein großartiges linkes Experiment. Erneut keimten Hoffnungen in der Linken in Europa auf. Zum ersten Mal nach dem Zusammenbruch der Länder, die man als »real sozialistisch« bezeichnet hatte, wagte eine linke Kraft, den übermächtigen ökonomischen und politischen Interessen des neoliberalen Europas die Stirn zu bieten.

Die Allianz der Gläubiger blies ins Kriegshorn. Es kam zu einer neuen »heiligen Hetzjagd«. Das Kommando führte das deutsche Pendant zu Fürst Metternich – Wolfgang Schäuble. Wobei ein modernes, höchst effektives Waffenarsenal zum Einsatz kam: Anstelle der militärischen setzte die Heilige Allianz der Gläubiger ihre Finanz-Waffen ein. Die Finanztranchen aus dem zweiten Hilfsprogramm für Griechenland wurden eingestellt. Die finanzielle Unterstützung der griechischen Banken seitens der Europäischen Zentralbank wurde gekappt. Die Rebellen wurden in einem ermüdenden Marathon mit einem Dutzend Treffen der Eurogroup und mehreren EU-Gipfeln verschlissen. Das Oxi, das Nein von 61,2 Prozent der griechischen Bevölkerung zum Diktat der Heiligen Allianz, wurde zynisch ignoriert.

Nach zwei Wochen mit geschlossenen Banken kapitulierten die griechische Regierung und das Parlament in Athen. Im Finanzkrieg – einer Fortsetzung der Politik mit anderen Mitteln – obsiegten Schäuble, Dijsselbloem, Draghi und Juncker.

***

»Europa zerfällt«. So lautete Ende Januar 2016 der erste Satz eines Leitartikels in der *Frankfurter Allgemeinen Zeitung*. Weiter im Text: »In rasender Geschwindigkeit verwittert das erträumte Europa, das nicht nur der Generation, die den

---

fentlichkeit kaum präsent ist und das sich jüngst zum 50. Mal jährte: In den Jahren 1965/66 wurden in diesem Land zwischen 500.000 und 1.000.000 Menschen, die als Kommunisten bezeichnet wurden, vom westlich orientierten Militär ermordet. Die Kommunistische Partei war in diesem bevölkerungsreichen Land zu einem Hoffnungsträger geworden. Sie hatte die Politik der Blockneutralität unterstützt, die der langjährige indonesische Präsident Sukarno verfolgte. Der Massenmord war vom indonesischen General Suharto befehligt worden, der in der Folge fast zwei Jahrzehnte lang – bis 1998 – das Land diktatorisch regierte. Suharto war ein enger Verbündeter der USA und der bundesdeutschen Regierung.

Krieg er- und überlebte, Hoffnung und Leitstern war auf dem Weg in eine Zukunft der Freiheit, des Friedens und des Wohlstands.« Die Ursachen sieht der Autor in der Eurokrise und in der Migrationskrise: »Schon das Ringen um die Erhaltung der Währungsunion führte den Europäern vor Augen, wie weit die politischen Vorstellungen in der EU immer auseinander liegen können. […] In der Migrationskrise sind die Europäer zu allem Möglichen fähig, nur nicht zu einer gemeinsamen Politik.« Schließlich wird in dem Beitrag die deutsche Kanzlerin als »einsame Europäerin« charakterisiert, umgeben von einer Riege nationalistischer Zwerge: »Zu den bitteren Ergebnissen der Krise zählt, dass die meisten EU-Staaten nicht mehr der deutschen Führung folgen, die in der Euro-Krise noch murrend und knurrend akzeptiert worden war.«[6]

Könnte es sein, dass beides miteinander in doppelter Weise zusammenhängt? Zum einen wurde in der Euro- und Griechenland-Krise die »deutsche Führung« durchaus als Erpressung und Diktat wahrgenommen. Warum sollten die Erpressten auf Dauer dieser Art »Führung« folgen? Zum anderen dürfte sich die Einsicht verbreiten, dass in beiden Krisen seitens der Berliner Regierung eine Politik betrieben wird, mit der nicht die Ursachen der Krise bekämpft werden, sondern Öl ins Feuer gegossen und damit die Krise vertieft wird.

In der Euro-Krise im Allgemeinen und in der Griechenland-Krise im Besonderen wurde behauptet, man werde die »Krisenursachen« dadurch bekämpfen, dass ein Medikament mit Aufschrift *austeritas* verabreicht wird. Nomen est omen; das lateinische Wort übersetzt sich als »Strenge«, aber auch als »das finstere Wesen« und als »das Düstere«. Das Beispiel der historischen Weltwirtschaftskrise und aktuell das Beispiel aller Eurozonen-Peripherieländer, denen dieses Medikament zwangsverabreicht wurde, belegen die düsteren Auswirkungen dieser Wirtschaftspolitik: Die Sparpolitik vertieft erstens die Krise, erhöht zweitens die Schulden und steigert drittens Arbeitslosigkeit und Armut.

Auch bei der Migrationskrise heißt es gebetsmühlenartig, man werde nunmehr »die Fluchtursachen bekämpfen«. Tatsächlich boomt der Rüstungsexport in die Krisen- und Kriegsregionen, insbesondere derjenige seitens deutscher und französischer Hersteller von Kriegsmaterial. Die Zahl der Militärmächte, die in den syrischen Bürgerkrieg involviert und dort vor allem mit ihren Luftwaffen engagiert sind, hat sich seit 2014 vervielfacht. Seit Ende 2015 ist dort auch die deutsche Bundeswehr aktiv. Gleichzeitig hofiert die EU die türkische Regierung und gewährt dieser finanzielle Unterstützung in Hinblick auf ein ge-

---

6. Berthold Kohler, »Was auf dem Spiel steht«, in: *Frankfurter Allgemeine Zeitung* vom 25. Januar 2016.

wünschtes Migrantenmanagement in Milliarden Euro Höhe. Dies erfolgt just zu einem Zeitpunkt, zu dem Ankara in den kurdischen Gebieten einen neuen Bürgerkrieg zum Zaum bricht und das türkische Militär in dieser Region bereits hunderte Zivilisten getötet hat.

Die absehbare Folge von all dem wird sein: Die Zahl der Flüchtlinge, die in eine halbwegs sichere Europäische Union streben, wird zumindest nicht abnehmen. Möglicherweise wird sie nochmals größer werden. Für das Kapital hat das durchaus Vorteile; in Europa im Allgemeinen und in Deutschland im Besonderen gibt es zukünftig ein Heer von Billigarbeitskräften, dem eine neue Lohndumpingfunktion zukommt. Das dürfte auch der Grund dafür sein, warum Angela Merkels Geste von der Willkommenskultur und ihr Statement »Wir schaffen das« bis Anfang 2016 von keinem prominenten Vertreter der Konzerne und Banken kritisiert, wohl aber in der Öffentlichkeit immer kritischer gesehen wird.[7]

In ganz Europa verbreitet sich die Erkenntnis, dass sich mit den steigenden Flüchtlingszahlen die damit verbundenen Kosten für die Haushalte und politischen Belastungen erhöhen. Es wächst insbesondere die Angst, die Migrationskrise könne unkontrollierbar werden und in der politischen Landschaft zu erdrutschartigen Veränderungen führen. Die Folge ist eine nationalistische Rette-sich-wer-kann-Politik mit immer härteren, ausländerfeindlichen Gesetzen; an den dänischen Grenzen sollen die Sicherheitskräfte den Flüchtlingen jetzt Bargeld und Schmuck abnehmen dürfen, Eheringe sind davon bislang noch, großzügiger Weise, ausgenommen. Es werden immer längere und höhere Grenzzäune errichtet. Es kommt zu einer immer offener betriebenen Politik, die »Festung

---

7. Setzt man für Westdeutschland bzw. Gesamtdeutschland über den langen Zeitraum von 1965 bis 2015 die Zahlen der Nettozuwanderung bzw. Nettoabwanderung in einen Bezug zur Höhe der Arbeitslosenquote, dann ergibt sich die folgende Relation: In Zeiten sehr hoher Arbeitslosigkeit ging die Zuwanderung zurück bzw. es gab eine Abwanderung. In Zeiten rückläufiger Arbeitslosenquoten nahm die Zuwanderung zu. 2005 hatte die deutsche Arbeitslosenquote 11,7 Prozent (mit der Rekordzahl von 4,9 Millionen offiziell registrierter Arbeitsloser) erreicht. Seitdem ist sie massiv rückläufig; Anfang 2016 liegt sie bei 2,8 Millionen oder 6,7 Prozent, was 57 Prozent des 2005er-Niveaus ausmacht. In den Jahren mit hoher Arbeitslosenquote lag die Zuwanderung nahe Null; 2007 und 2008 war sie sogar negativ (die Bevölkerungszahl in Deutschland war rückläufig!). Seit 2012 steigt sie wieder an. 2015 erreicht sie ein Rekordniveau. Dies wird dazu beitragen, dass ab 2016 die deutsche Arbeitslosenquote wieder deutlich ansteigt und sich damit der Druck auf das Lohnniveau massiv erhöht. Dass die Arbeitslosenzahlen in Deutschland sich völlig konträr zu denen in den anderen EU-Staaten bewegen, ist bekannt. Die relativ niedrigere Arbeitslosenquote ist letztendlich auch ein Resultat der relativen wirtschaftlichen Stärke der deutschen Wirtschaft, was wiederum in den Nachbarländern die Arbeitslosenzahlen ansteigen lässt. Ganz offensichtlich folgt die Willkommensgeste, die die deutsche Kanzlerin im Sommer 2015 gegenüber den Flüchtlingen aussprach, auch einem kühlen Kalkül deutscher Interessenpolitik. Siehe ausführlich: *Quartalslüge* in: *Lunapark21*, Heft 31, S. 4f.

Europa« mit einer EU-Grenzschutztruppe, für die auch militärische Fähigkeiten geschaffen werden und die sogar in den EU-Grenzländern im Inneren eingesetzt werden sollen, zu »verteidigen«.

Das drohende Ergebnis wird in der Tageszeitung *Die Welt* unmissverständlich ausgebreitet: »Der Flüchtlingsstrom wird sich zunächst auf die Länder des Westbalkans verlagern. Es wird ein Rückstau entstehen und am Ende dürfte Griechenland, das beim Schutz der Außengrenzen so jämmerlich versagt hat, zu einem gigantischen Flüchtlingsdepot werden.«[8] Möglicherweise unbeabsichtigt, doch objektiv geradezu passgenau formuliert das Flüchtlingshilfswerk UNHCR Vorschläge, wonach man in Thessaloniki ganze Flüchtlingsstädte für bis zu 60.000 Personen bauen sollte.[9] Bei einem Treffen des Europäischen Rats der Innenminister am 25. und 26. Januar 2016 toppte dies der belgische Innenminister Jan Jambon und forderte die Errichtung eines Lagers für 400.000 Flüchtlinge in Athen.[10]

Dabei ist die zitierte Unterstellung, Griechenland habe »beim Schutz der Außengrenzen so jämmerlich versagt«, dumm, unverschämt und zynisch. Dumm, weil die griechischen Außengrenzen (noch weniger als zuvor die italienischen) angesichts hunderter griechischer Inseln, einige davon in Sichtweite der türkischen Küste, nicht »geschützt« werden können. Unverschämt, weil es nicht um den militärischen Schutz vor einer Invasion geht, sondern um einen humanen Umgang mit Menschen auf der Flucht. Zynisch, weil damit der griechischen Regierung und dem Militär des Landes kaum verhüllt nahegelegt wird, zur unmenschlichen Politik der »push backs« zurückzukehren, die seitens der damaligen griechischen Regierung unter Samaras und seitens der EU-Grenzschutzbehörde Frontex in der Ägäis bis Ende Januar 2015 praktiziert wurde. Das heißt im Klartext, Boote mit Flüchtlingen sollen wieder ins offene Meer zurückgestoßen und die Flüchtlinge daran gehindert werden, in der EU festen Boden zu betreten. Damit wird dazu aufgerufen, den Tod von hunderten, wenn nicht tausenden Menschen zu planen. Griechenlands Migrationsminister Ioannis Mouzalas erklärte gegenüber dem TV-Sender Skai: »Eine solche Politik [der push backs; d. Verf.] ist illegal.« Der Sprecher des griechischen Außenministeriums, Kostas Koudras, empfahl der österreichischen Innenministerin Johanna Mikl-Leitner, die in besonders aggressiver Weise eine »harte Politik Athens in der Flüchtlingsfrage« einklagt, »ihre Worte weise zu wählen« und »mehr über den europäischen Geist als über Machtpolitik in Wien nachzudenken«» Nikos Xydakis, stellvertre-

---

8. Christoph B. Schilz, »High Noon in Brüssel«, in: *Die Welt* vom 25. Januar 2016.
9. »Griechen fühlen sich als Sündenbock«, in: *Süddeutsche Zeitung* vom 27. Januar 2016.
10. *Der Spiegel* vom 26. Januar 2016.

tender griechischer Außenminister, stellte klar: »Unser Land schützt seine eigenen und die europäischen Grenzen. Boote mit Flüchtlingen zu versenken, gehört nicht zu dieser Aufgabe.«[11]

Die Europäische Union steht vor einer absurden Situation: Griechenland befindet sich in einer tiefen, möglicherweise existenziellen Krise. Dieses Land leistet sich weiterhin eine humane Flüchtlingspolitik. In einem Land, in dem durch die Politik der EU hunderttausende Menschen in die Armut gestoßen wurden und bis zu 50 Prozent der Jugendlichen der Arbeitslosigkeit ausgesetzt sind, leisten zehntausende Menschen regelmäßige freiwillige Arbeit, um tausende Flüchtlinge, die weiterhin Tag für Tag griechische Gestade erreichen, menschenwürdig zu empfangen. Die britische Schauspielerin Vanessa Redgrave erklärte im Januar 2016 nach dem Besuch eines Flüchtlingslagers in Athen: »Griechenland lehrt Europa Menschlichkeit«.[12]

Doch genau für diese Humanität wird Griechenland jetzt abgestraft. Die Zeitung *To Vima* konstatierte, jetzt werde »jemand gesucht, dem man den Schwarzen Peter zuschieben kann.«[13] Schon wird offen eine spezifische neue Form eines Grexits ins Auge gefasst: der Hinauswurf Griechenlands aus dem Schengen-Raum, was der zitierten Perspektive eines Griechenlands als einem »gigantischen Flüchtlingsdepot« eine institutionelle Basis verschaffen würde.

Am 28. Februar 2002 fand die Eröffnungstagung des »Europäischen Konvents« statt. Auf dieser hielt Valéry Giscard d'Estaing, der – zusammen mit Helmut Schmidt – das Projekt der Europäischen Einigung gewissermaßen personifiziert, eine Grundsatzrede, die zugleich die verfassungsrechtlichen Grundsätze der Europäischen Union umreißen sollte. Giscard d'Estaing führte dort als Präsident des Europäischen Konvents das Folgende aus: »Gestatten Sie mir einen Appell an den Enthusiasmus. Ein Wort griechischen Ursprungs, en-thousia, mit der Bedeutung, ›von einem Gott inspiriert‹. In unserem Fall wäre es die Inspiration einer Göttin, nämlich Europa! […] Erträumen wir also Europa! Lassen wir uns leiten von dem Bild eines befriedeten Kontinents, dessen Schranken und Hindernisse gefallen sind […] Eines Raums der Freiheit und der Chancen, in dem jeder sich bewegen kann, wie er möchte […] Eines Raums, der gekennzeichnet ist durch die erfolgreiche Synthese von schöpferischer Dynamik,

---

11. *Der Spiegel* vom 26. Januar 2016.
12. *To Vima* vom 7. Januar 2016.
13. *To Vima* und *Skai* zitiert in: *Süddeutsche Zeitung* vom 27. Januar 2016. Der Vorschlag zur Rückkehr zu den »push backs« soll vom belgischen Innenminister auf dem EU-Innenministertreffen Ende Januar 2016 vorgetragen worden sein.

dem Erfordernis der Solidarität, sowie insbesondere dem Schutz der Schwächsten und der am stärksten Benachteiligten. [...] Europas kulturelle Vielfalt bietet Gewähr für seine Toleranz.«[14]

Vergleicht man diese Sätze aus dem Jahr 2002, die explizit nicht Ausdruck einer Sonntagsrede sein sollten, sondern die *Grundbestandteile der Verfassung der Europäischen Union* zu skizzieren vorgaben, mit der Realität knapp eineinhalb Jahrzehnte später, so wird die tiefe Kluft zwischen Anspruch und Wirklichkeit deutlich. Diese Kluft könnte in den nächsten Monaten und Jahren sich so vertiefen, dass zwar nicht »Europa zerfällt«, dass jedoch das Europa der Konzerne und Banken mit seiner schrecklichen Fratze und seiner offenen Inhumanität für alle ersichtlich zu Tage tritt.

---

14. Rede Valéry Giscard d'Estaings vom 28. Februar 2002, wiedergegeben in: *Der Weg zum EU-Verfassungskonvent*. Berichte und Dokumentationen mit einer Einleitung von Michael Fuchs, Sylvia Hartleif und Vesna Popovic, herausgegeben vom Deutschen Bundestag, Referat Öffentlichkeitsarbeit, Berlin 2002, S. 662f.

Kapitel 2
Von der Rebellion zur Kapitulation

Oder: Reportagen aus einem halben Jahr, in dem ganz Europa auf Griechenland blickte

»*Unsere Regierung wurde mit einem Mandat gewählt, Verhandlungen zu führen. […] Doch die Verhandlungen dauerten ewig, weil die andere Seite sich weigerte, zu verhandeln. Sie bestanden auf einer »umfassenden Lösung«, was bedeutete, dass sie über alles reden wollten. Meine Interpretation ist, dass, wenn du sagst, dass du über alles reden möchtest, du eigentlich nichts besprechen willst. Aber wir haben mitgemacht. Und, sehen Sie, es wurden absolut gar keine Vorschläge von denen vorgelegt. Was sie taten […], lassen Sie mich ein Beispiel dafür geben. Sie sagen, wir brauchen alle finanziellen Daten, die für Griechenland wichtig sind. […] Also haben wir eine Menge Zeit damit verbracht, ihnen diese Daten zur Verfügung zu stellen und Fragebögen zu beantworten und diese Daten in unzähligen Treffen vorzustellen. […] Die zweite Phase bedeutete, dass sie uns fragten, was wir in puncto Mehrwertsteuer unternehmen wollten. Dann lehnten sie unseren Vorschlag ab, aber stellten selbst keinen eigenen Vorschlag in den Raum. Und dann, bevor wir die Chance einer Einigung über die Mehrwertsteuer mit ihnen finden konnten, […] fragten sie uns, was wir bezüglich der Privatisierung anstellen wollten. Wir erstellten einen Plan, sie lehnten ihn ab. Dann gingen sie zum nächsten Thema, wie Renten, über, dann zu Absatzmärkten, von da zu Arbeitsmärkten und Tarifpartnerschaft, von Arbeitsmärkten zu allem möglichen anderen. Es war also, als ob eine Katze ihren eigenen Schwanz jagt. […]*
Wolfgang Schäuble war die ganze Zeit konsistent. Seine Sicht lautete: »*Ich diskutiere das Programm nicht – es wurde von der Vorgängerregierung akzeptiert und wir können unmöglich erlauben, dass eine Wahl etwas verändert. Schließlich haben wir andauernd Wahlen, es gibt 19 von uns, wenn sich jedes Mal nach einer Wahl etwas verändern würde, würden die Verträge zwischen uns bedeutungslos werden.*« *An diesem Punkt musste ich dazwischen gehen und sagen:* ›*Okay, dann sollten wir vielleicht einfach keine Wahlen in verschuldeten Ländern mehr abhalten.*‹ *Es gab keine Antwort. Die einzige Interpretation, die ich dafür liefern kann, ist:* ›*Ja, das wäre eine gute Idee, aber es wäre schwierig sie umzusetzen. Unterschreiben Sie also entweder auf der gepunkteten Linie oder Sie sind raus.*‹«

Interview mit Jannis Varoufakis vom 13. Juli 2015.[15]

---

15. Ursprünglich geführt von der britischen Zeitschrift *New Statesman*, hier in der Übersetzung von: *Neues Deutschland* vom 15. Juli 2015.

Sie warteten am Eingang des Finanzministeriums auf ihn, umringten und umjubelten ihn, als er ankam. Sie tätschelten ihn, nannten ihn ihren Freund und Retter. Und obwohl überwiegend mittleren Alters, kreischten sie immer wieder wie junge Mädchen bei einer Begegnung mit einem Mega-Popstar.

Sie – das waren die Putzfrauen des Finanzministeriums, jenes Gebäudes, das sie seit langem nicht mehr betreten durften: Am Tag dieser Begegnung, dem 3. März 2015, waren es bereits 303 Tage. Das Hausverbot war verhängt worden, nachdem sie auf Geheiß der Troika[16] von der damaligen Regierungskoalition der konservativen Nea Dimokratia und der sozialistischen Pasok entlassen worden waren. Aber sie hatten ihre Entlassung nicht einfach hingenommen. Sie riefen sofort zum Kampf für ihre Wiedereinstellung auf. Ein buntes Zelt neben dem Ausgang des Ministeriums war ihr Operationszentrum. Sie wurden von vielen Menschen bewundert und täglich mit Wasser und Proviant versorgt; innerhalb von Wochen waren sie zum zentralen Symbol des Widerstands gegen die Sparpolitik der Regierung geworden. Von den Massenmedien wurden sie wie Politiker umworben. Ihre Vertreterinnen sorgten durch ihre öffentlichen Auftritte in Griechenland und in anderen europäischen Ländern für Furore und brachten es bis ins Europaparlament. Der bekannte britische Filmregisseur Ken Loach plante sogar, einen Film über sie zu drehen.

Und er – das war Jannis Varoufakis, tatsächlich ein politischer Popstar, ein brillanter Rhetoriker, der bereits eine große Karriere als Wirtschaftsprofessor an griechischen und angelsächsischen Universitäten hinter sich hatte. Lediglich zwei Wochen nach seinem Eintritt in das Kabinett von Alexis Tsipras am 27. Januar 2015 bezeichnete ihn der Schweizer *Tagesanzeiger* als den »bekanntesten Finanzminister Europas«.[17] Der Jubel der Putzfrauen galt seiner Ankündigung, dass das Gesetz für ihre Neueinstellung schon die ersten parlamentarischen Hürden genommen hatte und dass ihre Rückkehr auf ihre alten Posten nur noch eine Frage von Wochen sei. Es war eine sehr emotionale Atmosphäre. »Nennt mich Jannis«, forderte Varoufakis die Frauen auf und duzte sie auch seinerseits. »Solch einen innigen Kontakt zwischen einem Minister und seinen Angestellten habe ich selten gesehen«, so der Kommentar eines Rundfunkreporters.

---

16. »Troika« ist das Kürzel für das Trio Europäische Kommission, Europäische Zentralbank (EZB) und Internationaler Währungsfonds (IWF), das die Abkommen Griechenlands mit den internationalen Geldgebern im Auftrag der letzteren überwachte. Ab 2015 wurde aus der Troika dadurch, dass Vertreter des Europäischen Stabilitätsmechanismus (ESM) in das Kontrollgremium aufgenommen wurden, eine »Quadriga«.
17. Constantin Seibt, »Minister in der Economy-class«, in: *Tagesanzeiger* (Zürich) vom 5. Februar 2015.

Ähnlich begeistert waren in jenen Tagen tausende andere Angestellte des öffentlichen Sektors, die ebenfalls auf Geheiß der Troika in den vorangegangenen Monaten entlassen worden waren: Hausmeister von Schulen, Gemeindepolizistinnen, Universitätsangestellte, Wachpersonal in den archäologischen Stätten. Dazu kamen mehr als 2.500 Angestellte des im Juni 2013 geschlossenen staatlichen Rundfunks ERT. Für sie alle war Varoufakis der Garant für die Realisierung der Wahlversprechen der »Koalition der radikalen Linken«, kurz Syriza. Diese hatte nach ihrem triumphalen Wahlsieg vom 25. Januar 2015 mit der kleinen rechtspopulistischen Partei Anel (Unabhängige Griechen) eine Regierungskoalition gebildet, die der Syriza-Vorsitzende Alexis Tsipras anführte.

Die Flucht des Versuchskaninchens

Ein Geist der Rebellion wehte über das Land. Das Kaninchen war aus dem Versuchslabor der Troika entflohen und wollte partout nicht zurückkehren. Es roch nach Neuanfang, Aufbruch, Zeitwende. Der »griechische Frühling« war ausgebrochen, ähnlich wie wenige Jahre zuvor der arabische. Nur dass er mehr Erfolg versprach, da er in Europa und damit in einer viel sichereren Umgebung stattfand als jener der nordafrikanischen Staaten. Zudem stand er auf Verfassungsboden und schien politisch klarer zielgerichtet, demokratisch legitimiert und mit Regierungsvollmacht ausgestattet.

Gleichwohl barg die real existierende Rebellion wenig Idyllisches in sich. Sie war aus der immensen Not entstanden, welche die Sparpolitik der vergangenen fünf Jahre im Land verursacht hatte, und sie trug alle Merkmale der Misere im Gesicht: Mangel, Müdigkeit, Missmut. Die Not wuchs sich zum Notstand aus. Die neue Regierungskoalition hatte ihn nun zu verwalten.

Immerhin schien sie entschlossen, ihre Wahlversprechen in die Tat umzusetzen. Das war ein Novum. Denn es war quasi das Markenzeichen ihrer Vorgängerregierungen gewesen, die mit nicht enden wollender Regelmäßigkeit abwechselnd von den Parteien Pasok und Nea Dimokratia gestellt wurden, ihre Wahlversprechen jeweils unmittelbar nach den Wahlen zu brechen.

Politik der Symbole

Auch bei den politischen Sitten gab es Premieren. Schon am Mittag des 26. Januar 2015 fuhr Alexis Tsipras zum Staatspräsidenten Karolos Papoulias und ließ sich von ihm zum Ministerpräsidenten vereidigen: ohne Pomp, ohne Krawatte, ohne religiösen Eid. Der Erzbischof Griechenlands, Hieronymos II., war erst gar nicht eingeladen worden. Dies hätte früher einen ungeheuerlichen Skandal ausgelöst, denn die Vertreter der mit dem Staat verfilzten griechisch-orthodoxen Kirche hätten bei solch öffentlichen Anlässen nie fehlen dürfen.

Wenige Stunden später folgte der nächste symbolische Höhepunkt: Tsipras besuchte den ehemaligen Schießstand von Kaisariani, einem Vorort im Osten von Athen, und legte Rosen zu Ehren der Opfer des Nationalsozialismus nieder. Hier waren zwischen 1942 und 1944 600 Menschen von Soldaten der Wehrmacht erschossen worden, 200 davon allein am 1. Mai 1944. Sie alle waren Opfer der deutschen Repression gegen die Tätigkeit der ELAS, der Widerstandsorganisation der Kommunistischen Partei Griechenlands (KKE).[18] Seitdem ist der Schießstand ein Symbol des Widerstands. Kein Wunder also, dass die Massenmedien im In- und Ausland eine Parallele zu jenem Widerstand zogen, den Tsipras den internationalen Gläubigern und insbesondere dem legitimen Nachfolger des Dritten Reichs, der Bundesrepublik Deutschland, und ihrer aktuellen Sparpolitik entgegenbrachte. »Der Besuch in Kaisariani ist eine symbolkräftige Botschaft an Berlin«, urteilte etwa der *Weser Kurier*, »mit dem Sparkurs soll nun Schluss sein«.[19]

Tsipras wollte offensichtlich keine symbolische Politik betreiben. Er wollte alte Symbole benutzen, um aktuelle Ziele zu erreichen.

Zum ersten Mal links

Die neue Situation wurde in vier Worten zusammengefasst: »Για πρώτη φορά Αριστερά« – »Zum ersten Mal links«. Damit war gemeint, dass erstmals seit dem Zweiten Weltkrieg eine linke Partei in Griechenland und in Europa die Regierungsmacht in freien Wahlen gewonnen hatte mit dem großen Versprechen, soziale Gerechtigkeit herzustellen.

Das rief von Anfang an die Reaktion der Gegenseite hervor. Nur wenige Tage nach der Wahl wurde Athen von Besuchern aus Brüssel und anderen europäischen Hauptstädten förmlich überrannt. Es ging darum, die Absichten der

---

18. Giannis Kouvas berichtet in seinem Buch *Der Schießstand von Kaisariani, Das blutende Herz Griechenlands*, Athen 2003, von 47 Exekutionen, bei denen insgesamt 640 Personen erschossen wurden. Die erste fand am 26. Mai 1942 statt. Unter den 200 Erschossenen des 1. Mai 1944 befanden sich auch sechs Trotzkisten und fünf Archivmarxisten (Mitglieder einer kleinen, international unbekannten marxistischen Strömung). Letzteres zitiert Kouvas aus dem Buch von Vassilis Mpartgiotas *Es leuchtete in Akronauplia*. (Akronauplia war das Gefängnis der Stadt Nauplio, in dem der damalige Diktator Ioannis Metaxas Kommunisten gefangen gehalten hatte, die den deutschen Besatzern übergeben wurden).
19. *Weser Kurier* vom 27. Januar 2015.

neuen Regierung auszuloten und sie davor zu warnen, ihre Wahlversprechen nun auch noch umzusetzen.

Es war eine politisch immens verdichtete Zeit, die manchmal wie ein Zerrspiegel wirkte. Bedeutende Gesten, wie der Besuch Tsipras in Kaisariani wurden unterbewertet. Andere, wie die legere Kleidung von Jannis Varoufakis und die fehlende Krawatte von Tsipras wurden hochstilisiert. Das Gesamtbild war jedenfalls schräg und bunt wie selten zuvor. Die Ereignisse überschlugen sich.

Das »zum ersten Mal links« versprach großes Theater mit offenem Ende.

Des Dramas erste Szenen:
Troikamord und Erstickungstod

28. Januar 2015
Martin Schulz: »Führt Kapitalverkehrskontrollen ein«
Als erster ausländischer Politiker kommt Martin Schulz, der Vorsitzende des Europaparlaments, nach Athen. Vor den Kameras witzelt er, wie schon viele andere vor und nach ihm, über die fehlende Krawatte von Tsipras. Hinter den Kameras fordert er den griechischen Ministerpräsidenten auf, erstens Vertragstreue zu zeigen und zweitens Kapitalverkehrskontrollen einzuführen. Tsipras lehnt beides ab – letzteres mit der Begründung, dass solche Kontrollen die Wirtschaft des Landes diskreditieren und völlig aus dem Gleichgewicht bringen würden.

30. Januar 2015
Dijsselbloem zu Varoufakis: »You just killed Troika«
Zwei Tage später ist bereits der zweite hochrangige Politiker der EU zu Besuch in Athen: Eurogroup-Präsident Jeroen Dijsselbloem höchstpersönlich. Bei seiner Begegnung mit Jannis Varoufakis pocht er auf die weitere »vertrauensvolle« Zusammenarbeit Athens mit der Troika. Ohne dies, sagt er, werden keine Hilfsgelder mehr nach Athen fließen. Varoufakis entgegnet, dass seine Regierung nicht ihr zentrales Wahlversprechen brechen könne, Schluss mit den Sparauflagen und der Troika zu machen. Das wiederholte er laut und deutlich bei der darauffolgenden Pressekonferenz. Es kommt zum Krach. Man hört den aufgebrachten Dijsselbloem flüstern: »You just killed Troika« (»Du hast gerade die Troika umgebracht«). Zugleich versucht er, seine Hand aus jener von Varoufakis zu lösen.

1. Februar 2015
Varoufakis' Mafia-Look
Erneut zwei Tage später besucht Jannis Varoufakis seinen britischen Ressortkollegen George Osborne in London. Er trägt einen Ledermandel und das Hemd über der Hose. Ihr Gespräch soll, laut den seriösen Medien, sehr konstruktiv gewesen sein. Der Boulevardpresse ist das egal. Sie interessiert sich nur für das exotische Outfit des griechischen Gastes. Ein lokales Blatt bezeichnet ihn als einen »Politiker mit dem Mantel eines Drogenhändlers«.

4. Februar 2015
Troika oder finanzieller Erstickungstod
Weitere drei Tage später gibt es einen ersten Warnschuss seitens der EZB, gerichtet auf die griechischen Banken: Kurz nach einem Treffen in Frankfurt am Main mit Jannis Varoufakis lässt EZB-Präsident Mario Draghi mitteilen, dass sein Haus künftig keine griechischen Staatsanleihen mehr als Sicherheiten für Bankkredite akzeptieren werde. Der Grund: Es sei derzeit nicht mehr damit zu rechnen, dass die Troika das laufende Hilfsprogramm positiv bewerte. Im Klartext heißt das: Die griechischen Banken werden bald nicht mehr flüssig sein. Sie werden bald ohne die lebensnotwendigen EZB-Gelder da stehen. Vor allem heißt das, dass die EZB griechische Anleihen nicht in das gewaltige Programm zum Aufkauf von Anleihen der Eurostaaten einbezieht, das sie soeben startete. Damit wurde gezielt die griechische Wirtschaft beschädigt.

5. Februar 2015
Schäuble-Varoufakis: »We agree, that we disagree«
An diesem Tag besucht Varoufakis Wolfgang Schäuble in Berlin. »Wir stimmen überein, dass wir nicht übereinstimmen«, sagt wenig diplomatisch Schäuble in der darauffolgenden Pressekonferenz im Finanzministerium. »Wir stimmen nicht einmal darin überein, ob wir wissen, dass wir nicht übereinstimmen«, antwortet sein Gast. Ein Mitarbeiter des deutschen Finanzministers berichtete später, die Diskussion sei sehr freundlich verlaufen. Ihr Gebrauchswert, fügte er hinzu, sei jedoch »eine dicke Null«.

8. Februar 2015
Die Träne von Tsipras
Die erste Regierungserklärung von Alexis Tsipras in der »Vouli«, dem griechischen Parlament. Die Bedeutung des Ereignisses setzt ihm sichtbar emotional

zu. Eine Träne fließt aus einem Auge, als er von der humanitären Krise in Griechenland spricht. Er stellt für deren Bekämpfung 200 Millionen Euro für das laufende Jahr zur Verfügung.

12. Februar 2015
Die Feuertaufe
Tsipras nimmt zum ersten Mal an einem EU-Gipfel teil. Tags zuvor hat die Eurogroup zum Thema Griechenland beraten, ohne zu einem Ergebnis zu kommen. Tsipras ergreift das Wort und bittet »die Institutionen« – die neue Bezeichnung für diejenigen, die bislang die Troika bildeten – vor der nächsten Tagung der Eurogroup am 16. Februar 2015 eine fachliche Bewertung vorzunehmen. Etwas Handfestes erreicht er nicht – außer seinen ersten Händedruck mit Angela Merkel am Rande des Gipfels.

Die (halbe) Neugründung Europas

Die letzten Tage des Januar 2015 waren die hohe Zeit der Euphorie auch für die europäische Linke. Sie sah im griechischen »Erstmals links« den Auftakt eines politischen Aufbruchs in ganz Europa. »Die Hoffnung kommt«, so die erste Reaktion des Vorsitzenden der spanischen Podemos, Pablo Iglesias, auf den Wahlsieg der Syriza. Es handle sich um einen »historischen Augenblick«, sekundierte der Wortführer der französischen Linkspartei Jean-Luc Mélenchon. Und die beiden Vorsitzenden der Partei Die Linke in Deutschland, Katja Kipping und Bernd Riexinger, zeigten sich sicher, dass eine von Syriza geführte Regierung »eine Alternative zum sozialen und wirtschaftlichen Kahlschlag durchsetzen kann.«

Die sozialistischen und sozialdemokratischen Parteien hingegen reagierten uneinheitlich. »Griechenland bringt die Botschaft des Wandels nach Europa«, befand der Generalsekretär der portugiesischen Sozialisten Antonio Costa.

»Ich gratuliere Alexis Tsipras zum heutigen Wahlerfolg und bin überzeugt, dass wir in ihm einen Verbündeten im Kampf gegen Arbeitslosigkeit und Armut in Europa finden werden«, twitterte der österreichische Bundeskanzler Werner Faymann (SPÖ). Neuverhandlung der griechischen Staatsschulden sollte kein Tabu mehr sein, meinte der Fraktionsvorsitzende der Sozialdemokraten im Europaparlament Gianni Pittella. Und sogar die Sozialistische Partei (PS) Frankreichs war voll des Lobes für »den Sieg der linken Kräfte in Griechenland«. In einer Stellungnahme der Regierungspartei hieß es: »Seit 2012 sind François Hollande und sozialdemokratische Verantwortliche am Werk, um die Europäische

Union neu zu orientieren. In Alexis Tsipras haben sie einen neuen Verbündeten gefunden. Eine geeinte Linke wird in Europa einer Politik für Wachstum, Beschäftigung und Solidarität zum Triumph verhelfen«.

Die kalte Dusche verabreichten insbesondere die deutschen Sozialdemokraten. SPD-Fraktionschef Thomas Oppermann mahnte Syriza, die internationalen Verpflichtungen einzuhalten. Die neue griechische Regierung sei an die Vereinbarungen mit der EU und der Troika gebunden, erklärte er. Es gebe auch »künftig keine Leistung ohne Gegenleistung«. Ähnliche Warnungen kamen auch von anderen rechten sozialdemokratischen Parteien.

Unabhängig von den unterschiedlichen Reaktionen auf das Wahlergebnis war allen Beteiligten klar, dass die griechische Frage, nun neu gestellt, in Europa ein Dauerthema sein würde. Für die Linke speziell galt die Formel, die Tsipras in seiner Rede im griechischen Parlament am 8. Februar 2015 benutzt hatte: »Die Krise war nie allein griechisch. Die Krise war europäisch und deshalb wird auch die Lösung europäisch sein«. Griechenland wäre demnach nie ein »besonderer Fall«, wie Wolfgang Schäuble es apostrophierte, sondern eine »europäische Frage«, die sich aus der Krise der Europäischen Union und der spezifischen Krise in der Peripherie dieser Wirtschaftsunion ergab. Der Bankrott, in den das Land geschlittert war, stand in unmittelbarem Zusammenhang mit der gemeinsamen Währung: dem Euro. Die Überwindung seiner Krise müsste also ein gemeinsames Werk im Rahmen der Bewältigung der Krise des Euro sein.

Die sozialdemokratischen Parteien befürworteten in der Regel die brutalen Sanierungsauflagen der Troika, wie in den Memoranden niedergelegt[20]; Kritik wurde hier nur hinsichtlich der möglicherweise übermäßigen Rigorosität geäußert – nach dem Motto »Das Medikament ist nicht schlecht, nur die verabreichte Dosis ist tödlich«. Die Linksparteien wiederum lehnten die Memoranden grundsätzlich ab. Diese Ablehnung war Grundlage ihrer Solidarität mit Griechenland, die sie auch in großem Umfang leisteten: in Form von Kundgebungen, Spendenaktionen oder Veranstaltungen.

Erst nach der Kapitulation Tsipras vor den Gläubigern relativierten sie ihre Haltung in Teilen. Dennoch behalten sie bis heute das Land im Blick. Für sie ist Griechenland das Versuchslabor Nummer Eins für die abstrusesten finanzpolitischen und wirtschaftspolitischen Experimente der Neoliberalen. Sie kon-

---

[20] In bislang drei Verträgen, jeweils bezeichnet als Memorandum of Unterstanding (MoU), die zwischen Griechenland und den Gläubigern abgeschlossen wurden, sind extrem harte Kreditbedingungen festgehalten. Diese sind die Ursache für den Niedergang der griechischen Wirtschaft und die Verelendung von Millionen Griechen. Siehe ausführlich Kapitel 4.

statieren, dass dort eine toxische Mixtur neoliberaler Rezepte verabreicht wird. Griechenland hält den eigenen Ländern den Spiegel vor: Spanien, Italien oder die Slowakei könnten bald die nächsten Opfer sein.

Über die Linke hinaus war Griechenland, als europäische Frage, das alles beherrschende Thema in Europa im Zeitraum von 2010 bis 2015. Dadurch wurde auch der Rahmen für europäische Politik gewaltig erweitert. Man erinnere sich: In den Jahren zuvor waren die Regierungschefs und die Staatsoberhäupter zwei Mal jährlich in Brüssel zusammengekommen, um mit viel Pomp allgemeine Richtlinien zu beschließen. Die praktischen Geschäfte waren an der EU-Kommission hängengeblieben, die dort zumeist einigermaßen geräuscharm hinter den Kulissen erledigt wurden.

Mit der Krise in Griechenland wurde die Europapolitik auf höchster Ebene zum Alltaggeschäft. Das Befinden des »griechischen Patienten« bestimmte nicht nur die Schlagzeilen der Massenmedien, sondern auch die Erklärungen der Politiker. Begriffe wie Troika, Eurofonds oder Bail-out waren nun in aller Munde. Das Thema monopolisierte die Sitzungen der EU-Gremien, von der Eurogroup, dem Ecofin und der EU-Kommission bis hin zum Europäischen Rat. Die Zahl der Gipfeltreffen in Brüssel nahm enorm zu. Die Personen, die an ihnen teilnahmen, entwickelten sich nolens-volens zu Griechenland-Expertinnen und -Experten. Steffen Seibert, der Sprecher der Bundesregierung, versicherte, Angela Merkel sei ständig »ausgezeichnet« über die Situation in Griechenland informiert gewesen. Die Bundeskanzlerin, ergänzte der *Spiegel*, widme in »normalen« Tagen Griechenland ein Drittel ihrer Zeit, bei zugespitzten Lagen sogar zwei Drittel.

Die Vision von Jürgen Habermas und Ulrich Beck zur Schaffung eines einigen Kontinents schien plötzlich Wirklichkeit zu werden – wenn auch mit einem negativen Vorzeichen.[21] Die Griechenland-Krise setzte ein neoliberales Europa auf die Tagesordnung, in dem statt der Aufklärung die Gegenaufklärung den Ton angibt – was das pure Gegenteil der Habermas'schen Idee zur Gründung eines demokratischen und föderalen Europas ist.

Das Griechenlandthema war genuin europäisch, Gegenstand weder der Innen-, noch der Außenpolitik, sondern einer neuen innerstaatlichen Ordnung: ein politischer Zwitter, der europäische Maßstäbe setzte. Die Neoliberalen betraten Neuland mit dem Ziel, einerseits das kranke Bankensystem zu retten, andererseits die »Problem-Länder« zu knechten. Nie zuvor hatten sie so kollektiv, so »europäisch« gedacht und gehandelt. Dies sprengte die vorhandenen EU-Struk-

---

21. Jürgen Habermas, *Zur Verfassung Europas*, Berlin 2011, S.39 ff; Ulrich Beck, *To Vima* vom 4. Januar 2014.

turen. Das konstitutionelle Gefüge der Europäischen Union, das zunächst unverändert blieb, sah auf einmal veraltet aus. Neue Strukturen, die keinerlei demokratische Basis hatten, wie der ESM, gewannen an Bedeutung; die faktisch informelle Machtstruktur der Eurozone, die Eurogroup, entwickelte sich zu einer Art Politbüro der Eurozone.

Griechenland gab den Anstoß für schnelle Veränderungen. Es wurden neue Institutionen wie die Bankenunion geschaffen, und neue Abkommen wie der Fiskalpakt (eine verschärfte Form des Stabilitäts- und Wachstumspaktes) geschlossen, womit die Anpassung der EU an die neuen Gegebenheiten erfolgen und Fälle wie Griechenland gemanagt werden sollten.

All das war jedoch nicht ausreichend. Die hochfliegenden Pläne des Sachverständigenrates der deutschen Bundesregierung, ein »Europa II« unter Einschluss eines europäischen Finanzministers, bleiben bislang bloß bedrucktes Papier. Die Neugründung Europas, wie sie Wolfgang Schäuble vorschwebte, blieb auf halbem Weg stecken. Was aber auf der europäischen Tagesordnung Bestand hatte, war das »griechische Problem« und die Form, wie dieses von den Neoliberalen angegangen wurde. Für den griechischen Historiker Antonis Liakos war deren Ziel nach der Wahl vom Januar 2015 sonnenklar: Die von den Linken geführte Regierung »müsste entweder ihr Programm aufgeben, sodass ihre Politik diskreditiert werde, oder unter dem Druck finanzieller Atemnot kollabieren. Sie durfte auf keinen Fall zum Präzedenzfall in Europa werden«.[22]

Die neue Offenheit

Trotz der ungünstigen europäischen Rahmenbedingungen nimmt die neue Regierung ihre Arbeit mit Elan auf. Ihr Auftrag ist eindeutig: Den Bruch mit der bisherigen Sparpolitik wagen, die ausländischen Gläubiger und die einheimische Oligarchie in ihre Schranken verweisen. Die Bevölkerung anerkannte und unterstützte dies, wie Umfragen zeigten, obwohl das finanzielle Embargo der Gläubiger zunehmend zu Engpässen in der Versorgung und den sozialen Diensten führte und den Menschen das Leben von Tag zu Tag schwerer machte.

Eine neue Ära der politischen Offenheit beginnt: Vor der Vouli, dem griechischen Parlament, werden die eisernen Gitter entfernt. Sie waren dort 2010, zu Beginn der Krise, aufgestellt worden, um jene Parlamentarier, die die Memoranden unterstützt hatten, vor einem Ansturm der Bevölkerung zu schützen. »Die

---

22. Antonis Liakos, *Epochi* vom 13. April 2015.

Gitter symbolisierten den autoritären Charakter der Politik der Memoranden und trennten die Regierung vom Volk«, erklärt der Minister für Bürgerschutz Jannis Panousis. Diese Trennung sei mit der neuen Regierung aber überwunden.

Und innerhalb des Parlaments wird nun »Tacheles« geredet. Die Wahlsieger nennen offen ihre radikalen Ziele und schließen einen »Bruch« mit den Geldgebern nicht aus. Gleichzeitig signalisieren sie auch Diskussionsbereitschaft.

Am 8. Februar 2015 verliest Alexis Tsipras seine erste Regierungserklärung. Er spricht von einer neuen Ära in Europa. Die Situation auf dem Kontinent bleibe zwar schwierig. Sie beginne sich jedoch, auch dank des Wahlsiegs von Syriza, zum Positiven zu verändern. Dies werte auch die Position des Landes auf. »Griechenland bleibt im Zentrum des internationalen Interesses, aber zum ersten Mal mit positivem Vorzeichen, als Protagonist, nicht als Komparse«.

Er kündigt das Ende des bisherigen Hilfsprogramms für Griechenland und des damit verbundenen Memorandums an. An seine Stelle solle ein hausgemachtes Konzept treten: »Was die griechische Regierung bei den Verhandlungen mit ihren Partnern anpeilt, ist ein neues Abkommen für ein Brückenprogramm, das bis Juni dauern soll.« In der so gewonnenen Übergangszeit werde sie dann ihr Hauptprogramm entwickeln, das die Rekonstruktion der griechischen Wirtschaft vorantreiben und auch den Ansprüchen der Partner gerecht werden würde.

Er spricht von der humanitären Krise in Griechenland, die von den Memoranden verursacht wurde und kündigt als oberste Priorität unmittelbare Hilfe für deren Opfer an, und zwar kostenlose Versorgung mit Lebensmitteln, Behausung, Energie, ärztliche Pflege für zehntausende von der Krise schwer gebeutelte Bürgerinnen und Bürger.[23]

Die Abgeordneten des Regierungslagers spenden Tsipras stehende Ovationen. Ihre Kolleginnen und Kollegen von den ehemals »ewigen« Regierungsparteien, der Pasok und der Nea Dimokratia, verfolgen das Geschehen verlegen – sie finden sich offensichtlich noch nicht in die ihnen bis dahin unbekannte Oppositionsrolle.

Ebenso eindrucksvoll ist die Rede von Jannis Varoufakis am nächsten Tag. Er führt gleich neue Begriffe in die Debatte ein, wie den Makro- und Mikroparasitismus. Die vorangegangenen Regierungen, sagt er, hätten nur den letzteren bekämpft, die Straftaten der kleinen Kriminellen und Gauner. Das neue Kabinett hingegen werde sich auf die Verfolgung der Makroparasiten, der großen Steuerhinterzieher und Wirtschaftsbetrüger, konzentrieren.

---

23. Das war dann auch das erste Gesetz, welches das neue griechische Parlament verabschiedete (4320/2015).

Er setzt mit einer entscheidenden Feststellung fort: Der griechische Staat habe 2010 Bankrott gemacht, unklugerweise aber sei diese Pleite als Liquiditätsproblem behandelt worden. Als Medizin sei damals eine riesige Anleihe an den griechischen Staat verabreicht worden, die größte Anleihe weltweit in der Wirtschaftsgeschichte! Diese habe jedoch keineswegs zur Lösung der Schuldenfrage beigetragen, sondern genau das Gegenteil bewirkt: Das Gesamtvolumen der griechischen Schulden hätte nochmals zugenommen anstatt abzunehmen, da die staatlichen Einnahmen, aus denen die alten und die neuen Schulden zurückbezahlt werden sollten, wegen der Bedingungen des Memorandums massiv reduziert wurden. Die Solidarität der Gläubiger habe in Wirklichkeit nicht Griechenland, sondern den europäischen Banken gegolten. Letztere hätten schon früher ohne Sicherheitsnetz über hundert Milliarden Euro in Griechenland investiert und liefen nun Gefahr, diese wegen der Krise zu verlieren. »An sie sind letztlich 90 Prozent der Euros, die wir von ihnen bekommen hatten, wieder geflossen« – und nicht, wie man gemeinhin meinte, an den griechischen Fiskus, erklärt Varoufakis.

Schluss mit der Troika! Das ist seine nächste Ankündigung. Das in Griechenland verhasste Trio aus EU-Kommission, Europäischer Zentralbank (EZB) und Internationalem Währungsfonds, solle unmittelbar abgeschafft werden. Damit meint er nicht die genannten Institutionen selbst, denen Griechenland auch als Mitglied angehört, sondern jene Troika-Beamten, die sich in den griechischen Ministerien eingenistet hatten und sich dort wie Kolonialherren benahmen. In Zukunft, erläutert er, würden die Minister nur mit den Chefs der drei Institutionen direkt verhandeln. Die Troika-Beamten hingegen würden von nun an mit gleichrangigen griechischen Kollegen vorliebnehmen müssen. Ihre Treffen sollten überdies künftig nur noch auf »institutionellem« Boden, in Brüssel, und nicht auf »ministeriellem«, in Athen – wie dies bis dahin die Regel war – stattfinden. Und um diesen Unterschied verbal zu verdeutlichen, solle das Trio statt »Troika« künftig »Institutionen« genannt werden.

Varoufakis versucht trotzdem eine »goldene Brücke« zu den Gläubigern zu schlagen. 70 Prozent der Reformen, sagt er, die im Memorandum enthalten sind, können ohne weiteres beibehalten werden – die hätte »sowieso jeder vernünftige Mensch akzeptiert«. Die übrigen 30 Prozent, die toxischen Gehalt haben, seien jedoch inakzeptabel und müssten entweder zurückgestellt oder ganz abgeschafft werden. An ihre Stelle sollten die Reformmaßnahmen der neuen Regierung treten.[24]

---

24. Allerdings erläuterte Varoufakis nicht, welche der Reformen er den 70 Prozent und welche den 30 Prozent zurechnete. Das bleibt nach wie vor sein Geheimnis.

Humanisierung des Staates

Die – zugegebenermaßen wenigen – Sternstunden des Parlaments in der Ära Tsipras I gab es später, im Rahmen der parlamentarischen Beratung der Gesetzesvorlagen, welche der Humanisierung der Gefängnisse und der Verleihung der griechischen Staatsangehörigkeit an in Griechenland lebende Ausländer und Ausländerinnen galten. Es handelte sich dabei an sich nicht um große Würfe. Faktisch wurden damit längst gültige EU-Normen umgesetzt. Diese Gesetze trugen jedoch zur Humanisierung wichtiger staatlicher Bereiche bei. Und sie hatten Signalwirkung für die in Aussicht gestellten künftigen großen Reformen.

Der Ausgangspunkt des Gesetzes für die Gefängnisreform war die Überfüllung der Haftanstalten sowie die unmenschlichen Verhältnisse, die in ihnen herrschten. Beides trug zur Erhöhung der öffentlichen Unsicherheit, statt zur Sicherheit bei.[25]

Auf massive Ablehnung stieß das Gesetz für die Gewährung der griechischen Staatsangehörigkeit an Ausländer, insbesondere an ausländische Kinder.[26] Neben der großen Oppositionspartei Nea Dimokratia mobilisierten diverse klerikale und chauvinistische Gruppen gegen das Gesetzesvorhaben und hielten für mehrere Wochen die Öffentlichkeit in Atem.

Dabei ist auch dieses Gesetz alles andere als linksradikal. Es sieht unter anderem vor, dass Kinder ausländischer Eltern die griechische Staatsangehörigkeit bekommen können, wenn sie in Griechenland geboren wurden, eine Volksschule besuchten und ein Elternteil für eine bestimmte Zeit ständig in Griechenland ansässig war. Zudem wird jenen Ausländerinnen und Ausländern, die eine Aufenthaltserlaubnis besitzen oder temporär im Land arbeiten, das Recht zugesprochen, sich gewerkschaftlich zu organisieren und zu streiken.

In dieser Frage gab es den ersten Bruch in der Regierungskoalition: Bei der Ab-

---

25. Das Gesetz 4322/2015 sah u. a. vor: die Abschaffung der berüchtigten Gefängnisse vom Typ C (Einrichtungen mit Hochsicherheitstrakten), die Verlegung von minderjährigen Straftätern in Jugendhaftanstalten sowie (unter sehr strengen Voraussetzungen) die Entlassung von übermäßig alten, schwerkranken und invaliden Personen, die wegen ihres Zustandes keine Gefahr mehr für die Gesellschaft darstellten. Gegen letztgenannte Maßnahme gab es erbitterten Widerstand. Man warf Justizminister Nikos Paraskevopoulos vor, er wolle damit einen inhaftierten Terroristen, Savvas Xiros, freilassen. Xiros war Mitglied der Terrorgruppe »17. November« (»17N«) und war 2007 rechtskräftig zu fünfmal lebenslanger Haftstrafe plus 25 Jahre unter verschärften Haftbedingungen, u. a. wegen seiner Beteiligung an der Ermordung von fünf Personen verurteilt worden. Paraskevopoulos entgegnete, dass Xiros gesundheitlich schwer angeschlagen und fast gänzlich erblindet sei. Zudem würde er auch unter Hausarrest leben. Er wies die gegen ihn gerichteten Angriffe bis zum Schluss zurück und brachte das Gesetz schließlich durch.
26. Einbürgerungsgesetz 4332/2015.

stimmung im Parlament votierte der Regierungspartner von Syriza, die rechtspopulistische Anel, gegen den Gesetzesentwurf. Das Gesetz wurde mit den Stimmen der Syriza, der sozialdemokratischen Pasok und der (politisch) liberalen Partei To Potami angenommen. Es war das erste Mal, dass Alexis Tsipras eine Reform durch das Bündnis mit Oppositionsparteien voranbringen musste.

Am radikalsten war wahrscheinlich der Bruch mit der alten Flüchtlingspolitik. Der fremdenfeindliche Kurs der Regierung Samaras wurde komplett aufgegeben. Die Jagd der Polizei auf Menschen ohne Papiere in Athen und im übrigen Land wurde eingestellt. Die Küstenwache in der Ägäis wurde angewiesen, die Flüchtlingsboote nicht mehr in Richtung Türkei abzudrängen und keine sogenannten *push backs* vorzunehmen – was früher eine der Hauptursachen für das Kentern vieler Boote und das Ertrinken unzähliger Flüchtlinge war. Es wurde nun nach den Vorschriften des internationalen Rechts gehandelt. Zur Linderung der materiellen Not der Flüchtlinge wurde allerdings nicht übermäßig viel unternommen.

Andere Gesetze, wie jenes für die Regelung der »roten« Kredite – der Steuerschulden, die in bis zu 100 Raten zurückzuzahlen sind – blieben enttäuschendes Stückwerk.[27] Entgegen allen Erwartungen machte das Gesetz keinen Unterschied zwischen armen und reichen Schuldnern: Selbst die größten Steuerschuldner wurden von bereits auferlegten Strafgeldern und der Abgeltung von Verzugszinsen befreit, sofern sie begannen, ihre Steuerschulden in Hundertstel-Raten zu begleichen. Dies hat zwar in wenigen Wochen hunderte Millionen Euro in die Staatskasse gespült, reduzierte aber gleichzeitig die Steuerschuld der Superreichen in Milliardenhöhe. Vom angekündigten Großangriff auf die Oligarchie war in diesem Gesetz jedenfalls nichts zu sehen – was der Regierung viel Kritik und Spott aus dem In- und Ausland einbrachte.

Noch schlimmer war es im Fall des heiß ersehnten Arbeitsrechtgesetzes, das die von den Vorgänger-Regierungen abgeschafften Flächentarifverträge wieder einführen sollte. Dieses Gesetz hat es nicht einmal bis zum Parlamentsplenum gebracht. Anfang 2016 war es noch nicht beschlossen.

Misst man die Arbeit der Regierung Tsipras I (Ende Januar bis Mitte August 2015) an der Anzahl der produzierten Gesetze, dann war sie wahrscheinlich die unproduktivste aller Zeiten. Innerhalb ihrer knapp sieben Monate dauernden Amtszeit hat sie insgesamt 17 Gesetze durchgebracht – zwölf davon vor und fünf nach der Kapitulation von Tsipras am 13. Juli. Diese »Ladehemmung« ist natür-

---

27. Gesetz 4321/2015.

lich nicht nur auf Erfahrungsmangel oder Mutlosigkeit zurückzuführen – obwohl, wie seriöse Beobachter berichten, der Mut nicht gerade das hervorstechendste Merkmal einiger Minister war.[28] Was vielmehr ins Gewicht fiel, war die ständige Ungewissheit über die Zukunft. Da die Gläubiger fast täglich die Finanzblockade verstärkten und damit die Daumenschrauben anzogen, wusste niemand, ob die Regierung die nächsten Tage und Wochen überleben würde. Das lähmte die Kräfte und machte langfristige Planung obsolet. Die Planstäbe arbeiteten zwar fieberhaft Gesetzesvorlagen aus. Diese gelangten jedoch nicht in die Parlamentsgremien zur Beschlussfassung. Allein der Wirtschaftsminister Giorgos Stathakis hatte, wie seine Bilanz am Ende der Regierung Tsipras I zeigt, mehr als 80 Gesetzesvorlagen bzw. Gesetzesänderungen vorbereitet. Sie blieben in der Schublade liegen und warteten dort vergeblich auf bessere Tage.

Keine Zeit zum Atmen

Der Regierung Tsipras wurde keine Schonfrist gegönnt. Sie war vom ersten Tag an den Angriffen der Gläubiger ausgesetzt, die aus allen Kanonen auf sie schossen. Ihr eigenes Waffenarsenal war eher bescheiden. Es beschränkte sich auf zwei Kampfmittel: Erstens auf ihre gut durchdachten Argumente bei den Verhandlungen und zweitens auf die kaum verhüllte Drohung, dass im Falle eines Grexits (dem erzwungenen oder freiwilligen Ausscheiden Griechenlands aus der Eurozone) die gesamte Eurozone mitgerissen würde.

Die Verhandlungen mit den Gläubigern waren endlos und ließen der Regierung keine Zeit zum Atmen. »Ich muss ständig verhandeln, ich finde keine Zeit für das eigentliche Regieren«, beschwerte sich Tsipras gegenüber der Vorsitzenden der Partei Die Linke Katja Kipping und deren Fraktionschef Gregor Gysi bei seinem ersten offiziellen Besuch in Berlin Ende März 2015.

Die Gläubiger zeigten sich jedenfalls unnachgiebig. Das wurde zum ersten Mal bei der Sitzung der Eurogroup (der Gruppe aller Finanzminister der Eurozone) am 20. Februar in Brüssel deutlich. Es ging um das laufende Hilfsprogramm, das der vormalige Ministerpräsident Antonis Samaras der neuen Regierung vererbt hatte. Die Positionen waren völlig konträr. Das Hauptziel der griechischen Delegation unter Jannis Varoufakis hieß »vollständige Änderung der Geschäftsgrundlage«: Statt über technische Einzelheiten des Hilfsprogramms zu feilschen, sollte es durch ein neues »Brückenprogramm« ersetzt werden, das

---

28. Juristischer Dienst (Νομική υπηρεσία) des griechischen Parlaments, 30.11.2015

eine Laufzeit bis Ende Juni haben sollte. Das griechische Volk, sagte Varoufakis, habe durch seine Wahl am 25. Januar auch das Memorandum abgewählt. Die »Institutionen« sollten deshalb ihren Plan aufgeben, eine »erfolgreiche Evaluierung« des laufenden Hilfsprogramms vorzunehmen, was die Voraussetzung für weitere Zahlungen an Athen war. Die griechische Seite würde in der Folge auf die verbliebenen Geldtranchen des Programms verzichten, um im Gegenzug das Recht zu erhalten, Zinsanleihen über die erlaubten 15 Milliarden Euro hinaus für die Deckung ihrer Extraausgaben herauszugeben. Am Ende der »Übergangsperiode« könne man dann über den endgültigen Plan der griechischen Regierung beraten, der eine neue finanzpolitische Strategie, eine radikale Reorganisation der Wirtschaft und der öffentlichen Verwaltung sowie die Umstrukturierung der griechischen Schulden vorsah.

Die Gläubiger hingegen forderten von Athen, einen Antrag auf eine sechsmonatige »technische Verlängerung« des laufenden Programms zu stellen, um währenddessen seine Evaluierung »erfolgreich« zu beenden. Das hieße in der Praxis, dass Griechenland die bis dahin von ihm negierte Rechtsgültigkeit der Memoranden anerkennen und die noch nicht umgesetzten »Reformmaßnahmen« durchführen müsste.

Zum Schluss kam es, gemäß der griechischen Sprachregelung, zu einem »Waffenstillstand«. Dieser war allerdings ziemlich einseitig: Die griechischen Vorschläge wurden rundweg abgeschmettert. In der Schlussresolution des Treffens wurde ihr »Übergangsprogramm« mit keinem Wort gewürdigt. Stattdessen wurde die von den Gläubigern favorisierte »technische Verlängerung« des laufenden Programms um nur vier Monate vereinbart (und nicht um sechs, wie ursprünglich vorgeschlagen). Sie enthielt auch den fatalen Passus über einen erforderlichen »erfolgreichen Abschluss« der Überprüfung.

Schlimmer noch: Das Vorhaben von Varoufakis, auf dem Treffen der Eurogroup eine Zusage für eine baldige Diskussion über die Restrukturierung der griechischen Schulden zu erhalten, endete mit einem Debakel. Die Gläubiger lehnten sie rundweg ab. Stattdessen sah sich Varoufakis gezwungen, die Rückzahlung der Schulden in den vorgesehenen Fristen und in vollem Umfang zuzusagen. Der Höhepunkt des Fiasko: Varoufakis »vergaß« – sei es aus Erfahrungsmangel, sei es, um das Memorandum nicht indirekt anzuerkennen – ein konkretes Datum für die Überweisung der nächsten fälligen Geldtranche an Athen zu vereinbaren.

So kam es, dass er buchstäblich mit leeren Händen nach Athen zurückkehrte.[29]

---

29. Die Verhandlungstaktik der griechischen Delegation wurde unter der Federführung von Jannis Milios, dem Chefökonomen von Syriza, ausgearbeitet. Er hatte nach der Sitzung der Eurogruppe Va-

Es offenbart eine große politische Naivität, aber auch einen ungebrochenen Geist der Rebellion, dass Varoufakis eine positive Bilanz dieses Eurogruppentreffens zog. »Von heute an sind wir Ko-Autoren unseres Schicksals«, erklärte er. Griechenland werde Reformen umsetzen, die nicht mehr einseitig von den »Partnern« diktiert werden.

Die Antwort kam prompt vom deutschen Finanzminister Wolfgang Schäuble. »Regieren ist ein Rendezvous mit der Realität«, sagte er mit Blick auf das »Einknicken« von Varoufakis beim Thema Verlängerung des Hilfsprogramms. Ähnliches wiederholte er am 27. Februar im deutschen Bundestag bei der Debatte zu seinem Antrag auf Verlängerung des Hilfsprogramms. Grundlage des Antrags, sagte er, sei die Erklärung der neuen griechischen Regierung, das Hilfsprogramm »ohne jede Vorbehalte, ohne jede Einschränkungen« erfüllen zu wollen. Und diese Erklärung sah eben die volle und fristgerechte Rückzahlung der griechischen Kredite vor.

Der permanente Krach

Auch der weitere Gang der Ereignisse zeigte, dass die Standpunkte unvereinbar blieben und dass die zwei Seiten auf einen Crash zusteuerten.

Rückblick:

1. April 2015
Die erste echte Kampfhandlung: Athen beabsichtigt nicht, einen Kredit in Höhe von 450 Millionen Euro an den Internationalen Währungsfonds (IWF), der am 9. April fällig ist, zurückzuzahlen. Den Grund erläutert Innenminister Nikos Voutsis im *Spiegel*: »Wir haben seit August keinen Euro mehr bekommen, es gibt kein anderes Land auf der Welt, das seine Schulden nur aus eigenen Mitteln begleicht, ohne Kredite aufzunehmen« – die Staatskassen seien inzwischen fast leer.[30] Nach einigem Hin und Her sieht sich Athen gezwungen, doch zu zahlen.

Ähnliches wiederholt sich Mitte Juni, mit demselben Ergebnis.

---

roufakis vorgeworfen, sich nicht an diese gehalten und durch seine weiche Verhandlungsführung die griechische Niederlage verursacht zu haben. Tsipras setzte indes weiter auf Varoufakis. Milios verlor einen Monat später seinen Posten als Chefökonom der Partei. Siehe: *Der Spiegel* vom 20. März 2015 und *Ta Nea* vom 26. Februar 2015.
30. *Der Spiegel* vom 1. April 2015.

8. April 2015
Der griechische Premier auf der Suche nach neuen Geldgebern – zuerst in Moskau. Wladimir Putin macht ihm jedoch gleich klar, dass er erstens kein Geld für ein derart riskantes Unternehmen wie Griechenland zur Verfügung stellt und zweitens, dass er das Land lieber in der Eurozone haben will als außerhalb. »Dort seid Ihr nützlicher für mich«, sagt er unverblümt zu seinen Gästen. Tsipras lächelt geduldig, schließlich gibt es ja auch noch die superreichen Chinesen. Ebenfalls unverblümt fragt ein Mitglied der griechischen Delegation, ob die Russen willens wären, griechisches Geld, Drachmen, zu drucken. Putin hört entgeistert zu. »Ja«, antwortet einer seiner Berater. »Und die schicken wir Ihnen mit Mauleseln nach Athen!«

20. April 2015
Die Regierung sieht sich gezwungen, die stillen Rücklagen der Regionen und Gemeinden per Regierungsdekret in die Staatskassen zu überführen. Die Betroffenen rebellieren dagegen und werfen Tsipras vor, nun selbst Mittel und Methoden anzuwenden, die er, als er noch in der Opposition war, strikt abgelehnt hatte. Er beruft sich auf höhere Gewalt: Ohne diese Überführung würde man im Mai die Pensionen und die Gehälter der Staatsangestellten nicht ausbezahlen können, da die Geldgeber ihren Verpflichtungen nicht nachgekommen seien und die im Rahmen des Hilfsprogramms zugesagte Geldtranchen zurückbehalten hätten. Tsipras beschwert sich drei Tage später direkt bei Merkel. Die lässt ihn einfach zappeln.

Aber auch Tsipras bleibt in Bezug auf seine »roten Linien« standhaft, wie die Wiederherstellung der malträtierten Arbeitsrechte und die Weigerung, die Pensionen noch weiter zu kürzen. Der ökonomische Krieg geht weiter.

24. April 2015
Auch die Chinesen zeigen sich nicht besonders spendabel. Sie bedeuten Vizeministerpräsident Jannis Dragasakis, der auf ihre Einladung nach Peking gekommen ist, dass sie Griechenland keine Anleihen zur Verfügung stellen. Andererseits aber bekunden sie Interesse für den Aufkauf des gesamten Seehafens von Piräus – einen Teil haben sie bereits in der Hand – sowie der staatlichen Bahngesellschaft Trainose.

Die griechische Regierung bleibt also international völlig isoliert, kämpft aber weiter.

25. April 2015
Der erste große Kollateral-Schaden für Athen auf politischer Ebene. Die Finanzminister in der Eurogruppe weigern sich, mit Varoufakis weiter zusammenzuarbeiten. »Bei dem Treffen in Riga hätten Kollegen den Griechen als ›Spieler‹, ›Amateur‹ und sogar ›Zeitverschwender‹ kritisiert, berichten Teilnehmer. Einige Minister hätten während Varoufakis' Ausführungen entsetzt mit den Augen gerollt oder sich demonstrativ die Ohren zugehalten«, hieß es im *Handelsblatt*.[31]

Danach verabreden sich die (anderen) Finanzminister zu weiteren Beratungen, ohne den griechischen Finanzminister einzuladen – ein Affront ohnegleichen in der EU-Geschichte. Varoufakis reagiert mit einem Tweet: »Sie sind vereint in ihrem Hass auf mich; und mir ist ihr Hass willkommen«, schreibt er, den US-Präsidenten Franklin D. Roosevelt zitierend.

Tsipras sieht sich gezwungen, Varoufakis vorerst aus der ersten Reihe der Kampfhandlungen zu nehmen. Dieser bleibt zwar Finanzminister, die Verhandlungen in der Eurogroup führt aber fortan Vize-Außenminister Euklid Tsakalotos.

21. Mai 2015
Merkel, Hollande und Tsipras treffen sich einmal mehr am Rande des Gipfels in Riga. Wieder stellen sie fest, dass sie nirgendwo übereinstimmen – »they agree that they disagree«. Ein Ausweg aus der Sackgasse ist nicht in Sicht.

1. Juni 2015
Fünfer-Treffen über Griechenland ohne Griechenland. Merkel, Hollande, Juncker, Draghi und Lagarde besprechen drei Stunden lang die Vorschläge der Kommission. Dabei sickert durch, dass die Unterschiede zur Position Athens nur noch in der Frage der Rentenreform bestehen. Ein Sprecher des deutschen Finanzministeriums beeilt sich aber zu erklären, dass Griechenland zusätzlich den Zwischenbericht der »Institutionen« anzuerkennen habe.

14. Juni 2015
Die griechische Delegation verlässt einmal mehr die Verhandlungen in Brüssel im Krach. Sie fühlt sich von den Institutionen total brüskiert. Der Vorschlag des IWF, dass die EU eine Kürzung der Schulden, Griechenland eine Kürzung der Pensionen vornehmen solle, fällt ins Wasser.

---

31. *Handelsblatt* vom 26. April 2015

19. Juni 2015
Trotz seiner wachsenden Frustration – auch hinsichtlich seiner internationalen Isolierung – unternimmt Tsipras immer wieder den Versuch von Ausbrüchen. So an diesem Tag, als er in St. Petersburg auf dem Wirtschaftsforum auftritt und dem zu diesem Zeitpunkt höchst isolierten Putin ein kleines Glanzlicht beschert. Man befinde sich in Griechenland zwar im Sturm, so Tsipras, doch die Griechen seien, wie man aus der Geschichte wisse, »sturmerprobt«. Die Londoner *Financial Times* schreibt: »Anders als in der Eurogroup – hier in St. Petersburg wird Tsipras gefeiert.«[32]

22. Juni 2015
Der Kongress tanzt – das Gipfeltreffen der EU in Brüssel befindet die griechischen Vorschläge als gute Basis für weitere Verhandlungen. Nur Wolfgang Schäuble tanzt aus der Reihe. Er meldet aus Berlin, dass Athen Kapitalverkehrskontrollen einführen solle.

25. Juni 2015
Neuer EU-Gipfel, neue Sackgasse. Die EU-Granden scheinen entschlossen, den Bruch herbeizuführen. »The game is over«, sagt der Vorsitzende der EU, Donald Tusk, zu Tsipras. Letzterer antwortet, dass solche Plattitüden angesichts der Verelendung von Millionen Menschen in Griechenland vollkommen deplatziert seien. Der Grexit scheint nunmehr unvermeidbar zu sein.

26. Juni 2015
Alexis Tsipras hat genug. Er fährt nach den neuerlich gescheiterten Verhandlungen nach Athen zurück und verkündet das Referendum.
  Der Konflikt ist vollständig eskaliert.

28. Juni 2015
Unter dem Druck von Schäuble, der mit dem unmittelbaren »Grexit auf Zeit« droht, führt Athen Kapitalverkehrskontrollen ein.

5. Juli 2015
Triumph römischen Ausmaßes für Tsipras. Beim Referendum stimmen 61,3 Prozent der Wählerinnen und Wähler gegen die Vorschläge der Gläubiger. Tsi-

---

32. Kathrin Hille, »Tsipras feted in St. Petersburg«, in: *Financial Times* vom 18. Juni 2015.

pras hat nun die Wahl zwischen einer weiteren Konfrontation mit ihnen und der Kapitulation.

Am 13. Juli 2015 wählt er die Kapitulation.

Der »neue Kalte Krieg«

Der Hauptgrund für die Schwierigkeiten der neuen Regierung war offensichtlich externer Natur. Ihr machte der unerklärte »Krieg« zu schaffen, den die Gläubiger von Anfang an gegen sie führten. Dieser wurde gleichzeitig an drei Fronten geführt: der ökonomischen, der politischen und der medialen. Mit der Zeit verdichteten sich die Teilkriege zu einem kombinierten »neuen Kalten Krieg« – mit Wolfgang Schäuble, der im Geist des klassischen Kalten Kriegs in den 1970er und 1980er Jahren politisch groß geworden war, als oberstem neuem »Kalten Krieger«.[33] Athen bot kräftig Paroli, konnte aber angesichts der gegnerischen Übermacht nicht bestehen.

Der »neue Kalte Krieg« hatte in der Wahl seiner Mittel einerseits große Ähnlichkeiten mit jenem in der zweiten Hälfte des 20. Jahrhunderts: Es gab die ökonomische Blockade (durch die »Institutionen« Europäische Kommission, EZB und IWF), die politische Isolierung (im Europäischen Rat und in der Eurogroup) und die Desinformation (über einen großen Teil der europäischen Massenmedien – darunter auch liberale, wie in Deutschland das *Handelsblatt*, zum Teil auch die *Süddeutsche Zeitung* und der *Spiegel* und in Österreich seitens des Magazins *Profil*).

Andererseits gibt es zwei große Unterschiede: Erstens gehören die Kontrahenten nicht, wie im klassischen Kalten Krieg, zwei völlig getrennten Lagern an, sondern vielmehr einem einzigen: der Europäischen Union. Ihr Konflikt ist von daher nicht ein externer, zwischen verfeindeten Ländern, sondern ein interner, zwischen formell befreundeten Staaten im Schoße eines transnationalen Verbandes. Zweitens wird er nicht im Schatten von Atom-, sondern von Finanzwaffen ausgetragen. Wobei Warren Buffet eben diese Finanzmittel einmal als moderne »Massenvernichtungswaffen« bezeichnet hatte. Zu diesen Finanzwaffen gehören die Drohung mit dem Grexit (dem Austritt Griechenlands aus der Eurozone), die Drosselung bzw. völlige Einstellung der Kapitalzufuhr an die griechischen Banken seitens der EZB sowie das Aussetzen fälliger Geldzuweisungen an den griechischen Staat seitens des ESM (Europäischer Stabilitätsmechanismus) und des IWF.

---

33. Der Hinweis kam vom Bundestagabgeordneten der Linken, Michael Schlecht.

Das »Gleichgewicht des Schreckens«, welches das Verhältnis zwischen dem West- und dem Ostblock auszeichnete, wurde so zu einem Ungleichgewicht verwandelt – wobei nun allein Griechenland dem Schrecken ausgesetzt war. Dies bewirkte nicht nur die Destabilisierung des Landes, sondern auch einen Bruch in der Eurozone und der Europäischen Union insofern, als dadurch Mitgliedstaaten wie Griechenland zu bloßen Schuldnern degradiert wurden. Das hatte nicht nur mit der Regierung Tsipras zu tun. Das geschah bereits 2010, als der damalige Ministerpräsident Giorgos Papandreou die EU-Partner und den IWF um Programmhilfen ersuchte. Mit den Krediten akzeptierte er auch das dazu gehörige Memorandum und damit Maßnahmen, die die finanzielle Unterwerfung des Landes bedeuteten. Seine Nachfolger, allen voran der Vorsitzende der konservativen Nea Dimokratia Antonis Samaras, akzeptierten die Unterwerfung ebenfalls. Dennoch blieben sie nicht vor dem »neuen Kalten Krieg« verschont, der auf finanzieller und medialer Ebene weiter tobte. Nur politisch blieb er latent, da sich diese früheren griechischen Regierungen nicht zur Wehr setzten. Und da sie von Parteien getragen wurden, die »Fleisch vom Fleische« waren, die mit der CDU/CSU oder der SPD auf internationaler Ebene verbandelt waren.

Mit Alexis Tsipras aber kam die Rebellion ins Land und allmählich nach ganz Europa. Der Konflikt eskalierte. Tsipras blieb zwar an die Fesseln des Memorandums gebunden, erklärte ihm aber seinerseits den Krieg. Dies trug zum Aufschwung anderer linker Bewegungen in Europa bei, wie dem der spanischen Podemos. Gleichzeitig kam es wegen Griechenland zu Friktionen innerhalb der Europäischen Union und sogar innerhalb der bundesdeutschen Regierungskoalition von Christ- und Sozialdemokraten. Die neoliberale »Festung Europa« bekam plötzlich Risse. Das Werk von mehreren Politikergenerationen aus dem konservativen und dann auch dem neoliberalen Lager schien in Gefahr zu geraten. Noch mehr galt dies für den »deutschen« Euro. Die griechische Rebellion hatte seinen neoliberalen Kern in Frage gestellt.

Die Überschuldung Griechenlands verärgerte insbesondere die deutschen Politiker. »Es geht um viel Geld«, pflegte der ehemalige Europaberater der Bundeskanzlerin Angela Merkel, Nikolaus Meyer-Landrut, zu sagen – allein für die Bundesrepublik um mehr als 80 Milliarden Euro. Der wichtigste Grund für ihren Ärger war aber strategischer Natur: Sie befürchteten, dass ein rebellisches Griechenland ihren Aufstieg zum Global Player verhindern könnte. Denn so wie die Gründung und Erweiterung der Europäischen Union das Hauptprojekt der herrschenden Klasse Deutschlands in der zweiten Hälfte des 20. Jahrhun-

derts war, so war und ist die Erhaltung und Stärkung des Euro ihr Hauptprojekt zum Beginn des 21. Jahrhunderts. Die gemeinsame Währung ist für sie nicht nur das »Huhn, das goldene Eier legt«. Es ist auch der Schlüssel für ihre Rückkehr in die Weltpolitik – diesmal nicht als nationale Macht, sondern als (dominanter) Teil eines EU-Machtblocks.

Dieses strategische Vorhaben durfte von der Regierung eines peripheren, ja sogar »linken« Landes wie Griechenland, nicht angetastet werden. Jeder Versuch, das Ziel in Frage zu stellen, musste gestoppt werden. Und das Mittel dazu könne nur »Krieg« heißen – ein »kalter«, aber nicht weniger aggressiv als ein heißer.

Die erste »Kriegshandlung« gegen die neue Regierung kam von der EZB. Sie wurde, wie bereits erwähnt, Mitte Februar 2015 von Mario Draghi verkündet und bestand in der Unterbrechung der Kreditvergabe an griechische Banken. Gleichwohl erlaubte die EZB der griechischen Zentralbank, den einheimischen Geldhäusern direkt mit Milliarden Euros als Liquiditätshilfen unter die Arme zu greifen. Es handelt sich dabei um die sogenannten ELA-Hilfen (Emergency Liquid Assistance), die im Bankgewerbe als das letzte Überlebensmittel für Banken gelten und daher den zweifelhaften Ruf eines Beatmungsgeräts besitzen. Aber auch diese Mittel waren auf ein Mindestmaß begrenzt. Gemeinsam mit der »Strategie der Spannung«, die hauptsächlich vom »inneren Feind«, dem rechten bis rechtsextremen Establishment betrieben wurde, konnte so der »neue Kalte Krieg« das finanzielle Rückgrat des Landes brechen.

Den letzten Dolchstoß vollführte die Europäische Zentralbank: Als Tsipras das Referendum ankündigte, erklärte die EZB, ab sofort keine zusätzlichen ELA-Kredite zu gewähren und zwang so die Regierung Tsipras dazu, die Banken vorübergehend zu schließen und Kapitalverkehrskontrollen für unbestimmte Zeit einzuführen.[34]

---

34. Die »Strategie der Spannung« wurde in den 1970er Jahren in Italien eingesetzt. Dort führten rechte parastaatliche Stellen, die wohl auch mit der NATO zusammenarbeiteten, eine Reihe von Gewaltaktionen gegen die demokratischen Institutionen mit dem Ziel durch, das Land zu destabilisieren. Damit sollte durch Intervention des Militärs die Übernahme der Regierungsmacht von der italienischen KP verhindert werden, die angeblich bevorstand. Die »Strategie der Spannung« in Griechenland zielt ebenfalls auf Destabilisierung ab, ihre Waffen sind aber nicht militärischer, sondern parapolitischer Art: Es sind vor allem Falschmeldungen, z. B. über eine bevorstehende Beschlagnahme von Spareinlagen und Aufrufe an Kleinsparer, ihr Geld von den Banken aus Sicherheitsgründen abzuheben, etc. All das führte im ersten Semester von 2015 bei den Banken zu einem gewaltigen Aderlass. Besonders hervorgetan hat sich bei diesen Aufrufen ein Abgeordneter der Nea Dimokratia, Adonis Georgiadis.

170 Tage Einsamkeit

Die Verhandlungen mit den Gläubigern haben also die Regierung Tsipras gezwungen, ihre Arbeit in anderen wichtigen Bereichen zurückzustellen, nicht aber völlig. Reformen gab es auch jenseits von Verhandlungen und trotz des unerklärten »neuen Kalten Krieges«, der im Hintergrund tobte. Die 170 Tage der Regierung Tsipras I bis zur Kapitulation am 13. Juli waren mit Licht und Schatten gefüllt, wenn auch zum Schluss die Schattenseiten die Oberhand gewannen.

Ein Gefühl der Einsamkeit begann aufzukommen. Auch wenn sich Tsipras noch lange zuversichtlich zeigte, machte sich in seiner Umgebung die alt bekannte »Melancholie der Linken« wieder bemerkbar. Als Ende Juni die Banken geschlossen wurden, wurde die Melancholie zur Depression. Zu diesem Zeitpunkt war die Rebellion zum passiven Widerstand reduziert. Dies wurde auch in der Öffentlichkeit registriert, die zunehmend eine abwartende Haltung einnahm.

Die Agonie dauerte kurz. Mit dem Referendum des 5. Juli 2015, als 61,3 Prozent der griechischen Bevölkerung »Όχι« (Nein) zu den Forderungen der Gläubiger sagten, erlebte die Rebellion eine ebenso unerwartete wie mächtige Aufwallung. Dies war zugleich der bislang wichtigste Widerstandsakt gegen die Sparpolitik in Griechenland und in ganz Europa.

Dessen Wirkung löste sich aber nur wenige Tage später in Luft auf, als Tsipras bei einem Gipfeltreffen in Brüssel alle wesentlichen Bedingungen der Gläubiger akzeptierte. Der letzte Widerstand war gebrochen.

Die Rebellion war zu Kapitulation verkommen.

Kapitel 3
Die griechische Krise ist eine Krise der Europäischen Union

Oder: Die dreimalige Prüfung Griechenlands auf dem Weg nach Europa

Helmut Schmidt: Als der Vertrag von Maastricht 1992 unterzeichnet wurde, hatte die EU zwölf Mitgliedsstaaten. Und diese zwölf haben den Fehler gemacht, jedermann in Europa zum Beitritt einzuladen, auch zur gemeinsamen Währung. Tatsächlich geboren wurde die Währung erst zehn Jahre später. Inzwischen ist die EU auf 27 Mitgliedsländer angewachsen, die in ihrer Mehrheit am Euro beteiligt sein wollten.
SPIEGEL: War das ein Geburtsfehler?
Schmidt: Nicht der einzige. Es war ein Fehler, 27 Leute einzuladen und von denen hinterher 16 oder 17 zu akzeptieren.
Giscard d'Estaing: Mal ganz ehrlich. Es war ein Fehler, Griechenland aufzunehmen. Griechenland war einfach nicht reif. Griechenland ist im Grunde ein orientalisches Land. Helmut, ich erinnere mich, dass Sie sich schon skeptisch zeigten, bevor Griechenland 1981 in die Europäische Gemeinschaft aufgenommen wurde. Sie waren da weiser als ich. [...]
Schmidt: 17 waren auf jeden Fall viel zu viele.
Giscard d'Estaing: [...] Die Vermengung der großen Europäischen Union mit der kleineren Währungsunion muss aufhören. Es geht nicht, dass alle 27 EU-Mitgliedsländer sich dauernd einmischen und mitreden, wenn es um die Belange der 17 Euro-Mitglieder geht. In beiden Kreisen wird nicht die gleiche Sprache gesprochen. [...] In der Eurogroup gibt es welche, die zahlen, und es gibt welche, die Bittsteller sind. Dann sollten auch diejenigen, die zahlen, die anderen überwachen, die vor allem Anträge auf Hilfen stellen.

> Spiegel-Gespräch mit den Begründern des Europäischen Währungssystems (EWS), dem ehemaligen Bundeskanzler Helmut Schmidt und dem früheren französischen Präsidenten Valéry Giscard d'Estaing 2012.[35]

---

35. »17 waren viel zu viele«, Spiegel-Gespräch in: *Der Spiegel* 37/2012.

Alexis Tsipras hat Recht, wenn er die aktuelle Krise der griechischen Wirtschaft und die »Tragödie Griechenland« als eine europäische Angelegenheit bezeichnet. Diese Krise ist nur im Kontext der EU und der Eurozone zu erklären – in wirtschaftlicher und gesellschaftlicher Hinsicht. Womit nicht gemeint ist, dass diese Krise primär eine »europäische« sei. Es geht um diese konkreten *Institutionen in Europa*, deren Vertreter sich des Öfteren in Wort und Taten anmaßen, diese stünden für »Europa« als solches. Europa hat eine Bevölkerung von gut 740 Millionen Einwohnern. In der Europäischen Union mit ihren 28 Mitgliedsstaaten leben 508 Millionen Menschen, was rund zwei Drittel aller in Europa lebenden Menschen entspricht. Die Eurozone, der 19 EU-Mitgliedsländer mit einer Gesamtbevölkerung von knapp 340 Millionen Menschen angehören, vereint zwei Drittel der EU-Bevölkerung und nicht ganz die Hälfte der Bevölkerung Europas auf sich.

Der Anziehungskraft, die die 1957 gebildete Europäische Wirtschaftsgemeinschaft (EWG) und ihre Weiterentwicklungen als Europäische Gemeinschaft (EG) und Europäische Union (EU) ohne Zweifel seit einem halben Jahrhundert auf Millionen Menschen ausüben, liegen unterschiedliche Motive zugrunde. Neben den rein wirtschaftlichen, bei denen die Erwartungen auf einen höheren Wohlstand eine entscheidende Rolle spielen, sind dies durchaus auch politische und politisch ehrenwerte. In den Zeiten des Kalten Krieges standen die EWG bzw. die EG im Bewusstsein von Millionen Menschen auch für eine demokratische Perspektive, die als positives Gegenmodell zu den staatsbürokratischen, nichtkapitalistischen und autoritären Gesellschaften des Warschauer Paktes gesehen wurde. Nach dem Zusammenbruch der Sowjetunion und dem Anschluss der DDR an die BRD entwickelte sich aus dieser Grundstimmung heraus ein Sog, der 2004 in die »Osterweiterung der EU« mündete. Einen vergleichbaren Prozess hatte es zwei Jahrzehnte zuvor im Fall der Süderweiterungen der EU gegeben. Für die Bevölkerung auf der iberischen Halbinsel, die vier Jahrzehnte lang von faschistischen Regimen unter den spanischen und portugiesischen Diktatoren Francisco Franco, Antonio de Oliveira Salazar und Marcelo Caetano hatten leben müssen, erschien die EU in besonderem Maß als eine demokratische Perspektive. In diesen Ländern waren die sozialistischen Parteien PSOE und PS, die in den ersten Jahren nach der Diktatur eine maßgebliche Rolle gespielt hatten, massiv mit Geldern aus deutschen politischen Stiftungen – insbesondere mit Geld der SPD-nahen Friedrich Ebert-Stiftung – unterstützt worden. Und es waren diese beiden Parteien PSOE und PS, die nach dem Sturz der jeweiligen Diktaturen maßgeblich daran beteiligt waren, die Zustimmung der Bevölkerung für einen EG-Beitritt zu gewinnen. Damals war dies zugleich eine Politik der Eindämmung; Portugal und Spanien sollten auf diese Weise im Westen gehalten und vor kommunistischer Gefahr gefeit werden. Es wirkt wie ein Treppenwitz der Geschichte, wenn die Hüter des Euro aktuell eine Gefahr darin sehen, dass die in Portugal im November 2015 gebildete Linksregierung unter Führung der PS bzw. eine im Jahr 2016 zu bildende Linksregierung unter Führung der PSOE die Stabilität der Eurozone in vergleichbarer Weise gefährden könnten, wie dies in Griechenland im ersten Halbjahr 2015 im Fall der von Syriza geführten Regierung erfolgte.

In Griechenland waren es die Erfahrungen mit NS-Besatzung, Bürgerkrieg und rechtsgerichteten autoritären Regierungen nach dem Zweiten Weltkrieg und das Trauma der faschistischen Diktatur in den Jahren 1967 bis 1974, die die damalige Europäische Wirtschaftsgemeinschaft und später die Europäische Gemeinschaft als Garant für eine zukünftige demokratische Entwicklung erscheinen ließen. Dabei gab es im Prozess der Integration Griechenlands in die EG/EU *drei Phasen*, die jeweils mit harten Prüfungen verbunden waren.

Eine *erste Prüfung* erfolgte im Zusammenhang mit dem eigentlichen Beitritt Griechenlands zur EG. Bereits 1961 hatte die damalige Regierung unter Premier Konstantin Karamanlis ein Assoziierungsabkommen mit der EG abgeschlossen. Nach der Obristen-Diktatur war es am 12. Juni 1975 erneut eine Regierung unter Karamanlis, die nunmehr den Antrag auf Beitritt zur Europäischen Gemeinschaft stellte. Der *Spiegel* bilanzierte damals, es sei »dem Premier […] in der Tat weniger um bessere Absatzbedingungen für Tabak, Pfirsiche und Tomaten gegangen als vielmehr um die Sicherung der neuen Hellas-Demokratie vor ränkeschmiedenden Militärs im Inneren und säbelrasselnden Türken in der Nachbarschaft.«[36] Die Kommission der damals aus neun Mitgliedern bestehenden EG beschloss jedoch zunächst, Griechenland könne erst nach einer zeitlich unbefristeten »vorbereitenden Phase« der EG beitreten. Zu groß sei das wirtschaftliche Gefälle. Tatsächlich waren die sozialen und ökonomischen Unterschiede gewaltig. Das griechische Bruttosozialprodukt pro Kopf machte damals 38 Prozent des westdeutschen Durchschnittswerts aus.[37] Das liberale Blatt *To Vima* sprach von »einer beispiellosen Erpressung«; Karamanlis zitierte alle neun

---

36. »Griechenland – ins Wasser«, in: *Der Spiegel* 8/1976. Der Verweis auf die »säbelrasselnden Türken« nimmt Bezug auf die zwei Jahre zuvor erfolgte Besetzung eines Teils von Zypern durch die türkische Armee, was die bis heute anhaltende Spaltung der Insel zur Folge hatte.
37. Das griechische Bruttosozialprodukt pro Kopf betrug 1975 2235 US-Dollar, dasjenige der Bundesrepublik Deutschland 5890 US-Dollar. Das BIP pro Kopf lag 1975 bei 42.500 Drachmen (in konstanten Preisen von 1970) und um 25 % höher als 1970 (mit 34.006 Drachmen). *Statistisches Jahrbuch der Bundesrepublik Deutschland* 1978, S. 703.

EG-Botschafter zu sich und erklärte, sein Land wolle eher auf einen EG-Beitritt verzichten als »auf eine die Würde der Nation verletzende Weise« aufgenommen zu werden. Nach diesen heftigen Protesten machte der EG-Ministerrat eine Kehrtwende und beschloss, Griechenland könne ohne besagte vorbereitende Phase und auf bevorzugte Weise – wie zuvor Großbritannien und Irland – der EG beitreten.[38] Tatsächlich dauerte es dann weitere fünf volle Jahre, bis Griechenland 1981 Mitglied in der EG wurde.

Griechenlands EG-Beitritt wird jahrelang ausgebremst

Während sich in der Phase der Assoziierung mit der EG die griechische Wirtschaft einigermaßen behaupten, den Anteil der industriellen Exporte am Gesamtexport erhöhen und das Defizit im Handelsverkehr mit der EG reduzieren konnte, gab es nach Vollzug der EG-Mitgliedschaft einen entgegengesetzten Prozess: Im Rahmen des EG-Freihandels und in Kombination mit neuen EG-Abgaben auf Importe aus Drittländern schnellten die Importe aus der EG nach oben.[39] Insbesondere die heimische Landwirtschaft verlor in drastischem Umfang Marktanteile – im Inland und beim Export. Der *Spiegel* bilanzierte damals: »In den ersten beiden Jahren nach dem Beitritt [Griechenlands] sind die Importe von Agrarprodukten aus der EG um 180 Prozent gestiegen. ›Um europäisch zu essen‹, stellte die Athener Zeitung *To Vima* fest, geben die Griechen schon 100 Milliarden Drachmen (rund 3,5 Milliarden Mark) im Jahr aus: ›Ein ungerechtfertigter Luxus, ein tödlicher Aderlass in Devisen.‹« Zum ersten Mal in der Geschichte des Landes wurde Griechenlands Agrarbilanz negativ – 1981 mit elf Milliarden und 1982 bereits mit 29 Milliarden Drachmen (umgerechnet rund 460 Millionen bzw. 1,2 Milliarden DM). Es kam zu einem Prozess, wie er auch nach dem Beitritt zur Eurozone 2011 beklagt und wie er damals im Bericht des *Spiegel* wie folgt beschrieben wurde: »Griechische Industrielle sind längst darauf gekommen, dass mit Importen aus EG- oder Drittländern leichter Geld zu verdienen ist als mit eigenen Produkten. Rund 30 Prozent der Konsumgüterbranche haben ihre Produktion bereits eingeschränkt oder aufgegeben und sich auf den Vertrieb vergleichbarer Auslandsprodukte verlegt. So gab die Milchfir-

---

38. Zitate nach *Der Spiegel* 8/1975.
39. Bis 1981 bezog Griechenland jährlich mehr als 50.000 Tonnen Import-Fleisch aus Ungarn und Jugoslawien zu Preisen, die weit unter denen der EG lagen. Mit dem EG-Beitritt wurden diese Importe aus »Drittländern« durch EG-Abgaben unverhältnismäßig teurer, sodass Griechenland seine Importe weitgehend aus EG-Ländern und damit zu deutlich höheren Preisen (verbunden mit erheblich größeren Transporten) zu beziehen hatte.

ma Evga die Aufbereitung heimischer Frischmilch auf und beliefert nun unter ihrem Namen die Molkereien mit H-Milch aus Frankreich [...] Holländische, deutsche und dänische Molkereien produzieren Feta eigens für Griechenland – sogar aus Kuhmilch, wobei der Feta-Käse aus Dänemark billiger ist als das griechische Originalerzeugnis.«[40] Der Ansturm der preiswerten und produktiven Konkurrenz war so groß, dass Griechenland bereits 1982 zeitweilig die Freihandelsregelungen aussetzen musste. Doch das Land blieb damit nicht allein. Zum selben Zeitpunkt rief der französische Außenhandelsminister Michel Jobert den »Notstand des Außenhandels« aus, ebenfalls mit dem Ziel, die eigene Wirtschaft vor allem vor dem Anrollen der deutschen Exportwalze zeitweilig abzuschotten. Den Hintergrund bildete dabei eine internationale Krise, die in Deutschland erstmals die Arbeitslosenzahl auf mehr als zwei Millionen, in Österreich auf mehr als 100.000 Menschen ansteigen ließ.

Das Europäischen Währungssystems (EWS) – ohne Griechenland

Anfang der 1990er Jahre erlebte Griechenland im Rahmen des Integrationsprozesses in die EU eine *zweite schwerwiegende Prüfung und Krise*. Zu dieser kam es in einer Zeit, als in der damaligen Europäischen Gemeinschaft bzw. in der Europäischen Union das *Europäische Währungssystem (EWS)* eingeführt und praktiziert wurde – ein Vorläufer des Euro. Dieser »Euro-Testlauf« ist für unsere Untersuchung insofern von Interesse, als in dieser Periode bereits alle Merkmale der aktuellen Krise, insbesondere die *Krise der Peripherie* als Resultat der deutschen Exportüberlegenheit zu erkennen waren.

Am 13. März 1979, knapp zwei Jahre vor dem EG-Beitritt Griechenlands, trat das Europäische Währungssystem (EWS) in Kraft. Als Väter dieses Projekts gelten der damalige deutsche Bundeskanzler Helmut Schmidt und der ehemalige französische Präsident Valéry Giscard d'Estaing. Beim EWS handelte es sich in der Substanz um die Schaffung einer künstlichen Einheitswährung im EG- bzw. EU-Raum. Die Bezeichnung der Währung lautete Ecu; die Kontinuität zum Euro wird auch dadurch zum Ausdruck gebracht, dass 1999 die Ecu-Werte eins zu eins in Euro »umgerubelt« wurden. Die Währungen der im EWS-System beteiligten EU-Länder waren im Grundsatz fest miteinander verbunden – es waren nur bescheidene Kursabweichungen nach oben und unten in einer Höhe von

---

40. »Tödlicher Aderlass«, in: *Der Spiegel* 1/1983.

2,25 Prozent gestattet; die Notenbanken der EWS-Länder waren verpflichtet, diese Währungsparitäten unter anderem durch An- und Verkauf von Devisen zu verteidigen.[41] Das System erwies sich im ersten Jahrzehnt als einigermaßen flexibel; es wirkte in dieser Phase 1979 bis 1990 derart überzeugend, dass Ende der 1980er Jahre alle EG-Länder Mitglieder im EWS-System waren – mit Ausnahme Griechenlands. Das Land sah sich angesichts der beschriebenen ökonomischen Schwäche nicht in der Lage, über den gebotenen längeren Zeitraum feste Wechselkurse zwischen Drachme und Ecu zu garantieren, strebte aber dieses Ziel an und befand sich formell im EWS, dort aber hinsichtlich des beschriebenen festen Verbunds in einer Art Wartestadium.[42] Wobei, wie wir sehen werden, die Unfähigkeit, über einen längeren Zeitraum die Landeswährung stabil zu halten, keine griechische Besonderheit war.

In der öffentlichen Wahrnehmung gab es also damals bereits jenes Bild, wie es in der Griechenland-Krise seit 2010 und insbesondere im Jahr 2015 gezeichnet wurde: Griechenland als schwarzes Schaf. Tatsächlich geriet das Land bereits Anfang der 1990er Jahre in eine tiefe Krise: Als 1993 die konservative Regierung abgelöst wurde, machte der neue Pasok-Finanzminister Jorgos Jennimatas Kassensturz. Er teilte sodann ziemlich exakt das Gleiche mit, was 2010 die damals ebenfalls neue Pasok-Regierung mitteilen sollte: Das Haushaltsdefizit liege 1993 nicht, wie von der Vorgängerregierung behauptet, bei acht Prozent des Bruttoinlandsprodukts, sondern bei 15 Prozent. Die Schuldenquote – der Anteil der öffentlichen Schulden am Bruttoinlandsprodukt – kletterte erstmals auf bis zu 111,6 Prozent. 1994 musste bereits jede zweite Drachme, die der griechische Staat einnahm, allein für den Schuldendienst ausgegeben werden. Das Zinsni-

---

41. Das System funktionierte im Detail wie folgt: »Kernstück des EWS bildete die European Currency Unit (Ecu), die innerhalb des EWS als Rechen- und Bezugsgröße der Wechselkurse sowie von den Zentralbanken als Zahlungsmittel und Reservewährung verwendet wurde. Im Rahmen eines Wechselkurs- und Interventionsmechanismus legten die Teilnehmerländer [für ihre jeweilige Landeswährung] Leitkurse fest, ausgedrückt in Ecu, aus denen sich bilaterale Leitkurse (»Kreuzparitäten«) ermitteln ließen. Um die bilateralen Leitkurse waren Bandbreiten (obere und untere Interventionspunkte) von […] plus-minus 2,25 % […] festgelegt. Die jeweiligen Notenbanken mussten die Einhaltung der Bandbreiten sicherstellen.« Nach: *Meyers Lexikon.online*. Die oben erwähnten 2,25-Prozent-Bandbreiten galten im EWS bis Juli 1993. Danach – mit dem faktischen Scheitern des EWS – galten Bandbreiten von 15 Prozent, was – da es um Grenzwerte nach oben und unten ging – auf eine Schwankungsbreite der jeweiligen Währungen um bis zu 30% hinauslief. Aufgrund dieser großen Schwankungsbreiten konnte man ab Sommer 1993 nicht mehr von einem Währungssystem als Vorläufer einer Einheitswährung sprechen.
42. Formell gehörte die griechische Zentralbank ab Beginn der griechischen EG-Mitgliedschaft dem EWS an. Doch Griechenland nahm bis zum 16. März 1998 nicht am EWS-Wechselkursmechanismus teil.

veau, das damals deutlich höher als heute war, spielte dabei eine die Schuldenkrise verschärfende Rolle.

Die Rahmenbedingungen der damaligen griechischen Krise waren also weitgehend dieselben wie 2010ff. Dass dies in den 1990er Jahren nicht zu ähnlich dramatischen Konsequenzen führte wie in den Jahren nach 2010, ist auf *drei Unterschiede* zurückzuführen: Erstens gab es Anfang der 1990er Jahre noch nicht Strukturen wie die Eurogroup oder gar die Troika; brutale Folterwerkzeuge, wie sie heutzutage in solchen Fällen hervorgeholt (und in Griechenland, Portugal, Irland, Zypern – und mit Einschränkungen auch in Spanien – auch angewandt) werden, befanden sich noch nicht im EG-EU-Werkzeugkasten. Zweitens konnte Griechenland damals Abwertungen der eigenen Währung vornehmen und machte von dieser Möglichkeit reichlich Gebrauch, womit die Wettbewerbsfähigkeit zumindest zeitweilig wieder hergestellt werden konnte (siehe weiter unten). Drittens geriet in diesen Jahren das gesamte EWS in eine existenzielle und die EG selbst in eine Strukturkrise, was vom »schwarzen Schaf Hellas« ablenkte.

Der EWS-Crash 1993

Das EWS hatte im Zeitraum 1979 bis 1992 weitgehend Bestand. Allerdings gab es bereits in diesem Zeitraum einige »Neuordnungen«, das heißt, die innere Balance der Währungsrelationen wurde einige Male neu justiert (was in der Regel auf eine allgemeine Aufwertung der D-Mark gegenüber fast allen anderen Währungen hinauslief). 1990 bis 1993 gab es dann eine neue weltweite Wirtschaftskrise, die alle EU-Staaten heftig beutelte und weltweit die sozialen und ökonomischen Spannungen erhöhte. Im Rahmen dieser allgemeinen Rezession begann im Sommer 1992 eine massive Spekulation gegen die skandinavischen Währungen, die damals an das EWS gekoppelt waren (Schweden war noch kein EU-Mitglied). Die Rechnung der Finanzinvestoren ging auf – Finnland und Schweden schieden trotz heftiger und teurer Abwehrschlachten ihrer Zentralbanken aus dem EWS-Verbund aus und werteten ihre Währungen massiv ab. Wenige Wochen später konzentrierte sich die Spekulation auf Großbritannien und Italien – mit demselben Ergebnis: Beide Länder mussten den EWS-Verbund verlassen und die Lire bzw. das Sterling Pound deutlich abwerten. Im Sommer 1993 geriet mit Frankreich der entscheidende Partner der damaligen deutschen Regierung unter Kanzler Helmut Kohl ins Visier der Finanzspekulation. Obgleich die Deutsche Bundesbank Paris zunächst beistand und zusammen mit der Banque de France eine wochenlange Abwehrschlacht organisierte, kapitulierten die EWS-

Hüter am Ende: Am 2. August 1993 kollabierte das EWS-System faktisch. Die 2,25-Bandbreiten mussten aufgegeben werden. Vor allem kam es zu einer allgemeinen »Neuordnung« aller Währungen, auch der griechischen – mit erstaunlich weitreichenden Ergebnissen. In der Gesamtbilanz hatten im Zeitraum März 1979 bis Anfang August 1993 die nachfolgend aufgeführten Währungen gegenüber der DM wie folgt abgewertet:

- Griechische Drachme: minus 86 Prozent
- Portugiesischer Escudo: minus 75 Prozent
- Spanische Pesete und italienische Lire: minus 54 bzw. minus 52 Prozent
- Schwedische Krone: minus 50 Prozent
- Irisches Pfund, französischer Franc und britisches Pfund: minus 37, minus 33 und minus 32 Prozent
- Dänische Krone, belgischer Franc: minus 29 bzw. minus 25 Prozent
- Holländischer Gulden: minus 4 Prozent.

Lediglich der Schweizer Franken (Nicht-EG) und der österreichische Schilling (noch nicht EG) erlebten gegenüber der DM leichte Aufwertungen (um 3 bzw. 4 Prozent).[43]

Es zeigte sich: Griechenland erwies sich zwar erkennbar als das schwächste Glied in der EG-Staaten-Kette. Doch es gab eben auch acht EWS-Länder – eine Mehrzahl der EWS-Teilnehmerländer –, die ihre Landeswährungen gegenüber der DM zwischen 25 und 83 Prozent abwerten mussten. Erkennbar ist in dieser Periode bereits die Gruppe der Peripherie-Länder, die später als PIGS (Portugal, Italien, Griechenland und Spanien) verunglimpft werden sollten: Diese Länder mussten im genannten 14-Jahreszeitraum ihre Währungen um mindestens 50 Prozent abwerten. Wäre es dazu nicht gekommen, so wäre diese Ländergruppe bereits damals in den Strudel einer existenziellen Krise, wenn nicht eines Staatsbankrotts geraten.[44]

---

43. Alle Angaben nach: *Frankfurter Rundschau* vom 12. August 1993; *Monatsberichte Deutsche Bundesbank* Nr. 9/1993.
44. Die Abwertung der italienischen Währung im genannten Zeitraum um 53 Prozent gegenüber der DM kann mit zwei Automodellen veranschaulicht werden: Auf diese Weise sank in Deutschland der Preis des damals wichtigsten Fiat-Mittelklasse-Pkw Ritmo, der in Italien produziert wurde, um eben diese 50 Prozent. Damit blieb Fiat im Mittelklasse-Pkw-Bereich konkurrenzfähig gegenüber dem von VW produzierten Golf II. Im Zeitalter des Euro gibt es für Italien respektive Fiat diese Möglichkeit nicht mehr. Die Folgen: Fiat ist nicht mehr konkurrenzfähig; die Autoproduktion in Italien hat sich mehr als halbiert. Fiat hat den größten Teil seiner Fertigungen in Nicht-Euro-Länder ausgelagert: nach Polen und in die USA (zur Fiat-Tochter Chrysler).

Dabei war der jeweils betroffenen Bevölkerung durchaus klar, dass das System EU als Ganzes letzten Endes für die Krisen verantwortlich ist. Am 2. Juni 1992 stimmte die dänische Bevölkerung mehrheitlich gegen den Vertrag von Maastricht, der unter anderem die Euro-Einführung vorsah. Ein Jahr später wurde im gleichen Land das Modell »solange abstimmen, bis das Ergebnis stimmt« praktiziert; eine knappe Mehrheit stimmte nun für den »Vertrag von Edinburgh«, der ein Maastricht-Vertrag in modifizierter Form war. Im Jahr 2000 lehnte eine Mehrheit der dänischen Bevölkerung die Einführung des Euro ab; im Dezember 2015 verweigerte eine Mehrheit in Dänemark eine engere Zusammenarbeit mit der EU auf dem Gebiet der inneren Sicherheit. Im Jahr 2005 votierte die Mehrheit der französischen Bevölkerung gegen die geplante neue EU-Verfassung. In Norwegen hatte es 1972 und 1994 zwei Plebiszite mit Mehrheiten gegen einen Beitritt des Landes zur EG bzw. EU gegeben – weswegen dieses Land sich bis heute von der EU fern hält.

In den meisten EU-Staaten gab es keine Volksabstimmungen über die EG/EU als Ganzes oder über einzelne Projekte wie den Vertrag von Maastricht und die Einführung des Euro – auch deswegen, weil der Ausgang unberechenbar gewesen war oder weil, so im Fall der Einführung des Euro in Österreich, eine deutliche Bevölkerungsmehrheit dem Projekt Einheitswährung ablehnend gegenüberstand. Noch im Jahr 1998 berichtete der *Spiegel* über Deutschland, dass »die Euroskeptiker immerhin zwei Drittel aller Bundesbürger auf ihrer Seite wissen. Besonders Arbeiter, Hausfrauen und Rentner sind nach wie vor gegen die Einheitswährung.«[45] Aber was bedeuten schon »Arbeiter, Hausfrauen und Rentner«, wenn die »politische Elite« und die »Leistungsträger der Gesellschaft« anderer Auffassung sind. Interessant ist hier übrigens, dass in allen Ländern, in denen es zu EG/EU/Euro-Plebisziten kam, außer den bereits erwähnten auch in der Schweiz, die »politische Klasse« einschließlich der Gewerkschaftsführungen immer in ihrer großen Mehrheit pro EU plädierten und »nur« die »normale Bevölkerung« eine vielfach EU-skeptische Haltung einnahm.

Die Lehre aus dem Scheitern des EWS: Jetzt erst recht und ohne Rückfahrkarte

Das Scheitern des EWS 1992/93 als einigermaßen festes System europäischer Wechselkurse unterstrich auf beeindruckende Weise, dass eine Einheitswäh-

---

45. »Kathedrale um den Euro«, in: *Der Spiegel* 10/1998.

rung die grundsätzlich ohnehin vorhandenen inneren Spannungen in der EU zunächst in ein Korsett zwingen, sie jedoch umso sicherer einer Explosion zuführen würde. Eine rationale europäische Politik hätte dies zur Kenntnis nehmen und darauf geschmeidig reagieren müssen – möglicherweise in Form eines Europäischen Währungssystems mit nochmals größerer Flexibilität und mit regelmäßigen Terminen zur Neujustierung der Währungsrelationen.

Doch es wurde der entgegengesetzte Weg beschritten. Unmittelbar nach dem faktischen Scheitern des »engmaschigen EWS« 1992/93 begannen mit der Verabschiedung des Vertrags von Maastricht die Vorbereitungen zur Einführung der Einheitswährung Euro. Nun sollte die gemeinsame Währung nicht nur auf dem Papier geschaffen werden, vielmehr sollte es auch konkret eine gemeinsame Währung geben. Ein Zurück zu den alten Landeswährungen wurde von vornherein ausgeschlossen – durch die juristische Konstruktion, aber auch durch die Schaffung entsprechender materieller Bedingungen. Anfang Juli 2015 erklärte der damalige griechische Finanzminister Jannis Varoufakis, Griechenland habe »gar nicht mehr die Möglichkeiten« für eine Rückkehr zur Drachme. Und weiter: »Sie wissen das vielleicht nicht, aber im Jahr 2000, als Griechenland dem Euro beitrat, war eine der Auflagen, die wir zu erfüllen hatten, dass wir unsere Druckerpressen loswerden mussten. [...] Das war als ein Prozess der europäischen Integration gedacht: Wir kommen alle zusammen, um eine Fiskalunion zu bilden, die unumkehrbar und untrennbar ist.«[46]

Dabei wurde von vornherein verdeutlicht, wer in diesem System der dominierende sein würde. Im Verlauf der EWS-Krise waren vor allem die Herren der Deutschmark mit nationalistischen Tönen aufgefallen. Die französische Tageszeitung *Le Monde* bezeichnete im Sommer 1993 das Ergebnis der Krise schlicht als ein »Diktat aus Bonn und Frankfurt«. Am 21. August 1993 sagte der damalige Bundesfinanzminister Theo Waigel, ein würdiger Vorgänger des Scharfmachers Wolfgang Schäuble in diesem Amt: »Die Europäische Zentralbank kommt nach Frankfurt oder aus der Veranstaltung wird nichts.«[47] Und so kam es. Während für die bis zu diesem Zeitpunkt eingerichteten Institutionen der EWG bzw. der EG bzw. der EU noch bewusst Standorte an mehr oder weniger »neutralen« Orten – so in Brüssel, Strasbourg und Luxemburg – gesucht und gefunden wur-

---

46. Interview mit dem australischen Rundfunk-Moderator Phillip Adams, hier wiedergegeben nach: *Abendzeitung* (München) vom 2. Juli 2015.
47. *Le Monde* vom 4. August 1993. Ähnlich argumentierte bereits am 3. August die britische *Financial Times*. Die 1993er Krise findet sich zusammengefasst bei: Winfried Wolf und Jutta Klaß, *Festung Europas*, Köln 1994, S. 46-60.

den, wurde als Sitz der materiell und machtpolitisch entscheidenden EU-Institution – der Europäischen Zentralbank (EZB) – Frankfurt am Main, also das Zentrum der deutschen Bankenwelt, vereinbart.

Eurozone ohne und dann doch mit Griechenland

Die Einführung des Euro in den Jahren 1999 bis 2001 brachte die *dritte und entscheidende Prüfung auf dem Weg Griechenlands in die EU-Integration*. Seit 2010 sind sich so gut wie alle bürgerlichen Beobachter in einer Sache einig: Die griechische Regierung habe in den Jahren, als die griechische Mitgliedschaft in der Eurozone zur Entscheidung anstand, die Statistiken gefälscht; nur auf diesem Weg sei es ihr gelungen, »den Euro zu erhalten«. Das ist barer Unsinn. Giorgos Chondros hat in seinem Griechenlandbuch dafür eine Reihe guter Belege angeführt und die rhetorische Frage gestellt: »Mal im Ernst, gibt es heute noch irgendjemanden, der glaubt, dass das kleine Griechenland von allein und nur mit Hilfe von Goldman Sachs die Supermacht an der Nase herumführen und sich quasi hintenherum in die Eurozone einschleichen konnte?«[48] Jüngst hat auch die österreichische Tageszeitung *Der Standard* einen unverdächtigen Zeugen angeführt, der diese offizielle Erzählung in den Bereich der Euro-Saga verweist. Das Blatt zitierte Pascal Lamy, die rechte Hand des früheren EU-Kommissionspräsidenten Jacques Delors mit den Worten: »Wir wissen alle jetzt, *und wir wussten das damals*, dass Griechenland seine Statistiken fälschte.«[49] Doch selbst wenn ein Teil der Manipulation der griechischen Staatsfinanzen unerkannt geblieben sein sollte, so standen auch die offiziellen Grunddaten der griechischen Ökonomie in Widerspruch zu den Kriterien, die für eine Aufnahme in den Euroclub formuliert worden waren. Auch die damals veröffentlichte Statistik besagte, dass die griechischen Schulden in den Jahren 1999 und 2000 über der 100-Prozent-BIP-Marke lagen; die EZB schrieb sogar in ihrem Jahresbericht für das Jahr 2000 anlässlich der Aufnahme Griechenlands in die Eurozone, dass die griechische Schuldenquote im Verlauf von zehn Jahren »nur einen verhältnismäßig geringen Rückgang« zu verzeichnen gehabt habe. In einer Tabelle in diesem Bericht wird über 15 Jahre hinweg dokumentiert, dass die griechische Staatsschuld seit 1994 dauerhaft das BIP überstieg. In dem Bericht wird auch festgehalten, dass sich »das

---

48. Giorgios Chondros, *Die Wahrheit über Griechenland, die Eurokrise und die Zukunft Europas*, Frankfurt am Main 2015, S. 36.
49. Marcus Bernath, »Der lange Weg in die griechische Krise«, in: *Der Standard* vom 22. Juni 2015.

Defizit der Leistungsbilanz [...] auf rund 6,9 Prozent des BIP *erhöht*« habe.[50] Ganz offensichtlich waren nicht die griechischen Statistiken das Problem, sondern die Tatsache, dass die Staatsfinanzen der Länder Belgien und Italien, deren Mitgliedschaft im exklusiven Euro-Club nie wirklich zur Debatte stand, den griechischen ähnelten.

Mehr noch: Auch andere Länder mit hohem Verschuldungsgrad bzw. mit hohen Haushaltsdefiziten, darunter Italien, hatten damals ihre Statistiken mit den Mitteln der kreativen Bilanzierung frisiert, um die Maastricht-Kriterien in Ansätzen zu erfüllen. Belgien und Portugal verkauften 2001 zukünftige Steuereinnahmen per Verbriefung, Italien verkaufte Lotterieeinnahmen. Und, man höre und staune, die deutsche Bundesregierung fälschte die offizielle Statistik zur öffentlichen Schuld und verbriefte im Jahr 2004 Forderungen aus Schulden gegenüber Russland. 2005 wurden künftige Zahlungen von Nachfolgeunternehmen der Deutschen Post in eine Verbriefung gepackt und am Kapitalmarkt verkauft. Das alles wurde in dieser Form von Walter Radermacher, dem Chef von Eurostat, der Statistikbehörde der EU, in einer Anhörung im Jahr 2010 aufgedeckt beziehungsweise in öffentlich zugänglicher Form bestätigt.[51]

Wobei die beteiligten Finanzgesellschaften, allen voran Goldman Sachs, an diesen Praktiken reichlich verdienten. Oft gab es Leute, die selbst zu dem noblen Club der Fälscher zählten und wenige Jahre die berüchtigte Drehtür durchschritten und in staatlichen oder EU-Funktionen auftauchten. Dies gilt für Mario Draghi ebenso wie für Loukas Papadimos; beide waren sie für Goldman Sachs tätig. Beide werden sie in Verbindung gebracht mit den Manipulationen zur Verschleierung der griechischen Staatsfinanzen. Der Erste in seiner Funktion als Europachef von Goldman Sachs in den Jahren 2002 bis 2005, der Zweite in seiner Funktion als griechischer Notenbankchef in den Jahren 1994 bis 2002. Draghi ist seit Juni 2011 EZB-Präsident und war in dieser Funktion maßgeblich an der Züchtigung der Syriza-Regierung im ersten Halbjahr 2015 beteiligt. Papadimos war zwischen November 2011 und Mai 2012 griechischer Premierminister und an dem kalten Putsch zur Absetzung Giorgios Papandreou und an der Umsetzung des ersten Memorandums beteiligt.

---

50. »Beitritt Griechenlands zum Euroraum«, *Jahresbericht der Europäischen Zentralbank 2000*, S. 84f.
51. Reinhard Hönighaus, »So schön gerechnet«, in: *Financial Times Deutschland* vom 15. April 2010. Auch heute noch gibt es in Deutschland Schattenhaushalte, in denen faktisch staatliche Schulden versteckt sind. So hat die Deutsche Bahn AG es in nur 22 Jahren, seit ihrer Gründung als schuldenfreies Unternehmen 1994, geschafft, einen neuen Schuldenberg von knapp 20 Milliarden Euro anzuhäufen – ein Betrag, der nicht als öffentliche Schuld Deutschlands erscheint, obgleich die DB AG sich zu 100 Prozent in Bundeseigentum befindet.

Inzwischen ist der Euro ungefähr so lang in Funktion wie das Europäische Währungssystem in seiner entscheidenden Phase Bestand hatte, als die beschriebenen engen Bandbreiten Gültigkeit hatten und das EWS damit einer Einheitswährung nahe kam. Und siehe da: Die Erfahrungen, die im EWS-Zeitraum 1979 bis 1993 gemacht wurden, wiederholten sich im Euro-Zeitraum 2001-2015 – und dies teilweise in potenzierter Form. Erneut gab es eine erste Phase, in der die inneren Spannungen kaum erkennbar waren. Und erneut war es eine Wirtschaftskrise, in diesem Fall diejenige von 2008/2009, die die krisenverschärfende Tendenz der Einheitswährung offen zu Tage treten, eine allgemeine Finanzkrise sich entwickeln und schließlich alles in unterschiedliche, scheinbar »nationale« Krisen münden ließ: Es begann mit der offenen Krise in Griechenland im Frühjahr 2010. Die neuen materiellen und juristischen Grundlagen ermöglichten nun ein direktes Eingreifen der zentralen Institution der Eurozone, der Eurogroup, und die Auferlegung eines brutalen Austeritätsprogramms (siehe Kapitel 4). Im Herbst 2010 intervenierte die Eurogroup in Irland. Dem Land wurde, wie es Lucas Zeise formulierte, »ein riesiges, von den Euroländern finanziertes Hilfspaket geradezu liebevoll aufgenötigt.«[52]

Ende 2011 geriet Italien in eine tiefe Finanzkrise; die EU erzwang dabei den Rücktritt des langjährigen Regierungschefs Silvio Berlusconi und – nach dem wenige Wochen zuvor in Szene gesetzten griechischen Modell einer »technischen Regierung« unter dem bereits angeführten Loukas Papadimos – die Etablierung einer Technokraten-Regierung unter dem ehemaligen Banker Mario Monti. Ein weiteres Jahr später brachen die Finanzkrise in Spanien und eine allgemeine Wirtschaftskrise in Portugal offen aus. Den spanischen Banken verordnete die EU ein drastisches Sanierungsprogramm. Portugal wurde einem umfassenden Austeritätsprogramm unterworfen. 2013 war es dann die Inselrepublik Zypern, die, auch als Folge des Schuldenschnitts, der kurz zuvor in Griechenland vorgenommen wurde, in eine tiefe Finanzkrise geriet.

Zypern-Krise und ELA-Kredite – Vorübungen für die griechische Krise

Das Beispiel Zypern, das der Zuspitzung der Griechenland-Krise voranging, ist aus drei Gründen für unsere Untersuchung von besonderem Interesse. Erstens handelte es sich hier auch um ein kleines Eurozonen-Mitgliedsland. Wenn man

---

52. Lucas Zeise, »Willkür und Inkompetenz«, in: *Lunapark21*, Nr. 21/2013.

an diesem »Versuchskaninchen« ein Exempel statuieren würde, konnte man sich nicht ins eigene Fleisch schneiden. Und um ein Exempel ging es. Der damals frisch ins Amt des Eurogruppen-Chefs gehievte Jeroen Dijsselbloem sagte auf dem Höhepunkt der Zypern-Intervention explizit: »This is a template – Dies ist ein Exempel.« Zweitens wurde bereits im Fall Zypern deutlich gemacht, dass die Interessen derjenigen, die in der Eurozone das Sagen haben, gegebenenfalls auch gegen demokratische Beschlüsse durchgesetzt würden. Das Parlament von Nikosia hatte im März 2013 den Rettungsplan der Eurozone abgelehnt – und zwar *einstimmig*. Es gab im zypriotischen Parlament nicht eine einzige Stimme für diesen Plan. Die Parallele zum Referendum vom 5. Juli 2015 in Griechenland drängt sich förmlich auf. Dennoch wurde der Eurozonenplan eins zu eins umgesetzt – in Zypern ebenso wie später in Griechenland. *Drittens* gab es in Zypern die gleiche Form einer rein finanziellen Erpressung wie sie später in Griechenland eingesetzt wurde. Am 21. März 2013 erklärte der EZB-Präsident Mario Draghi als Reaktion auf den zitierten Beschluss des Parlaments in Nikosia: »Der Rat der EZB hat entschieden, die Notfall-Liquiditätshilfen [für Zypern] nur noch bis zum 25. März 2013 aufrechtzuerhalten.«[53] Just die Streichung weiterer EZB-Hilfen, der ELA-Kredite (der Emergency-Liquidity-Assistance-Hilfsgelder), war in Griechenland das entscheidende Instrument, um die Schließung der Banken zu erzwingen. Teil der Bestimmungen, denen sich ein Eurozonen-Mitgliedsland zu unterwerfen hat, sind Vereinbarungen über diese Notkredite. Anders als bei souveränen Staaten, in denen über solche Notkredite für strauchelnde nationale Banken die Regierung des betreffenden Staates und die Zentralbank entscheiden, kann die EZB bei Eurozonen-Ländern mit einer Zweidrittel-Mehrheit solche ELA-Kredite stoppen oder sogar zurückfordern. Die EZB setzt dieses Mittel offensichtlich politisch motiviert ein. Sie ging zuvor bereits in Irland auf vergleichbare Weise vor.[54] Sie kann beim Thema ELA durchaus groß-

---

53. Zitiert in: *Handelsblatt* vom 22. März 2013.
54. Irland weigerte sich zunächst, das von der Eurogroup und der EZB abverlangte »Hilfsprogramm« zu akzeptieren und eine entsprechend weitreichende Austeritätspolitik umzusetzen. Daraufhin schrieb der damalige EZB-Präsident Jean-Claude Trichet am 19. November 2010 einen Brief an die irische Regierung und forderte die Annahme des Hilfsprogramms, anderenfalls würde die EZB die ELA-Kredite »umgehend einstellen.« Erst jetzt akzeptierte Irland das »Hilfsprogramm« – einschließlich der drastischen Vorgabe, die irische Bankenrettung zu einem größeren Teil mit Milliarden Euro aus dem Rentenfonds zu »bezahlen«, also faktisch Gelder zu veruntreuen. Der österreichische *Standard* (17.11.2014): »Die EZB hat Irland offensichtlich erpresst.« Der Vorgang war lange Zeit geheim gehalten worden. Irische Medien, so die *Irish Times*, hatten Teile der Korrespondenz veröffentlicht und gefordert, die EZB möge den Briefwechsel öffentlich machen. Daraufhin veröffentlichte die EZB im November 2014 den gesamten – ausgesprochen brisanten und politisch höchst aufschlussreichen – Briefwechsel auf ihrer Website.

zügig sein – in Deutschland wurden auf dem Höhepunkt der Finanzkrise der strauchelnden HypoRealEstate allein 50 Milliarden Euro an ELA-Krediten gewährt! – und sie kann einigermaßen restriktiv sein und die ELA-Kredite begrenzen oder sogar mit einer Streichung drohen.

Deutschland als Sieger nach Punkten bei der Euro-Einführung

Zieht man eine Bilanz der Entwicklung ausgewählter Eurozonen-Länder seit Existenz des Euro, so lässt sich die auf einen schlichten Nenner bringen: Seit Einführung des Euro vor 15 Jahren hat ein Land massiv profitiert: Deutschland. Die große Mehrheit der Eurozonen-Länder hat enorm an Boden verloren. Dabei bildete sich eine Gruppe von ökonomisch weniger starken Ländern heraus, die eine geradezu ruinöse Entwicklung genommen haben. Griechenland ist nur ein Land in dieser Gruppe. Tabelle 1 führt die wichtigsten Daten für diese Entwicklung auf.

Tabelle 1: Wirtschaftliche Entwicklung wichtiger Länder der Eurozone 2001-2015; Indikatoren BIP pro Kopf, Arbeitslosenquote und Schuldenquote

Land	Indikator	2001	2007	2010	2014	2015	Veränderung 2015 geg. 2001
BRD	BIP pro Kopf in Euro	26.474	30.551	31.557	35.402	36.364	+37,4%
	Arbeitslosenquote	7,8	8,5	7,0	5,0	4,7	-39,7%
	Schuldenquote	57,5	63,6	81,0	74,9	71,4	+24,2 %
Österreich	BIP pro Kopf	27.367	34.037	36.792	38.541	38.977	+42,4
	Ö-BIP/Kopf in % D-BIP	103	114	117	109	107	+ 4 Indexpkt.
	Arbeitslosenquote	4,0	4,9	4,8	5,6	6,1	+52%
	Schuldenquote	66,5	64,8	82,4	84,2	86,6	+30,2%
Frankreich	BIP pro Kopf	25.191	30.416	30.758	32.227	32.700	+29,8
	FR-BIP/Kopf in % D-BIP	95,1	99,6	97,5	91,0	89,9	-5,8 Indexpkt
	Arbeitslosenquote	7,8	8,8	9,3	10,3	10,4	+33,3%
	Schuldenquote	58,0	64,4	81,4	95,6	96,5	+66,4%
Italien	BIP pro Kopf	22.804	27.392	27.287	26.546	26.849	+17,7%
	I-BIP/Kopf in % D-BIP	86,1	89,7	86,5	75,0	73,8	-12,3 Indexpkt
	Arbeitslosenquote	9,0	6,1	8,4	12,7	12,2	+35,6%
	Schuldenquote	104,7	99,7	115,3	132,3	133,0	+27%
Spanien	BIP pro Kopf	17.160	23.896	23.214	22.408	23.264	+35,6%
	SP-BIP/Kopf in % D-BIP	64,8	78,2	73,6	63,3	64,0	-0,8 Indexpkt
	Arbeitslosenquote	10,6	8,2	19,9	24,5	22,3	+110,4%
	Schuldenquote	54,2	35,5	60,1	99,3	100,8	+86,0%
Portugal	BIP pro Kopf	13.689	16.942	16.686	16.676	17.286	+26,3%
	PT--BIP/Kopf in % D-BIP	49,5	55,5	52,9	47,1	47,5	-2 Indexpkt
	Arbeitslosenquote	5,1	9,1	12,0	14,1	12,6	+147,1%
	Schuldenquote	53,4	68,4	96,2	130,2	128,2	+146,0
Griechenland	BIP pro Kopf	14.011	21.062	20.324	16.250	15.847	+13,1%
	GR-BIP/Kopf in % D-BIP	52,9	68,9	64,4	45,9	43,6	-9,3 Indexpkt
	Arbeitslosenquote	10,7	8,4	12,7	26,5	25,7	+140,2%
	Schuldenquote	ca. 110	103,1	146,1	178,6	194,8	+77,1%

In der Tabelle sind relevante Wirtschaftsdaten für die Länder Deutschland, Österreich, Frankreich, Italien, Spanien, Portugal und Griechenland aufgeführt. Ausgewählt wurden also neben der führenden Eurozonen-Wirtschaftsmacht Deutschland noch Österreich, dann mit Frankreich, Italien und Spanien die zweit-, dritt- und viertgrößte Ökonomie und schließlich mit Portugal und Griechenland zwei kleinere Ökonomien. Für diese Eurozone-Länder sind in der Tabelle – jeweils für den Zeitraum 2001 bis 2015 – die Entwicklung des Bruttoinlandsprodukts je Kopf (in absoluten Zahlen, nominell, also ohne Berücksichtigung der Inflation), die Arbeitslosenquoten und die Schuldenquoten (Anteil der öffentlichen Schuld am Bruttoinlandsprodukt) wiedergegeben. Bei den Ländern Frankreich, Italien, Spanien, Portugal und Griechenland wird in der jeweils zweiten Zeile der Anteil des BIP-pro-Kopf des jeweiligen Landes an dem deutschen Wert (dem deutschen BIP pro Kopf) wiedergegeben. Wenn hier beispielsweise für das Land Portugal im Jahr 2014 der Wert vom »47,1« steht, so heißt das: Das portugiesische BIP pro Kopf im Jahr 2014 (im Wert von 16.676 Euro) machte 47,1 Prozent oder knapp die Hälfte des deutschen BIP pro Kopf in diesem Jahr (35.402 Euro) aus.

Nach diesen Daten eilt die deutsche Ökonomie bei allen relevanten Parametern den hier aufgeführten anderen Eurozonenländern davon; die Kluft zwischen Deutschland und dem Eurozonen-Rest vergrößert sich von Jahr zu Jahr, insbesondere die Kluft zwischen Deutschland und Österreich auf der einen Seite und Italien, Spanien, Portugal und Griechenland auf der anderen Seite. Griechenland erscheint in diesem Kontext nicht als *das* schwarze Schaf; das Niveau der tiefen Krise ist in Portugal kein qualitativ anderes und die Tendenz der Entwicklung abwärts ist in Spanien und Italien vergleichbar wie in den Fällen Griechenland und Portugal. Der tiefere Fall, den es in Griechenland gibt, ist ausschließlich darauf zurückzuführen, dass es in diesem Land bislang drei brutale Austeritätsprogramme, genannt »Memoranden«, gab (siehe das folgende Kapitel). Aber auch die Daten für das zweitgrößte Land der Eurozone, zugleich die zweitgrößte Ökonomie der gesamten EU, Frankreich, sind besorgniserregend: Die Arbeitslosenquote stieg im abgebildeten Zeitraum von 7,8 auf 10,4 Prozent oder um ein Drittel, die Staatsverschuldung machte 2001 »erst« 58 Prozent des französischen Bruttoinlandprodukts aus, 2015 liegt sie fast bei 100 Prozent (96,5%) – es kam zu einem Anstieg um 66,4 Prozent.

Grundsätzlich sind die Angaben über die Entwicklung der Arbeitslosenquoten und der Staatsverschuldung beeindruckend und bedrückend. Deutschland ist das einzige Land in der Eurozone mit einer in diesem Zeitraum deutlich rückläufigen Arbeitslosenquote. Gleichzeitig konnte in Deutschland die Schuldenquote seit 2010 reduziert werden. Sie lag 2015 mit 71,4 Prozent zwar immer noch über der offiziellen Maastricht-Marge von 60 Prozent und auch um 24 Prozent oder um knapp 15 Prozentpunkte höher als 2001. Selbst in Österreich gab es einen deutlich größeren Anstieg der Schuldenquote – und dieser Anstieg wurde in diesem »starken« Eurozonenland bis einschließlich 2015 nicht gestoppt. Insbesondere steigt in Österreich vor allem in jüngerer Zeit die Arbeitslosenquote wieder deutlich an. Italien und Portugal haben inzwischen mit 133 bzw. 130,2 Prozent einen Verschuldungsgrad erreicht, der eindeutig höher ist als zu Beginn des offenen Aufbrechens der griechischen Krise im Jahr 2010. Und die Arbeitslosenquote in Spanien ist mit 22,3 Prozent im Jahr 2015 nicht allzu weit entfernt vom griechischen Niveau, was bei den Wahlen im Dezember 2015 wesentlich zum massiven Stimmenverlust der konservativen Partei beigetragen hatte.

Halten wir fest: Bei allen drei Prüfungen, die Griechenland auf seinem Weg in die EG bzw. in die EU erlebte, stellten sich drei Dinge heraus: *Erstens*: Je mehr die relativ schwache Ökonomie Griechenlands dem Freihandel ausgesetzt wird, desto mehr droht das Land wirtschaftlich auszubluten. Bis zum Eintritt in die Eurozone konnte das Land diese Gefahr mit zum Teil drastischen Abwertungen der Landeswährung mindern. *Zweitens*: Griechenland war nicht das einzelne schwarze Schaf, wie dies in der Regel dargestellt wird. Das Land befand sich immer in einer Gruppe mit anderen europäischen Ländern mit ebenfalls weniger entwickelter Wirtschaftskraft, die sich einer vergleichbaren negativen Dynamik ausgesetzt sahen. Das gilt auch für den Vielvölkersport »Kreative Buchführung«. *Drittens*: Ende 2015 liegt das Niveau der griechischen Wirtschaftskraft bei gut 40 Prozent des deutschen Niveaus und damit ziemlich nahe an dem Niveau, das zum Zeitpunkt des ersten Antrags auf EG-Beitritt vor 40 Jahren vorlag. (Damals machte das griechische Bruttosozialprodukt pro Kopf 38 Prozent des westdeutschen Werts aus). 2016 dürfte – als Ergebnis des dritten Memorandums – das Niveau des Jahres 1975 wieder hergestellt werden. Nicht zu bestreiten ist, dass es in diesen vier Jahrzehnten einen bedeutenden Entwicklungsprozess in Griechenland gab: die Zahl der Studierenden hat sich mehr als verdoppelt, die Länge des Straßennetzes wurde verdreifacht, die Zahl der Flughäfen verfünffacht (allerdings wurde gleichzeitig das Eisenbahnnetz geschrumpft). Bei elementaren Daten, die für die Lebensqualität der Bevölkerung entscheidend sind, gab es jedoch massive Rückschläge. Teilweise nähert sich Griechenland bei Kriterien wie Kindersterblichkeit und medizinische Versorgung wieder einem Niveau, von dem alle glaubten, es sei für immer überwunden. Damit kommt es in der EU zu einem Prozess, der den offiziellen Zielen dieser »Gemeinschaft« bzw. »Union« widerspricht. In der Präambel des EWG-Vertrags aus dem Jahr 1956/57 ist festgehalten, dass mit der Europäischen Wirtschaftsgemeinschaft die »bestehenden Differenzen zwischen den verschiedenen Regionen abgebaut«, eine »fortgesetzte Verbesserung der Arbeits- und Lebensbedingungen aller erreicht« und die »Grundlagen für eine immer enger werdende Vereinigung der Völker Europas« gelegt werden würden.[55]

Offensichtlich wird die EU diesen Zielsetzungen nicht gerecht. Die bestehenden Differenzen zwischen den Regionen wurden nicht abgebaut; sie vertiefen sich vor allem in jüngerer Zeit. Die »Arbeits- und Lebensbedingungen« verschlechtern sich für einen großen Teil der Bevölkerung. Anstelle der Tendenz zur »Vereinigung der Völker« erleben wir in wachsendem Maß Spaltungstendenzen, das Entstehen von neuem Nationalismus und Rassismus. Unter anderem konnte sich bei den französischen Kommunalwahlen vom Dezember 2015 der rechtsextreme Front National als relativ stärkste politische Kraft etablieren.

Der US-Ökonom Nouriel Roubini erkennt in der ökonomischen und sozialen Entwicklung der Eurozone bedrohliche politische Elemente: »Deutschlands Wohlstand ist eine Folge der Währungsunion. Diese hat deutschen Exportunternehmen einen viel wettbewerbsfähigeren Wechselkurs beschert, als es die D-Mark je vermocht hätte. Die Eurozone ist Ziel für 42 Prozent der deutschen Exporte. [...] Die Deutschen sind heute so sehr auf die Nicht-Gefahr Inflation fixiert, dass sie [dem Jahr] 1923 [dem Jahr der Hyperinflation] mehr Bedeutung bemessen als 1933, dem Todesjahr der Demokratie.«[56] Wobei es diese antidemokratische Tendenz ja bereits bei der Einführung des Euro gab. Nicht nur gab es hier in der Regel, wie beschrieben, keine Volksbefragungen. Gregor Gysi, der damalige Fraktionschef der PDS, heute Die Linke, stellte in einer Bundestagsrede im Vorfeld der Euro-Einführung fest: »Am 2. Mai (1998) tagt das Europäische Parlament. Hat es in der Frage der Einführung des Euro [...] etwas zu entscheiden? Es hat nichts zu entscheiden. [...] Selbst wenn dort eine große Mehrheit Nein sagen würde, würde das an der Einführung des Euro zum 1. Januar 1999 nichts mehr ändern. Da wird das gesamte Demokratie-Defizit deutlich. Wir schaffen eine europäische Währung, haben aber keinen europäischen Gesetzgeber, keine europäische Verfassung, keine garantierten europäischen Rechte und verlagern

---

55. Präambel des EWG-Vertrags, nach: *Treaties establishing the European Communities*, Luxemburg 1974, S. 173.
56. Nouriel Roubini, »Denkt an 1933«, in: *Financial Times Deutschland* vom 12. Juni 2012.

die Funktionen vom Parlament zur Exekutive nach Brüssel. Das heißt: Wir heben die Gewaltenteilung in der Gesellschaft schrittweise auf.«[57]

Dabei gibt es nicht nur eine ökonomische Dynamik, die in eine die Demokratie abbauende Richtung weist. Die maßgeblichen Entscheider in der Eurozone, die wiederum eng vernetzt sind mit den Eigentümern und Top-Managern der großen Konzerne und Banken, sehen in der Strukturkrise der Eurozone *eine Chance zur Durchsetzung ihrer Ziele*, ja sie sehen die Verschärfung der Krise als beschleunigendes Element für ihre Ziele – unter Ausschaltung oder Umgehung der demokratisch gewählten Institutionen. Alt-Bundeskanzler Gerhard Schröder formulierte diese grundlegenden Überlegungen in diesen Kreisen in einem programmatischen Artikel auf dem Höhepunkt der Krise in Spanien wie folgt: »Die tiefgreifenden Reformen [in Deutschland; Schröder meint dabei die Hartz-IV-Gesetze; d. Verf.] waren schmerzlich. Sie haben dazu beigetragen, dass Deutschland heute zu den weltweit wettbewerbsfähigsten Volkswirtschaften gehört. Ich bin überzeugt, dass die aktuelle Krise die weiteren politischen Integrationsschritte in der Europäischen Union *erzwingen* wird ( ) Nur ein vereintes Europa hat eine Chance im internationalen Wettbewerb. Selbst das starke Deutschland ist zu schwach, um mithalten zu können.«[58]

---

57. Gregor Gysi, Rede im Deutschen Bundestag am 3. April 1998, nach: *Bundestagsdrucksache* Protokoll Deutscher Bundestag.
58. Gerhard Schröder »Der schwache Nationalstaat«, in: *Handelsblatt* vom 22. Juni 2012. Hervorhebungen von uns.

Kapitel 4
Die Politik der Memoranden 2010 bis 2015

Oder: Marquis de Sade und der »Voodoo« der Kanzlerin

Die griechischen Inseln sind berühmt für ihre Schönheit. Das Meer, die karge Landschaft und malerische Buchten geben ein beeindruckendes Dekor ab. Davon sind auch viele Politiker angetan – und nutzen es als Hintergrund für wirksame propagandistische Bilder. So war es auch am 22. April 2010, als der damalige griechische Ministerpräsident Giorgos Papandreou eine Botschaft an seine Landsleute richtete. Als Kulisse wählte er dazu den Hafen von Kastelorizo, einer Insel im östlichen Mittelmeer, nur drei Kilometer vor der türkischen Küste. Die Fernsehkamera zeigt, wie er an der Hafeneinfahrt mit dem Rücken zur Mole steht: Blaues Wasser, weiße Jachten und bunte Häuserwände umrahmen ihn.

Die Aussage der eigentlichen Botschaft war kurz: Griechenland bekomme keine Kredite mehr von den Märkten und sei somit vom unmittelbaren Bankrott bedroht. Deswegen habe er beschlossen, die EU-Partner um Hilfe zu bitten. Das Gesuch für die Gewährung der notwendigen Kredite sei bereits unterwegs.

Um seine Landsleute ausreichend einzustimmen, brauchte er allerdings mehr als zehn Minuten in seiner Rede, bis er auf das Hilfsersuchen zu sprechen kam. Die vorherige Regierung, sagte er, habe durch manipulierte Zahlen versucht, das riesige Haushaltdefizit zu vertuschen. Die wirklichen Zahlen zeichneten ein anderes, ein erschreckendes Bild. Darin gleiche Griechenland »einem Schiff, das vor dem Untergang steht«. Die Ankündigung der EU-Partner, Griechenland bei Bedarf unter die Armen greifen zu wollen, habe jedenfalls nicht ausgereicht, die Märkte zu beruhigen und dem Land günstige Kredite zu gewähren. Es bleibe damit keine andere Wahl, als diese Kredite direkt von den Partnern zu holen. »Wir befinden uns auf einem schwierigen Weg, auf einer neuen Odyssee für das Griechentum«, fuhr er fort. Das Meer im Hintergrund sollte diesen Worten wohl Gewicht verleihen. »Heute wissen wir aber den Weg nach Ithaka, wir haben die Seegewässer kartiert ...« Die Zuschauer verstanden die Botschaft. Einige wandten sich vom Bildschirm ab, andere knipsten das Fernsehgerät aus. Sie ahnten wahrscheinlich, dass ihre eigene Irrfahrt länger und gefährlicher als jene des mythischen Odysseus sein würde und dass die Meeresungeheuer, die Zyklopen und Sirenen, denen er begegnete, im Vergleich zu den neuen Schreckgestalten wie Schäuble, Merkel, Draghi, Lagarde & Co. eher kleine Wichte waren.

Papandreou war an jenem Tag nicht in alle Einzelheiten gegangen. Ihm ging es zuerst um die grundsätzliche Mitteilung, die bereits für sich schwer verdaulich war. Die Einzelheiten begannen später durchzusickern, nachdem er am 8. Mai 2010 das Hilfsprogramm mit den internationalen Geldgebern unterschrieben hatte. Zu den Geldgebern gehörten die übrigen 15 Länder der Eurozone, die 80 Milliarden Euro als Kredite zur Verfügung stellten, sowie der Internationale Währungsfonds (IWF), der weitere 30 Kredit-Milliarden beisteuerte. Das Kreditabkommen mit den Europäern trug den Namen »Loan Facility Agreement«, jenes mit dem IWF »Stand-By-Agreement«. Die beiden Abkommen beinhalteten auch eine Reihe von Bedingungen der Geldgeber. Deren Eckpunkte wurden in drei Absichtserklärungen (»Memoranda of Understanding«/ MoU) festgeschrieben, die später zusammen die Kurzformel »erstes Memorandum« bekamen.[59] Diese Dokumente greifen sehr stark in die Souveränität des Landes ein und sind die Ursache für die weitere Zerstörung einer bereits in Zerstörung befindlichen Wirtschaft.

Zur Kontrolle des Memorandums wurde ein neues organisatorisches Monster geschaffen: die Troika, bestehend aus Vertretern der Europäischen Kommission, der Europäischen Zentralbank (EZB) und des Internationalen Währungsfonds (IWF), eine Troika, die weder demokratisch (durch das Europaparlament) noch durch EU-Verträge legitimiert ist. Sie agierte umgehend wie ein Statthalter der Gläubiger im Land, machte sich in den Ministerien breit und mischte sich in deren Arbeit bis in die kleinsten Details ein.

Die Geldgeber bestanden darauf, dass das Kreditabkommen und die Memoranden eine unzertrennliche Einheit bilden. Die damalige Regierung akzeptierte dies, wohingegen Syriza damals als Oppositionspartei einen prinzipiellen Unterschied machte: Sie anerkannte das Kreditabkommen selbst, was auch die Verpflichtung für dessen Rückzahlung einschloss, bezeichnete das Memorandum aber als rechtsungültig und forderte vehement dessen Annullierung. Dies blieb auch später der rote Faden ihrer Politik, so ab Januar 2015 in der ersten Regierungskoalition Syriza-Anel.

Die Magie der Zahlen

Zahlen sind Zeichen, die einfache quantitative Verhältnisse abbilden. Die Finanzjongleure allerdings laden sie manchmal mit einer unergründlichen Bedeutung

---

59. Eingeteilt in a) Memorandum der Wirtschafts- und Finanzpolitik, b) Technisches Memorandum of Understanding und c) Memorandum of Understanding mit spezifischen Vorabbedingungen zur Wirtschaftspolitik.

auf, die für normale Sterbliche an Magie grenzt. Oft ist die Unergründlichkeit mit Banalität verbunden. Das trifft insbesondere für die im Maastricht-Vertrag vereinbarte Drei-Prozent-Obergrenze für das jährliche Haushaltsdefizit zu: Für diese heilige Kuh der Eurofetischisten, die mittlerweile seit Jahrzehnten die zentrale Zahl der gemeinsamen Währung ist, hat, wie 2012 enthüllt wurde, die Heilige Dreifaltigkeit Pate gestanden.[60]

Ähnliches gilt für die Vereinbarung einer 120-Prozent-Obergrenze, die als Obergrenze für die griechische Staatsschuld festgelegt wurde und das Land ab 2020 nachhaltig machen soll: Der IWF übernahm sie von Italien, weil sich dieses Land zu jener Zeit (2010) mit dieser Verschuldungsquote gerade noch über Wasser halten konnte. Auch hier hatte die Eingebung obwaltet, nicht irgendeine wissenschaftliche Methode. Zumal im Maastrichter Vertrag gleichberechtigt mit der Drei-Prozent-Marke für das Haushaltsdefizit die 60-Prozent-Obermarke für die öffentlichen Schulden festgehalten ist – wobei den letztgenannten Wert selbst Deutschland seit mehreren Jahren verletzt.

Aber auch die Koryphäen des IWF rechnen oft keineswegs wie trockene Analytiker. Ein gutes Beispiel dafür sind die sogenannten Fiskalmultiplikatoren, mit denen die Auswirkungen der Sparmaßnahmen auf das Wirtschaftswachstum berechnet werden. Der IWF gab bis 2010 den Wert dieses Multiplikators für Europa mit 0,5 Prozent an: Als gegeben wurde angenommen, dass mit jedem Euro, der einer Volkswirtschaft durch Sparmaßnahmen im öffentlichen Sektor entzogen wird, das Bruttoinlandprodukt (BIP) um 50 Cent schrumpfen würde. Eine Untersuchung in 28 Ländern zeigt jedoch, dass der Multiplikator zwischen 0,9 und 1,7 Prozent pendelt, dass der Schaden aus jedem ersparten Euro also 90 bis 170 Cent, in Griechenland sogar noch mehr beträgt.

Tatsache ist, dass die Schuldenquote des Landes von 148 Prozent des BIP im Jahre 2010 auf 171 Prozent im Jahre 2011 gestiegen war. Dabei war der absolute Anstieg der Schulden nicht ganz so dramatisch – diese waren von 330 auf 356 Milliarden Euro angestiegen. Doch der deutliche BIP-Rückgang kombiniert mit dem Schuldenanstieg ließ die Quote in die Höhe schnellen. Und es waren eben just diese Sparmaßnahmen, die Kürzungen der öffentlichen Ausgaben, die

---

60. Exakt geht es darum, dass das jährliche Defizit des öffentlichen Haushalts eines Landes nicht höher als drei Prozent des Bruttoinlandsproduktes betragen darf. Der Beamte des französischen Finanzministeriums Guy Abeille berichtete in der Tageszeitung *Le Parisien* (vom 28. September 2012), dass der damalige Staatspräsident François Mitterand den Auftrag erteilt hatte, der Neigung seiner Minister zu immer größeren Schulden durch eine leicht einprägsame Obergrenze einen Riegel vorzuschieben. Die Quelle für Abeilles Inspiration zur Zahl 3 sei nicht Fachliteratur gewesen, sondern göttliche Eingebung.

weit über die IWF-Berechnungen hinaus das BIP hatten einstürzen lassen. Als im Frühjahr 2011 diese gewaltige Diskrepanz ruchbar wurde, verlangte Syriza eine komplette Revision der Sparpolitik in Griechenland. Aber vergeblich. Der Chefvolkswirt des IWF, Olivier Blanchart, erkannte zwar den Fehler an, sprach ein »mea culpa«, lehnte aber mit alchimistisch anmutenden Argumenten jede Änderung der Sparpolitik in Griechenland ab.[61]

Folgt man dem Bericht der »Wahrheitskommission für die Staatsverschuldung«, die im April 2015 von der damaligen Präsidentin des griechischen Parlaments Zoi Konstantopoulou eingesetzt wurde, so sind die enormen Schulden des griechischen Staates grundsätzlich zu hinterfragen. Dort wird z. B. Folgendes festgehalten: »Weil die großen privaten Gläubiger (Banken, Hedge Fonds) wussten, dass diese Schulden nicht im Interesse der Bevölkerung gemacht wurden, sondern zu ihrem eigenen Vorteil, besteht kein Zweifel daran, dass ein großer Teil dieser Schulden ›verabscheuungswürdig‹, also illegitim oder unsittlich ist.«[62] Es werden »Menschenrechtsverletzungen«, »Verletzung der Verfahrensregeln«, »Verstöße gegen Treu und Glauben« sowie erpresserische Methoden seitens der Gläubiger festgestellt. Die Kommission kommt zum Schluss, dass Griechenland sogar gute Chancen habe, die Streichung der Schulden auf juristischem Weg zu erreichen.

Da die Kriterien für »verabscheuungswürdige Schulden« nicht klar definiert sind, gibt es keine unstrittige Position dazu. Wirtschaftsminister Jannis Stathakis rechnet damit, dass höchstens fünf Prozent der Schulden als illegitim einzustufen seien. Auch bei den Lösungsansätzen gibt und gab es gewaltige Differenzen. Weltbekannte Ökonomen wie Nouriel Rubini, Paul Krugman und Josef Stieglitz traten für einen kräftigen Schuldenschnitt ein. Auch Tsipras hatte ursprünglich diese Position vertreten. In der Folge aber passte er sie an die poli-

---

61. *Die Zeit* vom 7. Januar 2013
62. Nach: *Erster Bericht der Wahrheitskommission für die Staatsverschuldung*, Juni 2015, S. 22. Die deutsche Übersetzung wurde lektoriert bzw. koordiniert von Werner Horch und Maie-Dominique Vernhes; herausgegeben von der Zeitschrift *Sand im Getriebe (SiG)*. Als »verabscheuungswürdige Schulden« (odious debts) werden üblicherweise Verbindlichkeiten bezeichnet, die von Diktatoren eingegangenen werden und (oder) die gegen die Interessen der Bevölkerung gerichtet sind. Ein großer Teil der Verschuldung Griechenlands sei aufgrund der »nachgeschmissenen«, also der in großem Stil angebotene Kredite induziert worden. Daher hält es auch der Träger des Right Livelihood Award, Walden Bello, für gerechtfertigt, diesen Begriff im weiteren Sinne auf die griechischen Staatsschulden anzuwenden. (http://derstandard.at/1336563119994/Marktkritiker-Walden-Bello-Vorschriften-uebertreffen-griechische-Reformen). Es waren im Übrigen vor allem die USA, die mehrmals in der Geschichte unter Rückgriff auf diesen Begriff Entschuldungen durchsetzen. Zuletzt 2003, als Washington nach dem damaligen Irak-Krieg (»Dritter Golfkrieg«) unter Verweis auf die Definition »odious debts« den (besetzten) Irak weitgehend entschulden ließ.

tischen Erfordernisse an. 2012 hatte er die Einführung eines dreijährigen Moratoriums für die Bedienung der Schulden vorgeschlagen. Dadurch, meinte er, hätte der griechische Staat ausreichend Zeit, um sich so weit zu erholen, nun die Schulden weiter zu bedienen. Später baute er eine Wachstumsklausel ein: Die Schulden sollten analog zum Wachstum der griechischen Wirtschaft zu einem Prozentsatz zurückbezahlt werden, der die weitere Entwicklung der Wirtschaft nicht behindern würde. Ende 2015 jedoch, unter dem Druck der neuen Verhältnisse, schien er sich mit dem Vorschlag der Gläubiger abzufinden, der eine Restrukturierung der Schulden durch eine Verlängerung der Rückzahlungsfristen und durch die Reduktion der Zinssätze vorsieht.

Als Gegenpol vertraten Ökonomen wie Gustav Horn die Meinung, dass ein Schuldenschnitt »gefährlich« wäre, weil »die Eurozone damit signalisieren würde, dass Staatsanleihen im Euroraum keine sichere Anlage sind«.[63]

Für die Gläubiger schien die Sache eindeutig: Die einzigen geeigneten Mittel für den Abbau der Schulden waren ihrer Meinung nach im Memorandum festgehalten. Die dort beschriebenen Maßnahmen zur »Modernisierung« der griechischen Wirtschaft würden in der Folge auch für neues Wachstum sorgen. Sie ließen sich jedenfalls nicht auf Vorschläge ein, die nicht in ihr Konzept passten. Und dieses lautete: Völlige Unterwerfung des Schuldners unter ihr Kommando.

Erstes Memorandum: »Wie die Hure nach dem ersten Mal«

Das erste Memorandum beinhaltete viele staatliche Ziele, darunter Sanierung des Haushalts, Kürzung von Löhnen und Gehältern von Staatsangestellten, Entlassungen von Angestellten im öffentlichen Dienst und Privatisierungen. Der Streit über Sinn und Unsinn, der seit 2010 tobt, hatte allerdings nicht nur einen budgetären Hintergrund: Es ging auch um das grundlegende ökonomische und soziale Modell, das etabliert werden sollte. Jenes der Gläubiger zielte auf die Erhöhung der Wettbewerbsfähigkeit der Wirtschaft durch innere Abwertung (Kürzung von Löhnen, Renten bzw. Pensionen, Zuschüssen etc.) und auf sogenannte Strukturreformen (u. a. Aushebelung der Tarifautonomie, Entstaatlichung). Das Konzept von Ministerpräsident Papandreou hingegen setzte auf Wachstum. Die Rezepte dafür lieferte ihm der amerikanische Nobelpreisträger Joseph Stieglitz, ein vehementer Verteidiger des Keynesianismus.

---

63. Interview mit *n-tv* vom 6. Januar 2015. Horn trat allerdings zugleich für einen sofortigen Stop des Sparkurses und dafür ein, dass mittels eines BIP-Wachstums der Schuldenstand schnell reduziert wird.

Der Sozialist Papandreou wollte eigentlich dem Pasok-Programm entsprechend viel mehr – direkte Demokratie, soziale Umverteilung und auch einen »Green New Deal«, die Umstellung der Wirtschaft auf eine ökologische Basis. Allein, es fehlte ihm an Geld, am Plan und auch am Willen, den Konflikt mit den Geldgebern zu riskieren. Das keynesianische Modell hatte so nicht den Funken einer Chance, umgesetzt zu werden. Es blieb bei der Sparpolitik. Sie nahm seit damals in Form des ersten Memorandums ihren unaufhaltsamen Lauf.

So wurde das berüchtigte »fiskalische Waterboarding« geboren, wie Jannis Varoufakis später das Programm für die »finanzielle Rettung« Griechenlands bezeichnete. Waterboarding bedeutet eigentlich »Foltern durch simuliertes Ertränken«, so wie dies die CIA und die US-Army bei Häftlingen in irakischen Gefängnissen und in ihrem Militärstützpunkt Guantanamo auf Kuba praktizierten. »Die CIA hat Waterboarding bei Verhören angewendet, um ihre Opfer gefügig zu machen. Erst kurz vor dem Ersticken ließ man sie wieder Luft holen. Das ist eine nahezu perfekte Beschreibung für die Politik der Troika in meinem Land seit fünf Jahren. Man gibt uns gerade so viel Geld, dass wir nicht pleitegehen, aber nie genug, um wirklich überleben zu können«, erläuterte er in einem Interview für das *Zeit-Magazin*.[64]

110 Milliarden Euro für ein einzelnes Land: Ein derartig umfangreiches Hilfsprogramm war weltweit ein Novum – laut Varoufakis ein verbrecherisches dazu! Auch hatte bis dahin der IWF ausschließlich »unterentwickelten« Ländern sowie in eine tiefe Krise geratenen Schwellenländern mit höchstens 20 bis 30 Milliarden unter die Armen gegriffen – wozu er auch statutarisch verpflichtet ist. Mit dem Zugriff auf Griechenland, das zu den hochentwickelten kapitalistischen Ländern gehört, betrat er Neuland. »Innovativ«, aber in ganz anderem Sinne, verfuhren auch die Europäischen Union und die Eurozone: Sie hatten ebenfalls zum ersten Mal in ihrer Geschichte der ungeliebten »Konkurrenz«, dem USA-hörigen IWF, erlaubt, sich in ihre inneren Angelegenheiten einzumischen.

Der Mammut-Kredit an Griechenland war, nach den Worten des damaligen EZB-Präsidenten Jean-Claude Trichet, an »strenge Konditionalitäten« ge-

---

64. *Zeit-Magazin* vom 30. Juli 2015 (31/2015). Die US-Spezialtruppe Joint Special Operation Command, die im Irak für die Folterpraktiken im Gefängnis Abu Ghraib Verantwortung trug, wurde 2003 bis 2008 von dem damaligen US-General Stanley McChrystal befehligt. McChrystal war später US-Oberbefehlshaber in Afghanistan. Nach seinem Ausscheiden bei der US-Army wurde er von Siemens für die Übernahme eines Top-Jobs rekrutiert. Er war auch Anfang 2016 Chair of Board of Directors der Siemens-Tochter in den USA. Als McChrystal 2011 bei Siemens einstieg und in den Medien auf seine Rolle im Irak und auf die Waterboarding-Foltermethoden in Abu Ghraib verwiesen wurde, ließ Siemens mitteilen, man halte an McChrystal fest; der Mann sei schließlich »nicht unehrenhaft aus der US-Army entlassen« worden. Zur Rolle von Siemens in Griechenland siehe Kapitel 5.

bunden. Diese »sollten den Geldgebern nicht nur garantieren, dass sie ihr Geld zurückbekommen, sondern auch, dass der Schuldner nach etlichen Jahren auf eigenen Füssen stehen kann«.[65] Im Falle Griechenlands erfordere dies, hieß es weiter, »mutige, erkennbare und besondere Maßnahmen der griechischen Regierung zur dauerhaften und glaubwürdigen Konsolidierung des Staatshaushalts«.

Die Umsetzung der Konditionalitäten erfolgte in Wellen. Die erste, die am 6. Mai 2010 von den Abgeordneten der Pasok und der kleinen rechtsextremen Partei Laos (Orthodoxe Volksbewegung) im griechischen Parlament beschlossen wurde, war noch relativ »niedrig«. Sie enthielt hauptsächlich »quantitative« Maßnahmen, wie die Abschaffung der 13. und 14. Monatsgehalts für Staatangestellte, die Abschaffung der 13. und 14. Pensionszahlung, die Erhöhung der Konsumsteuern für Massenartikel wie Zigaretten und Getränke sowie die drastische Kürzung der Etats der meisten Ministerien (allen voran des Gesundheits-, des Sozial-, des Unterrichts- und des Kultusministeriums). Es folgte die Welle der »qualitativen« Maßnahmen, die auch die Arbeitsverfassung aus den Hebeln hob. Die Tarifautonomie wurde unterhöhlt, der Arbeitsmarkt völlig dereguliert.

Eine beispiellose Rezession war das Ergebnis. Im Jahr 2010 ist das Bruttoinlandprodukt (BIP) um 5,4 Prozent und im darauffolgenden Jahr 2011 sogar um 8,9 Prozent gefallen. Die griechische Wirtschaft war nunmehr völlig gelähmt. Schließlich gab es im Rahmen der Weltwirtschaftskrise bereits in den zwei vorausgegangenen Jahren einen Rückgang des BIP.[66]

Die Folgen waren verheerend. Die Arbeitslosigkeitsrate sprang von 12,7 Prozent im Jahre 2010 auf 17,9 Prozent (2011), 24,4 Prozent (2012) und dann sogar auf 27,4 (2013). Die Löhne sanken im Zeitraum von 2009 bis 2013 im öffentlichen Sektor um mehr als 25 Prozent und im privaten um 15 Prozent. Gleichzeitig wurden die Mietzuschüsse für 120.000 Haushalte abgeschafft. Die Gerichtsvollzieher machten dadurch Überstunden. Die Anzahl der Obdachlosen verdreifachte sich im Großraum Athen im Zeitraum von 2009 bis 2013 von 7720 auf rund 20.000.[67] Die Verelendung der mittleren und unteren sozialen Schichten nahm epidemischen Charakter an, die Suppenküchen schossen in Athen, Saloniki, Patras und anderen Großstädten wie Pilze aus dem Boden. Ein Kochbuch für Hungerrezepte aus der Zeit der deutschen Besatzung und des Hungerwin-

---

65. www.ecb.europa.eu/press/key/date/2010/html/sp100429.en.html
66. 2008 war das griechische BIP mit -0,5 Prozent und 2009 mit -4,4 Prozent rückläufig. Angaben nach Eurostat.
67. Angaben nach der Website der Nichtregierungsorganisation FEANTSA (www.feantsa.org).

ters 1942/43 wurden mit einigem Erfolg neu aufgelegt: massenhafter Hunger inmitten einer EU-Hauptstadt – das war noch vor wenigen Jahren völlig unvorstellbar gewesen.[68]

Innerhalb von zwei bis drei Jahren verwandelte sich Griechenland von einem normalen kapitalistischen Land mit zeitweise übergroßem Staatsdefizit zu einem gesellschaftlichen Wüstengebiet, zu einer »sozialen Sahara«. Dazu kam der Verlust eines guten Teils seiner staatlichen Souveränität. Gemäß Artikel 14, Absatz 5 des Memorandums musste es auf seine Immunität, d. h. auf seine gerichtliche Unangreifbarkeit gegenüber den Ansprüchen von Ausländern, verzichten. Damit gab er seinen internationalen Gläubigern die Möglichkeit, sich seines Besitzes über den Gerichtsweg zu bemächtigen.

Schon 2010 war allerdings klar, dass das Memorandum nicht nur skurrilen sozialen Experimenten, sondern auch einem höheren Zweck diente: der Rettung der europäischen Banken, allen voran der französischen und der deutschen. Diese hatten in den Jahren vor der Krise über 100 Milliarden Euro an Krediten an Griechenland vergeben; die Gewinne waren damals in den Peripherieländer ungleich höher als in den Metropolen. Diese Kredite waren nun höchst gefährdet. Es galt zu retten, was zu retten war. Dazu wurde der größte Teil des ersten Hilfspakets, etwa 90 Prozent, den Banken zugeführt. Für die griechischen Staatskassen blieben magere 10 Prozent übrig. Eric Toussaint, der wissenschaftliche Koordinator der Wahrheitskommission, erklärt die Funktion des ersten Memorandums folgendermaßen: »Dieser sogenannte ›Hilfsplan‹ für Griechenland war in Wirklichkeit ein Hilfsplan für deutsche, französische und einige andere Banken in der Eurozone, und um die griechischen Privatbanken zu retten. Letztere sollten rekapitalisiert werden, um die Kredite und Zinsen gegenüber den oben genannten Banken zurückzahlen zu können«.[69]

Mit anderen Worten: Die griechische Krise von 2010 war nicht so sehr eine griechische Staatsfinanzkrise als eine Existenzkrise der deutschen und französischen Banken, die wegen ihrer waghalsigen Investitionen in Griechenland in ernsthafte Schwierigkeiten geraten waren. Die Troika beschloss daher, die grie-

---

68. »Die diversen Hungerrezepte, die im Buch [aus dem historischen Hungerwinter 1942/43] beschrieben werden, waren eine Anleitung zur Existenzerhaltung. Gleichzeitig sollte die Verwertung von üblicherweise nicht verwertbaren Ernährungsstoffen […], von Essensresten und Abfällen mit allen Mitteln der Kochkunst erfolgen. […] Das Buch, das nach seinem Erscheinen Anfang des Jahres [2012] bereits als der Bestseller des Jahres 2012 gilt, hätte wahrscheinlich kaum diese Beachtung in der griechischen und besonders in der internationalen Öffentlichkeit gefunden, wenn es nicht eine makabre Duplizität der Ereignisse gegeben hätte: Erneut erleidet Griechenland eine Hungersnot.« Nikos Chilas, »Köstliches Mangopüree 1942/43 und 2011/2012«, in: *Lunapark21*, Heft 17/2012.
69. http://linke.cc/index.php/home/2877-eric-toussaint-erster-bericht-der-wahrheitskommission.

chischen Schulden noch stärker zu erhöhen, statt sie zu reduzieren, um so die Schulden der Privatbanken bedienen zu können.

»Kriegstage in Griechenland« – das war der Slogan eines Radiokommentators im Mai 2010 gleich nach der Einführung des Memorandums. Viele Radio- und Fernsehberichte wurden mit martialischer Musik oder mit Trauermärschen untermalt. Karikaturen mit Angela Merkel und Wolfgang Schäuble in Naziuniformen heizten die Atmosphäre weiter an. »Die Deutschen kommen wieder«, hieß es in Anspielung auf einen populären Film von 1948. Die Nation stünde wieder in Gefahr. Es gelte, wie schon so oft in der Vergangenheit, sich tapfer zu wehren.

Die Bevölkerung reagierte zuerst verschreckt, nicht so aber die Gewerkschaften. Schon am 20. Mai 2010 rief der Generalgewerkschaftsbund Griechischer Arbeiter (ΓΣΕΕ) zu einem Generalstreik wegen der Pensionskürzungen auf. Bis Ende des Jahres folgten sechs weitere Generalstreiks, im Jahre 2011 acht.[70]

Auch die politische Klasse schien zunächst einigermaßen ratlos. Die zwei parlamentarischen Parteien der Linken, Syriza und die Kommunistische Partei Griechenlands (KKE), die das Memorandum ablehnten, waren politisch zu schwach (zusammen vertraten sie weniger als 10 Prozent der Wähler), um es verhindern zu können. Die konservative große Oppositionspartei Nea Dimokratia unter Antonis Samaras schwankte wochenlang zwischen Zustimmung und Ablehnung, bis sie sich, Anfang Juli 2010, für die Ablehnung entschied. Aber auch ihr »Nein« konnte den Lauf der Dinge nicht stoppen.

Am schwierigsten hatten es die Minister der Pasok-Partei. »Wir waren wie die Huren nach dem ersten Mal«, gestand einer von ihnen später im Rückblick auf die Annahme des Memorandums in der Regierungssitzung des 5. Mai 2010. »Wir schauten einander verstohlen an und waren aschfahl im Gesicht. Wir schämten uns dafür, wir konnten nicht glauben, dass wir, die Pasok, Griechenland dem IWF ausgeliefert und die Löhne und Pensionen reduziert hatten«. Seit damals, fügte er hinzu, »haben wir uns total prostituiert. Wir haben dieselbe Sache immer wieder gemacht, ohne eine Spur von Scham dabei zu empfinden«.[71]

Ebenso quälend waren die Verhandlungen über die Ausarbeitung des Memorandums. »Es war der reinste Pfusch«, sagte derselbe Minister. »Wir hatten keine Idee, was wir da produzieren, und noch verwirrter waren die Experten der Troika, die unter dem erstickenden Druck des IWF und der Kommission arbeiteten«. Die Zeit war knapp, die Unterhändler gestresst. Das Ergebnis: Die Erstellung des Memorandums stützte sich nicht auf eine originäre Analyse der griechi-

---

70. ΓΣΕΕ, Organisationsabteilung, Stand: 16. Dezember 2015.
71. *To Vima* vom 16. Oktober 2011.

schen Wirtschaft und Gesellschaft, sondern auf Konzepte, die bereits in anderen Ländern zum Einsatz gekommen waren. Was dann als Gesamtkonzept herauskam, war eine wirre Ansammlung von Satzbausteinen und isolierten Stellen aus Memoranden, die zuvor in Mexiko, in Ungarn oder der Türkei angewandt worden waren. »Es war ein schlechtes Zusammenflicken, ein Memorandum-Frankenstein«, fügte er hinzu. Er selbst habe weniger als drei Stunden zur Verfügung gehabt, um das fertige Produkt zu lesen, zu verstehen und die Kapitel, die sein Ministerium betrafen, zu bewilligen. Andere Kabinettskollegen, wie der damalige Bürgerschutzminister Michalis Chrysochoidis, machten sich nicht einmal die Mühe, es zu lesen. »Ich hatte keine Zeit dafür«, erklärte er später, »ich hatte andere Verpflichtungen«. Das hinderte ihn nicht, für die Annahme im griechischen Parlament zu votieren.

Doch politische Prostitution und Flickschusterei hatten Methode. Das Finanzkapital zeigte sich begeistert – am 3. Oktober 2010, dem Tag der deutschen Einheit, wurde Giorgos Papandreou der hochoffizielle deutsche Quadriga-Preis verliehen. Laudator war der Chef der Deutschen Bank, Josef Ackermann. Fast prophetisch hieß es zur Begründung der Preisverleihung, Papandreou arbeite »ohne Rücksicht auf die politischen Kosten die Fehler der [griechischen] Vergangenheit« auf.[72]

Mit welch heißer Nadel das Memorandum genäht worden war, zeigte sich bei dem EU-Sondergipfel am 26. und 27. Oktober 2011. Nur 17 Monate nach dem Inkrafttreten des ersten Memorandums hatte sich die Krise derart zugespitzt, dass die Euroländer ein neues »Hilfspaket« für Griechenland beschlossen – mit nochmals härteren Austeritätsmaßnahmen und einem neuen Großkredit. Damit war nicht nur das ökonomische Desaster offenkundig; es kündigte sich nun auch eine *politische* Krise an.

»Die neue Odyssee des Griechentums«, wie der griechische Premierminister in Kastelorizo den geplanten Exodus seines Landes aus der Krise bezeichnet hatte, begann also mit einem Schiffbruch. Papandreou ist mit untergangen. Die Bevölkerung, die ihn ursprünglich als »den großen Steuermann« gesehen hatte, musste zur Kenntnis nehmen, dass er nicht einmal als Schiffsjunge taugte. Sie kehrte ihm den Rücken. Schon Ende 2010 hatte sein Stern einen absoluten Tiefpunkt erreicht; in der Regierung wurde seine Politik von Vizepremier und Finanzminister Evangelos Venizelos ständig hintertrieben, seine Position in der

---

72. Christiane Schlötzer, »Vom Buhmann zum Laudator – Griechenlandkritiker Ackermann hält Laudatio auf Papandrou«, in: *Süddeutsche Zeitung* vom 1. September 2010. Es gab im gleichen Jahr einen zweiten Quadriga-Preisträger – die Bundeswehr.

Partei begann zu bröckeln. Die Abgeordneten, die dem Ärger der Basis ausgesetzt waren, murrten immer lauter. Im Sommer 2011 brach in der Parlamentsfraktion eine Revolte gegen Papandreou aus. So griff er zum letzten Rettungsring. Am 31. Oktober 2011 kündigte er an, die griechische Bevölkerung solle mittels eines Referendums über das neue Für und Wider eines zweiten Hilfspakets entscheiden. Dabei machte er durchaus deutlich, dass er keine Alternative zur Memorandumspolitik für möglich halte. Er hoffte, mit der Durchführung einer Volksabstimmung wieder Herr des Geschehens zu werden.

Er irrte sich gründlich: Angela Merkel und der damalige französische Präsident Nikolas Sarkozy zitierten ihn am 2. November 2011 nach Cannes, wo kurz darauf das Treffen der G-20 stattfinden sollte, um ihm die Leviten zu lesen. Das Referendum, bedeuteten sie ihm, sei ein Affront, mehr noch: eine Kriegserklärung gegen sie persönlich. Er müsse es entweder zurückstellen oder mit einer einzigen Frage versehen: »Ja« oder »Nein« zum Euro. Sarkozy machte unmissverständlich deutlich, dass Geld und Euro Priorität haben vor Demokratie, als er öffentlich formulierte: »Wir lassen uns den Euro nicht kaputtmachen [...] Die sechste Tranche der EU-Hilfe kann nur ausgezahlt werden, wenn es keine Zweifel über den Ausgang des Referendums gibt.«[73]

Papandreou, völlig verwirrt, flog in der derselben Nacht nach Athen. Am Athener Flughafen erfuhr er, dass seine Parlamentsfraktion ihn als Regierungschef absetzen wollte. Der Traum eines Comebacks war endgültig geplatzt. Er blies das Referendum ab und reichte am 11. November 2011 seinen Rücktritt ein. Damit öffnete er gleichzeitig den Weg zur Bildung einer »Regierung der Nationalen Einheit« unter dem »Technokraten« Loukas Papadimos. Dieser übernahm die Aufgabe, den zweiten großen Coup der Gläubiger zu landen: Die Vervollständigung der Rettung der privaten Banken.

Papandreou war der erste griechische Ministerpräsident, der wegen eines Memorandums zurücktrat. Andere sollten folgen. Frei nach dem Motto: Zu jedem Memorandum auch ein zurückgetretener Ministerpräsident.

Das zweite Memorandum: Der Raub der Sozialkassen

Auch die besten Experten werden oft ignoriert. Im Falle Griechenland wohl zu Unrecht: Die vielfachen Warnungen, dass das Memorandum statt Probleme zu lösen diese noch weiter verschärfen würde, waren vollkommen richtig. Anfang

---

73. *Spiegel.online* vom 3. November 2011. http://www.spiegel.de/politik/ausland/krisentreffen-in-cannes-merkel-und-sarkozy-stoppen-zahlungen-an-athen-a-795577.html

2011 war die Situation Griechenlands dramatischer als je zuvor. Die Troika-Politik hatte zum generellen Notstand geführt. Das Land brauchte nichts dringender als die Rückkehr zu einer ökonomischen Normalität. Stattdessen stellte die Troika dem griechischen Staat weitere 130 Milliarden Euro zur Verfügung und setzte das bereits genannte zweite, noch strengere Memorandum auf.

Dieses Memorandum fußte in jeder Beziehung auf dem ersten. Dennoch enthielt es eine Neuerung: Einen drastischen Schuldenschnitt für die privaten Anlagen, auch als PSI (Private Sector Involvement) bezeichnet. Das bedeutete, dass Privatgläubiger (wie die Banken, Sozialkassen und Tausende kleine Privatanleger) sich direkt am »Hair cut« beteiligen *konnten*, während sich Sozialkassen und Rentenfonds beteiligen *mussten*. Nach Ansicht des Europäischen Rates sollte der Verlust des Nominalwertes ihrer Kreditscheine 50 Prozent betragen – am 9. März 2012, als er beschlossen wurde, war er auf 53,5 Prozent gestiegen. Es fand eine gigantische Umtauschaktion statt: Die Anleger tauschten ihre alten Kreditscheine gegen neue zum halben Wert aus, die teils vom EFSF, dem ersten EU-«Rettungsschirm«, teils vom griechischen Staat herausgegeben wurden.[74] Dennoch war dies nicht wirklich ein Verlustgeschäft für sie. Der griechische Wirtschaftsjournalist Tassos Mantikidis errechnete, dass sie im Falle eines offiziellen Bankrotts des griechischen Staates nur 25 Prozent des Marktwertes ihrer Kredite bekommen hätten. Ihr Verlust wäre dann doppelt so groß gewesen. Besonders gewonnen haben dabei die französischen und die deutschen Banken, die ursprünglich griechische Kreditscheine von 120 Milliarden Dollar in ihrem Besitz hatten (75 Milliarden die französischen, 45 die deutschen). Mehr als die Hälfte davon hatten sie allerdings – entgegen ihrer offiziellen Selbstverpflichtung, sie bis 2012 zu behalten, um so die Kreditfähigkeit Griechenlands nicht zu gefährden – vorzeitig an die EZB weiterverkauft.[75] Dadurch wurde nur der kleinere Teil ihrer ursprünglichen Anlagen Opfer des Schuldenschnitts. Vor allem aber konnten sie auf diese Weise hohe Verluste von ihren Instituten abwenden, die im Falle eines griechischen Bankrotts mit großer Wahrscheinlichkeit eingetreten wären.

An der Umtauschaktion hatten sich mehr als 85 Prozent der Anleger beteiligt. Die übrigen, vor allem die großen Hedge Fonds, zogen es vor, weiter mit den alten Wertpapieren zu spekulieren. Griechenland war jedenfalls 106 Milliarden

---

74. EFSF: Die Aktiengesellschaft »European Financial Stability Facility« mit Sitz in Luxemburg, die offiziell erst am 7. Juni 2010 aus der Taufe gehoben wurde und deren Aktionäre die Mitgliedsstaaten der Eurozone sind. Sie ist mit Garantien der Euro-Staaten in Höhe von 750 Milliarden Euro abgesichert und wurde später vom sogenannten Rettungsschirm der Eurozone, dem EMS, abgelöst. Siehe ausführlich Kapitel 10.
75. *To Vima* vom 15.05.2011.

Euro von seinen Schulden losgeworden. Seine Schuldensorgen waren dennoch nicht kleiner geworden. Im Gegenteil: Die 130 Milliarden des neuen Kreditabkommens mit den Gläubigern ließen seinen Schuldenberg weiter wachsen. Der Schuldenschnitt mutierte so zum Schuldenzuwachs, der Gewinn zum Verlust.

Noch desaströser wirkten sich die Folgen für die griechischen Sozialeinrichtungen aus. Diese waren seit vielen Jahren gesetzlich verpflichtet, ihre Guthaben in griechische Anleihen zu investieren. Mit dem zweiten Memorandum wurden sie jetzt zwangsverpflichtet, am Schuldenschnitt teilzunehmen. Die Einlagen wurden damit massiv entwertet, was im Bericht der »Wahrheitskommission« wie folgt bilanziert wurde: »Durch zwei Gesetze [die im Zusammenhang mit dem zweiten Memorandum beschlossen wurden; d. Verf.] erlitten die Einlagen hunderter öffentlicher Einrichtungen Verluste im Gesamtwert von 16,2 Milliarden Euro. Am stärksten betroffen waren Rentenversicherungen mit einem Gesamtverlust von 14,5 Milliarden Euro (bei einer Gesamtkapitalreserve von 21 Milliarden Euro)«.[76] Dieser Raub versetzte den Rentenkassen, die bereits vorher stark kriselten, faktisch den Todesstoß. Einige sind inzwischen zusammengebrochen, andere, wie die IKA (Stiftung Soziale Sicherheit, die größte Rentenkasse des Landes), können sich nur noch durch radikale Beschränkung ihrer Dienste, massive Kürzung der Personalkosten und Aufnahme von neuen Schulden über Wasser halten.

Das zweite Memorandum hatte neue Fakten geschaffen. Neue Akteure waren plötzlich auf die Bühne getreten. »Die griechischen Schulden sind in andere Hände übergegangen«, titelte eine griechische Zeitung.[77] Durch den Schuldenschnitt waren die Privatinvestoren größtenteils von den EU-Staaten als Gläubiger abgelöst worden. Dies hob die Verhandlungen automatisch auf eine politische Ebene. Ab diesem Zeitpunkt wurden die griechischen Schulden zu einem echt europäischen Thema, weil es die einzelnen Gläubigerstaaten auch unmittelbar betraf.

Zudem untergrub das zweite Memorandum die Souveränität des Landes weiter. Alle Vorgänge, die mit dem Schuldenschnitt zu tun hatten, wurden aus der griechischen Rechtsprechung herausgenommen und der englischen unterstellt – »unter das Recht des Feindes«, wie damals gesagt wurde.

Es ist bezeichnend, dass das zweite Memorandum mit seinen beiden weitreichenden Elementen Rettung privater Banken und Aufhebung der Souverä-

---

76. Erster Bericht der Wahrheitskommission für die Staatsverschuldung, Juni 2015, S. 22. Die deutsche Übersetzung wurde lektoriert bzw. koordiniert von Werner Horch und Maie-Dominique Vernhes; herausgegeben von der Zeitschrift *Sand im Getriebe (SiG)*.
77. Tassos Mantikidis, *To Vima* vom 18.03.2012.

nität des griechischen Staates unter der Regierung von Loukas Papadimos beschlossen wurde. Offiziell wird diese Regierung als »Technokraten-Regierung« bezeichnet. Faktisch ging es bei dieser Konstruktion jedoch vor allem darum, dass die beiden damals noch großen Parteien Pasok und Nea Dimokratia, die diese Regierung – übrigens ergänzt um die rechtsextreme und antisemitische Partei Laos – trugen, keine direkte Verantwortung für diese Politik übernehmen wollten. Zudem war Papadimos kein neutraler »Technokrat«. Er war vielmehr der Mann des internationalen Finanzsektors, der, wie beschrieben, bereits 2000/2001 als Gouverneur der griechischen Zentralbank in Zusammenarbeit mit Goldman Sachs die griechischen Schulden mittels kreativer Buchhaltung künstlich reduziert hatte (wofür Goldman Sachs übrigens 300 Millionen US-Dollar als Honorar erhielt!). Insofern zeichnete er sich durch eine »gewisse Konsequenz« aus, wie es Werner Rügemer formulierte, da er in seiner Eigenschaft als Zentralbankchef wie in seiner Funktion als Regierungschef »denselben Herren diente.«[78]

Die Regierung Papadimos war nur ein halbes Jahr im Amt. Sie bewirkte in dieser kurzen Amtszeit jedoch ein umfassendes Umpflügen der politischen Landschaft. Aus den Wahlen vom 17. Juni 2012 ging die Partei Nea Dimokratia mit knapp 30 Prozent Stimmenanteil wieder als stärkste Partei hervor.[79] Die sozialdemokratische Pasok, die gut zwei Jahre zuvor mit 44 Prozent der Stimmen einen triumphalen Wahlsieg über die Konservativen hatte erzielen können, war inzwischen auf 13 Prozent geschrumpft. ND und Pasok bildeten fortan gemeinsam mit der Partei Demokratische Linke (DIMAR) eine breite Koalition mit Antonis Samaras als Ministerpräsident an der Spitze.

In den folgenden zweieinhalb Jahren war die Regierungsarbeit vor allem von der Umsetzung des zweiten Memorandums bestimmt. Dies musste in der Konsequenz den weiteren Verschleiß einer Regierung bewirken. Die grundsätzliche Infragestellung der Souveränität Griechenlands, die von den Herrschern der Eurozone und insbesondere von Kanzlerin Angela Merkel bei allen europäischen Gipfeln dokumentiert wurde, nagte am Prestige des Ministerpräsidenten Antonis Samaras. Er konnte zwar auf einige magere Erfolge hinweisen, wie den Anstieg der Exporte und die Erzielung eines primären Überschusses im griechischen Haushalt

---

78. Werner Rügemer, *Die Rückkehr des Gouverneurs*, in: Lunapark21, Heft 17, S. 15.
79. Die Wahlen vom 6. Mai 2012 brachten keine regierungsfähige Mehrheit, weswegen es sechs Wochen später erneut Parlamentswahlen mit den genannten Ergebnissen gab. Mit der Juni-Wahl wurde Syriza erstmals zweitstärkste Partei; sie legte zwischen den Mai- und Juni-Wahlen um 10 Prozentpunkte zu und erhielt knapp 27 Prozent der Stimmen. Zwischen den beiden Wahlen gab es ein Kurzzeitkabinett unter Panagiotis Pikrammenos.

des Jahres 2014.[80] Die entscheidenden Wirtschaftsdaten blieben aber negativ: Die Arbeitslosigkeit erreichte bereits 2013 europaweit die Rekordhöhe von 27,4 Prozent (bei der Jugend mehr als 60 Prozent), die kleinen und mittleren Unternehmen wurden zu Tausenden geschlossen, die Wirtschaft blieb in der verlängerten Rezession stecken. Sein Slogan von der »Succes story« seiner Politik wurde deswegen nicht nur in Griechenland belächelt. Die Wähler kehrten den Parteien der Regierungskoalition in Scharen den Rücken. Bei den Parlamentswahlen vom 25. Januar 2015 erlitt sie eine herbe Niederlage, wobei vor allem Pasok dramatische Verluste einfuhr. Samaras verließ seinen Amtssitz unbemerkt, wie »ein Dieb in der Nacht«, wie ein Fernsehkommentator sagte – ohne sich von seinen engsten Mitarbeitern zu verabschieden und ohne seinem Nachfolger, Alexis Tsipras, das Haus formell zu übergeben. Wenige Wochen später wurde er auch als Parteichef abgelöst.

Er war der zweite Regierungschef, der Opfer eines Memorandums wurde.

Das dritte Memorandum: Mit der Troika im Nacken

Mit dem Wahlsieg der Linken am 25. Januar 2015 stellte sich die Frage der Memoranden grundsätzlich neu. Die Regierungskoalition Syriza-Anel wollte sie umgehend abschaffen, weil sie deren Vorgaben für den Zusammenbruch der griechischen Wirtschaft verantwortlich machte. Die Gläubiger hingegen bestanden auf dem »erfolgreichen Abschluss« der Memoranden, der durch die Troika festgestellt werden sollte. Ein monatelanges Tauziehen begann, das mit der Kapitulation von Alexis Tsipras am 13. Juli 2015 endete. Das paradoxe Ergebnis war ein drittes Memorandum – mit der Unterschrift eines linken Ministerpräsidenten. Das war die Urkunde der Kapitulation. Ihr schlimmster Punkt ist bereits auf seiner ersten Seite zu finden. Er lautet:

»Notwendige Vorbedingung für den Erfolg ist die Identifikation der griechischen Behörden mit dem Programm der Reformagenda. Die Regierung ist daher bereit, die Maßnahmen zu ergreifen, die im Falle geänderter Umstände hierfür gegebenenfalls erforderlich werden. Die Regierung verpflichtet sich, alle zur Verwirklichung der Ziele des Memorandum of Understanding erheblichen Maßnahmen mit der Europäischen Kommission, der Europäischen Zentralbank und dem Internationalen Währungsfonds zu beraten und zu vereinbaren, bevor sie ausgearbeitet und rechtsgültig verabschiedet werden«.[81]

---

80. Der Primärüberschuss eines staatlichen Haushalts ist die Differenz von Staatseinnahmen und Staatsausgaben unter Ausschluss der Zinsausgaben.
81. Zitiert nach: Deutscher Bundestag, BT-Drucksache 18/5780 (Antrag).

Schon der erste Satz klingt befremdlich: Die Schuldner sollten nicht nur ihre Ketten selbst schmieden, sondern sie auch noch mit Freuden tragen!

In den folgenden Sätzen wird die faktische Aufhebung der exekutiven und legislativen Gewalt eingeläutet: Alles, was von der Regierung geplant und vom Parlament beschlossen wird, muss vorher von den Gläubigern genehmigt werden. Letztere erheben sich so zu einer Übermacht, die alle wichtigen Gesetze diktiert. Das Parlament ist nur noch dazu da, um ihre Rechtsgültigkeit zu bestätigen – mehr hat es nicht zu sagen.

Das Land wird so einer politischen Abhängigkeit unterworfen, welche die finanzielle bei weitem übersteigt. Auch letzte Bestandteile staatlicher Souveränität gehen verloren. Die gesellschaftlichen Institutionen (Parteien, Gewerkschaften, etc.) bleiben zwar von der Troika formal verschont, doch sie spüren sie auch im Nacken, werden von ihr dauernd unter Druck gesetzt.

Die »materiellen« Bedingungen des dritten Memorandums, das auf drei Jahre ausgelegt ist, wirken auf den ersten Blick im Vergleich zu den ersten beiden nicht allzu drastisch. Zum einen, weil diesmal die diversen zusätzlichen Kürzungen (Gehälter, Pensionen, etc.) moderater sind als jene, die der Finanzminister der Regierung Samaras, Gikas Chardouvelis, den Gläubigern zugesagt hatte. Zudem ist auch die Höhe des geforderten Primärüberschusses niedriger als die ursprünglich vereinbarte, was geringere Kürzungen bei den staatlichen Sozialausgaben ermöglicht. Und zum zweiten, weil Tsipras bei den Verhandlungen am Gipfeltreffen des 12. und 13. Juli 2015 die Forderungen der Gläubiger nach unten schrauben konnte. Dadurch werden Staat und Gesellschaft in den nächsten drei Jahren um etwa acht Milliarden Euro weniger bluten als ursprünglich angekündigt. Das gesamte Hilfspaket, das ursprünglich 86 Milliarden enthielt, hat erneut stark rezessiven Charakter. Allerdings hofft Tsipras, dies dadurch neutralisieren zu können, dass er die 36 Milliarden Euro, die die Europäische Union bis 2020 für Wachstumszwecke zur Verfügung stellt, für Investitionen einsetzt und damit ausländische Investitionen an Land zieht.

Politisch jedoch ist das dritte Paket verheerend. Zudem ist es »front loaded«, auf der ersten Wegstrecke überladen: Denn etwa die Hälfte der insgesamt 200 Maßnahmen des Memorandums, die auf drei Jahre ausgelegt sind, wurden bereits bis Januar 2016 umgesetzt. Darunter war auch die Regulierung der »roten« Wohnungskredite – also jener Kredite für Wohnungen, die nicht mehr bedient werden können. Bis dahin waren Erstwohnungen vor Verpfändung geschützt, durch das neue Gesetz verlieren nun etwa 40 Prozent davon jeden Schutz und werden den Banken zum Fraß vorgeworfen. Schlimmer noch: Die Banken dürfen nunmehr auch die Schuldscheine an Hedge Fonds und andere Spekulanten verkaufen, die erfahrungsgemäß erpresserische Methoden anwenden, um Schulden einzutreiben oder die Hausbesitzer handstreichartig vor die Tür zu setzen. Tausende haben so bereits ihre einzige Wohnung verloren.

Die härteste Reform allerdings, auch »Mutter aller Reformen« genannt, nämlich die Neuordnung des Pensionssystems durch eine weitere radikale Kürzung der Ansprüche auf Altersversorgung (Renten und Pensionen), konnte bis dahin nicht durchgeboxt werden – zu stark ist der Widerstand in der Bevölkerung und auch in der Parlamentsfraktion von Syriza.[82] Die Gläubiger lassen sich davon jedoch nicht beeindrucken.

Der Angriff auf die privaten Wohnungen wird durch den Zugriff auf die staatlichen Immobilien ergänzt. Der Privatisierungsfonds – eine Kopie der deutschen Treuhand – sammelt die Verkaufseinnahmen ein und führt sie zur Hälfte direkt in die Kassen der Gläubiger ab (siehe Kapitel 9). In den nächsten 30 Jahren sollen damit insgesamt Einnahmen in Höhe von 50 Milliarden Euro erzielt werden. Da die Immobilienpreise kontinuierlich fallen, ist damit zu rechnen, dass der Staatsbesitz komplett ausverkauft werden muss, um wenigstens in die Nähe dieses Betrags zu gelangen.

Das »linke« Memorandum hatte Tsipras kein Glück gebracht. Bei seiner Annahme im Parlament, am 14. August 2015, verweigerten ihm 38 Abgeordnete der eigenen Fraktion (von insgesamt 149) die Gefolgschaft. Er musste zurücktreten und Neuwahlen für den 20. September verkünden.

Somit war Tsipras der erste Ministerpräsident Griechenlands, der wegen eines Memorandums zurücktreten musste, bevor es noch zur Anwendung kam.

Er wird möglicherweise ein zweites Mal den Hut nehmen müssen – nach dessen weiterer Anwendung.

Dauerbrenner »reiche Griechen besteuern«. Oder: Was die Memoranden nicht regeln

Seit dem Aufbrechen der Krise in Griechenland gibt es die Diskussion darüber, dass insbesondere die Reichen in Griechenland nicht oder unzureichend zur Kasse gebeten würden. Das ist ohne Zweifel zutreffend. Angesichts der massiv gestiegenen Arbeitslosigkeit und der explosionsartig wachsenden Massenarmut ist es

---

82. Zwischen 2010 und 2015 gab es insgesamt 13 direkte und indirekte Pensionskürzungen (wobei hier unter »indirekte Kürzungen« die Erhöhung der Versicherungsbeiträge zu verstehen sind). Rentner und Pensionisten gelten mittlerweile als die größten Opfer der Memoranden.

bedrückend, dass es weiterhin einige tausend reiche Griechinnen und Griechen und einige hundert Superreiche in Griechenland gibt, die in der Regel so gut wie keine Steuern an den griechischen Fiskus bezahlen. Konkret nennt der Reichtumsreport »Wealth X 2012-2013«, der von der Schweizer Investmentbank UBS herausgegeben wird, namentlich 455 Griechen, die zur Klasse der »Ultra High Net Worth Individuals (UHNWI)« gehören. Das sind Leute mit einem Vermögen von mehr als 30 Millionen Euro. Im Forbes-Report über die 2000 Reichsten auf der Welt werden drei Griechen (die Familien Niarchos, Latsis und Mistakidis) aufgeführt, die erste allerdings erst auf Rang 737.[83] Zutreffend ist auch, dass rund 15.000 reiche Einzelpersonen dem griechischen Fiskus bis zu 50 Milliarden Euro Steuern schulden. Und schließlich trifft es zu, dass die damalige französische Finanzministerin Christine Lagarde im Jahr 2000 dem damaligen griechischen Finanzminister Giorgios Papakonstantinou eine Liste mit 2062 griechischen Steuersündern, die ihr Vermögen steuermindernd in die Schweiz verschoben hatten, übergab. Sieht man einmal davon ab, dass der Journalist, der die Namen auf der Liste zu veröffentlichen gewagt hatte, kurzzeitig inhaftiert wurde, so passierte mit der Liste und hinsichtlich dieser Steuerhinterzieher ... nichts.

Schließlich gehört in diesem Zusammenhang das Reeder-Kapital besprochen. Griechenland verfügte Ende 2013 mit 3365 Schiffen nach Japan über die zweitgrößte Handelsflotte der Welt.[84] Allerdings ist die Formulierung, wonach »Griechenland« über eine solche Flotte verfüge, ein Euphemismus. Tatsächlich fahren nur rund 800 dieser Schiffe unter griechischer Flagge; die große Mehrheit der Schiffe schippert unter Billigflaggen über die Weltmeere – eine »Ausflaggpraxis«, wie es sie auch bei allen anderen Ländern mit großen Handelsschiffsflotten gibt. Und Gewinne aus der »internationalen Schifffahrt« sind grundsätzlich – weltweit – steuerfrei. »Die Schifffahrt stellt in Griechenland«, so ein Bericht aus dem Jahr 2012, »zusammen mit dem Tourismus die wichtigste Branche dar, die Kapital ins Land bringt. Bis zu 200.000 Menschen arbeiten für sie; der Beitrag zum Bruttoinlandsprodukt soll bei fünf Prozent liegen.«[85] In diesem Bereich ist Griechenland tatsächlich hochmodern und zählt zur Weltmarkt-Spitze; weswegen das Ansehen der griechischen Reeder in Griechenland selbst, aber auch bei internationalen Konferenzen groß ist.

---

83. Zum Vergleich: Auf der Liste der 2000 Reichsten der Welt befinden sich 108 Deutsche. Unter den 200.000 UHNWI gibt es 25.000 Individuen, die in Deutschland leben.
84. Vgl. Christoph Spehr, »Griechenland und der europäische Tag der Meere 2015 – Docker, Zocker und Titanen«, in: *Waterkant* 1/2015, S. 7ff.
85. Jannis Brühl, »Griechische Reederfamilien – Geraubte Schätze«, in: *Süddeutsche Zeitung* vom 6. Dezember 2012.

Dem BIP-Beitrag der griechischen Schifffahrt – der sich im Übrigen einer konkreten statistischen Bewertung weitgehend entzieht – entspricht jedoch kein Fiskus-Beitrag.[86] Die reichen Reeder Griechenlands sind weitgehend steuerbefreit. Der CDU-Bundestagsabgeordnete Wolfgang Bosbach, der seit Jahren sein höchst persönliches Griechenland-Bashing betreibt, empörte sich wie folgt: Es sei »die souveräne Entscheidung des griechischen Staates, wenn er seine Reeder nahezu komplett von der Steuerpflicht befreit. Allerdings darf Griechenland dann nicht erwarten, dass die Steuerzahler der Eurozone die dadurch Jahr für Jahr entstehenden Einnahmeausfälle in Millionenhöhe kompensieren.«[87]

Allerdings hat der Skandal, den Bosbach anspricht, erstens eine lange und zweitens eine internationale Geschichte. Die griechische Gesetzgebung mit einer weitreichenden Steuerfreiheit für Schifffahrt und Reederei gibt es grundsätzlich seit dem Jahr 1957, als unter einer konservativen Regierung als einzige Besteuerung der Reeder die »Tonnagegewinnermittlung«, auch »Tonnagesteuer«, eingeführt wurde. Bei dieser Besteuerung bleiben Umsatz und Gewinne völlig außen vor. Diese Steuerbefreiung wurde später unter dem Regime der Junta erweitert, aber auch 1975 in die damals neue demokratische Verfassung übernommen (Artikel 107). Es ist nicht bekannt, dass diese Sonderrechte für Reeder und Schifffahrt im Zeitraum 1957 bis 2014 jemals seitens der EWG, der EG, der EU oder der OECD oder dem IWF kritisiert worden wären. Stattdessen gibt es längst die entsprechende allgemeine, internationale Gesetzgebung. Die *gesam-*

---

86. Die Zahl »5 Prozent des BIP« ist gewissermaßen ein Richtwert. Grundsätzlich wird ein großer Teil der weltweiten Schifffahrt aufgrund von Ausflaggungen und Steuerfreiheit nicht erfasst. Das führt zu der Absurdität, dass es in der »Welt-Leistungsbilanz« ein Defizit gibt, was theoretisch ein Unding ist; auf Weltebene muss die Leistungsbilanz per definitionem ausgeglichen sein. »Der Internationale Währungsfonds kennt das Problem. Bereits im sogenannten Esteva-Bericht des Jahres 1987 stellte er fest, dass die fehlenden Flotten Griechenlands und Hongkongs einen großen Teil des Weltleistungsbilanz-Defizits erklären. […] Ein IWF-Bericht von 2002 stellt feste, dass Hongkong nun einen großen Teil seiner Flotteneinnahmen meldet, nicht aber Griechenland. Daran scheint sich wenig geändert zu haben.« (*Das Handelsblatt* vom 15. Juni 2015). In einer neuen Studie des Schweizer Finanzexperten Michael Bernegger wird argumentiert, die »Untererfassung der Handelsflotte« verzerre »die griechische Wirtschaftsstatistik«. Das griechische BIP sei in Wirklichkeit »um mindestens 70 Milliarden Euro größer« (hier bezogen auf das Jahr 2008). Die reale Exportquote liege statt bei 20 Prozent in Wirklichkeit bei 50 Prozent. Anstelle eines Leistungsbilanzdefizits gäbe es »einen Überschuss von 10 bis 15 Milliarden Euro« – erneut bezogen auf 2008. Bezöge man die öffentlichen Schulden auf das real deutlich größere BIP, so läge die Schuldenquote deutlich niedriger. (Nach: Norbert Häring, »Griechenlands fehlende Flotte«, in: *Handelsblatt* vom 15. Juni 2015). Das sagt jedoch nur etwas über die *Potenz* eines umstrukturierten griechischen Staates, wobei eine solche Neustrukturierung erstens nur mit einer unverbrauchten politischen Kraft im Land und zweitens nur mit aktiver und uneigennütziger Unterstützung durch die EU realisierbar wäre. Aktuell sind das theoretisch höhere BIP, die höhere Exportquote und die niedrigere Schuldenquote Luftbuchungen.
87. In: *Focus* vom 3. Februar 2015.

te weltweite Schifffahrt ist überwiegend von Steuerfreiheit geprägt.[88] Gerade auch Deutschland fördert seine Reeder und den Schiffbau in umfassender Weise. Die deutsche Tonnagesteuer wurde – gewissermaßen nach griechischem Modell – unter der SPD-Grünen-Regierung im Jahr 1998 eingeführt. Der jährliche Steuerverlust, den der deutsche Fiskus dadurch erleidet, wird auf jährlich gut eine Milliarde Euro geschätzt. Da die deutsche Handelsflotte nicht viel kleiner ist als die griechische, dürfte sich der Steuerausfall in Griechenland für den Bereich der Schifffahrt auf vergleichbarem Niveau bewegen.

Der Skandal ist also durchaus umfassend. Wobei sich dennoch drei Fragen stellen: *Erstens*: Warum wurde dieser Skandal in der Griechenland-Debatte im deutschsprachigen Raum erst im ersten Halbjahr 2015, als Syriza zum ersten Mal die Regierung stellte, in großem Maßstab thematisiert? Es gab zuvor mehrere Regierungen, darunter solche, bei denen in Griechenland die Schwesterpartei der CDU, die Nea Dimokratia, Verantwortung trug. Diese Regierungen hätten hier, unter tatkräftiger Unterstützung durch die EU oder ihre befreundeten europäischen Partner-Parteien, aktiv werden können. *Zweitens*: Warum gab es und gibt es in keinem der drei Memoranden konkrete Maßnahmen, die eine nachhaltige Besteuerung der Reichen in Griechenland im Allgemeinen und der Reeder im Besonderen zur Folge gehabt hätten? Wohlgemerkt: Seit Mitte 2010 ist es überwiegend die Troika und sind es die Eurozonen-Lenker, die die Politik in Griechenland, und hier insbesondere auch die Steuerpolitik des Landes, bestimmen. Diese hatten fünf volle Jahre Zeit, für eine solche gerechtere Steuerpolitik zu sorgen – was im Übrigen geheißen hätte, dass die immer ungerechter werdende Besteuerung (u. a. mit mehreren Mehrwertsteuererhöhungen) nicht notwendig gewesen wäre. *Drittens*: Warum leistet die EU aktive Unterstützung bei Steuerflucht und Steuerhinterziehung für griechische und andere Reiche? Sie tut dies beispielsweise in Form der Existenz von Steueroasen, wie eine solche unter maßgeblicher Verantwortung des späteren Eu-

---

88. Es gibt z. B. in Deutschland Steuerspar-Modellen beim Schiffbau (bei den Werften), indirekte und direkte Subventionen für die Schifffahrt, das beschriebene umfassende »Ausflaggen« – dem Fahren der Tanker und der Handels- und Container-Schiffe unter Flaggen, deren Staat keine oder so gut wie keine Steuern verlangt. Die auf derlei Art vielfach subventionierte Schifffahrt trägt dazu bei, dass die weltweiten Transportkosten extrem niedrig sind, was ein Motor der Globalisierung und der zerstörerischen Beschleunigung des Welthandels ist. Auf diese Weise werden auch regionale Ökonomien zerstört. Da die Transportkosten kaum mehr eine Rolle spielen, konkurriert chilenischer Sauvignon-Wein mit österreichischem Grünen Veltliner, in Dänemark hergestellter Feta wird in Griechenland preiswerter als einheimischer Feta verkauft, Walnüsse aus China werden für das Mövenpick-Eis verwendet, während es sich kaum noch lohnt, in Westeuropa Walnüsse zu ernten. Vgl. Winfried Wolf, Verkehr. Umwelt. Klima – Die Globalisierung des Tempowahns, Wien 2009, S. 283ff.

rogruppen-Chefs und aktuellen EU-Kommissionspräsidenten Jean-Claude Juncker in Luxemburg geschaffen wurde, wo auch einige griechische Milliardäre ihre Firmenzentralen registrieren ließen.[89] Sehr beliebt als Firmensitz oder als Steuerwohnsitz sind auch London und die britischen Virgin Islands, wo es eine besondere Gesetzgebung ermöglicht, dass Milliardäre ihre Steuern aus der Portokasse bezahlen.[90]

Ganz offensichtlich gibt es eine enge Allianz zwischen denjenigen, die in der Eurozone das Sagen haben und die Memoranden und die Troika-Politik diktieren, und den Superreichen in Griechenland. Das erklärt im Übrigen auch den Umgang mit der eingangs dieses Abschnitts zitierten Lagarde-Liste. Es waren Finanzminister von Pasok und Nea Dimokratia, die diese Liste fünf Jahre lang von einer Schublade in die andere wandern ließen. Es war die Troika, die ansonsten auf massiver Repression gegen kleine »Steuersünder« beharrte, die von dieser Liste nichts wissen wollte. Es war auch Troika-Politik, das Personal der Finanzpolizei SDOE und der Steuerfahndung drastisch zu reduzieren, sodass eine seriöse Verfolgung dieser Form von Steuerkriminalität kaum mehr möglich war. Auch im Rahmen des dritten Memorandums gibt es keinerlei Maßnahmen, mit denen versucht werden würde, an diese und andere Gelder großer griechischer Vermögen heranzukommen.

Und so bleibt der Skandal der »reichen Griechen« bestehen. Bevor eine effektive Besteuerung der Reichen und der – wenigen – profitablen Unternehmen in Griechenland erfolgt, dürften noch viele andere Steuern neu eingeführt oder

---

89. Der reichste Grieche, Spiros Latsis, verlegte 2010 den Sitz seiner Holding EFG Group von Genf nach Luxemburg. Offensichtlich erschienen ihm – dank Jean-Claude Juncker – die Steuergesetze des EU-Mitgliedstaats und Eurozonen-Landes Luxemburg günstiger als diejenigen des Nicht-EU-Staates Schweiz. Zum Latsis-Vermögen gehören die griechische Euro-Bank, die Gesellschaft Lambda-Development (einer der größten Immobilien-Entwickler in Südosteuropa; siehe Kapitel 9) und das Unternehmen Hellenic Petroleum. Siehe Rainer Hermann und Markus Frühauf, »Der verschwiegene Krösus«, in: *Frankfurter Allgemeine Zeitung* vom 28. April 2010. In diesem Zusammenhang ist es sicher praktisch, dass Spiros Latsis und der langjährige EU-Kommissionspräsident José Manuel Barroso Studienfreunde sind (beide besuchten die London School of Economics) und dass Latsis sich die Ehre gab, Barroso auf seiner Luxusjacht begrüßen zu dürfen.
90. Der griechische Milliardär Philippe Niarchos lebt überwiegend in London und hat dort seinen Steuersitz. In Großbritannien leben 116.000 superreiche Ausländer, die einen britischen Pass haben. Sie werden als »non domiciled« (»non-dom«) bezeichnet. Der britische Fiskus kassiert von ihnen lediglich 90.000 Pfund im Jahr – für die Milliardäre ein Trinkgeld. Unter ihnen befinden sich russische Oligarchen und griechische Reeder. Das »non-dom-Privileg« stammt im Übrigen aus der Zeit des britischen Kolonialreichs. Diese Superreichen handeln also nicht illegal. Sie haben einen ordentlichen Steuerwohnsitz. Und dies in einem EU-Mitgliedsland. Sie zahlen auch brav ihre Steuern – aber eben lächerlich wenig. Weil die gültigen, von der EU akzeptierten Steuergesetze dies zulassen. Angaben nach: *Frankfurter Allgemeine Zeitung* vom 14. April 2015.

erhöht werden, die immer aufs Neue die Allgemeinheit und oft gerade auch arme Menschen treffen.[91]

Unwirtliches Land

Das Fazit aus der fünfjährigen Sparpolitik ist niederschmetternd. Ihr entscheidendes Kennzeichen ist der Verlust von 25 Prozent der Wirtschaftskraft des Landes. Dies ist nicht, wie Schäuble & Co. behaupten, das Resultat einer mangelnden Umsetzung der Memoranden. Ganz im Gegenteil: Der katastrophale Einbruch der Wirtschaftsleistung ist das Ergebnis der konsequenten Durchführung der Memoranden. Die Sparpolitik hat verbrannte Erde hinterlassen, ein unwirtliches Land. Sämtliche Wirtschaftsindikatoren haben sich dramatisch verschlechtert. Eine Ausnahme bilden die Exporte, die aber in der griechischen Wirtschaft immer schon eine untergeordnete Rolle spielten. 2015 gibt es nominell auch ein Wachstum des BIP um 2,5 Prozent. Dieses bezieht sich aber auf das inzwischen erreichte sehr niedrige Niveau.

Tabelle 2: Bedeutende Wirtschaftsindikatoren Griechenlands

	2010	2011	2012	2013	2014	2015
Entwicklung des BIP (in %)	-5,4%	-8,9%	-6,6%	-3,9%	0,8%	2,5%
Öffentliche Schulden; in Mrd. Euro	330,3	355,97	304,7	319,1	317	343
Öffentliche Schulden in % des BIP	146%	171%	156%	175%	177%	199%
Arbeitsproduktivität (EU-28=100)	93	89,9	91,8	92,8	n.A.	n.A.
Prozentsatz der Arbeitslosigkeit	12,7%	17,9%	24,4%	27,5%	26,5%	24,8%
Öffentliche Investitionen; in % des BIP	3,2%	2,5%	2,5%	2,7%	3,8%	n.A.
Exporte (Produkte; lfd. Preise; in Mrd. Euro)	21,1	24,3	27,6	27,6	27,2	n.A.
Importe (Produkte; lfd. Preise; in Mrd. Euro)	50,5	48,4	49,3	46,9	47,7	n.A.

Quellen: Eurostat und Elstat ; Schulden und Schuldenquote 2015 nach Mitteilung des Bundesfinanzministeriums (Berlin), November 2015.

---

91. Im November 2015 wurde in Griechenland eine Weinsteuer beschlossen. Griechenland ist nach Frankreich erst das zweite EU-Land, das Wein mit einer Sondersteuer belegt. Während diese Steuer in Frankreich jedoch finanziell nicht von Bedeutung ist (und der Weinkontrolle dient), will die griechische Regierung mit der neuen Steuer Einnahmen in Höhe von 100 Millionen Euro erzielen. Das wären dann fast zwei Drittel dessen, was die Tonnagesteuer im Bereich der Schifffahrt dem griechischen Fiskus bringt.

Zur traurigen Bilanz gehören auch die Schließung von 205.000 mittleren und kleinen Unternehmen, die Verelendung von Millionen Menschen, die tausenden Suppenküchen in allen Teilen des Landes, zahllose Selbstmorde und die epidemische Verbreitung von physischen und psychischen Krankheiten. Das Land stirbt vor sich hin. Die traditionellen Parteien, welche die Hauptverantwortung für den Ruin des Landes bis 2010 trugen, und die bis Januar 2015 die ruinöse Politik der Troika mitgetragen haben, versagten erneut. Und auch Syriza war es nicht gelungen, diese destruktive Dynamik zu bremsen.

In der Folterkammer des Bundeskanzleramtes

Wenn es Nacht wird in Berlin, gehen die Lichter des Bundeskanzleramtes an. Das Gebäude neben dem Spreekanal gleicht einem vollbeleuchteten Überseeschiff. Die Fenster strahlen. Nur eines davon verharrt im Halbdunkel. Hinter ihm, an einem runden Tisch, sitzt Angela Merkel mit ihren wichtigsten Mitarbeitern. Es wird leise, in unaufgeregter Art gesprochen. Nur eine Voodoo-Puppe auf dem Tisch verrät böse Absichten. Diese werden offenkundig, als die Kanzlerin zu einer Nadel greift und auf die Puppe einsticht. Der Schmerzgeschrei, den sie damit auslöst, ist auch außerhalb des Bundeskanzleramtes zu hören. Kenner von Alexis Tsipras glauben, seine Stimme zu erkennen.

Es bleibt dahingestellt, ob sich dieser Vorgang jemals wirklich so zugetragen hat, oder ob er nur der blühenden Phantasie eines griechischen Journalisten entsprungen war.[92] Sicher ist aber, dass das reale Folterinstrumentarium, das Merkel gegen alle griechischen Regierungschefs anwandte, viel schmerzhafter war als alle Mittel der schwarzen Magie zusammen. Die Kanzlerin äußerte sich nicht öffentlich darüber. Nur einmal, und zwar lange bevor Tsipras die Regierungsmacht übernahm, ließ sie ihre Gelüste durchblicken. »In letzter Konsequenz muss es künftig möglich sein, einem Land, das seine Verpflichtungen nicht einhält, zumindest vorübergehend das Stimmrecht zu nehmen. Deutschland hält das für unerlässlich«, sagte sie Anfang Mai 2010 mit Blick auf Griechenland.[93] Ansonsten verbarg sie ihre Strafaktionen hinter einem Schein von Legitimität und Gleichberechtigung. Dazu gehörten u. a. Praktiken wie das amerikanische »Water boarding« oder die chinesische »Wasserfolter«, die tropfenweise Gewährung von ELA-Krediten durch die EZB an Griechenland, die das Land zwar am Leben erhalten, auf seine Wirtschaft aber nerventötend wirken

---

92. *To Vima* vom 25. Januar 2015.
93. *Bild am Sonntag* vom 2. Mai 2010.

mussten, und schließlich die Finanz-Blockade, die ab Ende 2014 in der Einstellung der fälligen Tranchen aus den Hilfsprogrammen der EZB und des IWF für Griechenland bestand und Ende Juni 2015 zur vorübergehenden Schließung der Banken und zur Kapitalverkehrskontrollen führte. Die Kredite als Folterwerkzeuge – so werden sie in allen überschuldeten Ländern der Euro-Zone eingesetzt: »Sie müssen, ganz nach dem Modell des mittelalterlichen Schuldenturms, zu möglichst abschreckenden Konditionen gewährt werden«, schreibt der deutsche Ökonom Peter Bofinger.[94] Statt die Situation des Kreditnehmers zu verbessern, verschlimmern sie diese.

Das Hauptinstrument der Folterpraktiken war allerdings die Sparpolitik mit den Memoranden selbst, die alle Folterinstrumente in sich vereinte. Ihre Opfer waren der Staat und die Bevölkerung gleichermaßen.

Sparpolitik ist Klassenpolitik. Im nationalen Rahmen wirkt sie sich zu Lasten der ökonomisch schwächeren Schichten der Bevölkerung aus, die dadurch einen doppelten Verlust erleiden: einen individuellen, wegen der Kürzung ihrer Einkommen; und einen kollektiven, wegen der Minderung ihres »sozialen Lohns« – in Form eines Abbaus des Sozialstaats, der deutlichen Verschlechterung der Standards des öffentlichen Schul- und Ausbildungssystems und des Gesundheitssystems. Die Gewinner sind die Privatunternehmer, die ihre Profitrate in entsprechendem Ausmaß wachsen sehen.

In Griechenland läuft es dennoch anders: Der eigentliche Hauptnutznießer der Sparpolitik sind die internationalen Gläubiger. Denn ein großer Teil der staatlichen Einnahmen fließt durch die Schuldentilgung direkt in ihre Kassen. Die nationalen Privatunternehmer hingegen müssen Verluste hinnehmen, da sie erstens viel höhere Steuern als früher zahlen, und zweitens – wegen der Kürzung der staatlichen Ausgaben für Investitionen – weniger lukrative Aufträge vom Staat bekommen und oft sogar ihre Firmen schließen müssen. Sie müssen also einen beträchtlichen Teil jener Gewinne, die sie möglicherweise durch die Kürzung der Löhne und Gehälter und die Deregulierung des Arbeitsmarktes realisierten, an die Gläubiger weitergeben. Die Memoranden dienen als Transportmittel dieser Weitergabe.

Die Verluste der Besserverdienenden und teilweise der wirklich Reichen, insoweit sie in Griechenland ihren Hauptwohnsitz haben und für den Fiskus erreichbar sind, werden auch von einer Studie der Hans-Böckler-Stiftung aus dem Jahre 2015 bestätigt. »Man kann sagen, dass die Armut intensiver wurde und

---

94. Peter Bofinger, *Zurück zur Mark*, München 2012, S. 77.

dass die Kosten von allen in unterschiedlichem Ausmaß getragen wurden. Auch die höheren Schichten haben einen beachtlichen Teil der Kosten getragen, ebenso wie die mittleren und die niedrigeren«, sagte Ökonomieprofessor Tassos Gianitsis, einer der beiden Verfasser.[95]

Den Sinn dieses generalisierten Verlustes im Fall Griechenlands drückte der amerikanische Wirtschaftsprofessor Nouriel Roubini in einem berühmten Tweet aus dem Jahre 2012 aus: »Die Austeritätspolitik als der Weg der Eurozone zum Wohlstand ist die Ökonomie von Marquis de Sade«.[96]

Der Sadismus war immer schon ein Begleiter des Kapitalismus. Michael Siegert spürte ihn schon in der Zeit der primären Akkumulation auf und er bringt ihn in Zusammenhang mit der wachsenden Gier der Aristokratie, u. a. in Frankreich, nach Luxus und ausschweifendem Leben. In seinem Buch »De Sade und Wir« schreibt er: »Die Kurtisanenwirtschaft bedeutet Ausweitung des Marktes, Anstoß für die ursprüngliche Akkumulation des Industriekapitals. So wird die Erotisierung des Rokoko zum ökonomischen Faktor: indem die Aristokraten sich für ihre Mätressen ruinierten (wie Sade für seine geliebte Beauvoisin), vergrößern sie den Markt für Luxusgüter. Die Nouveaux Riches werden nobilitiert und treten neben den Uradel, den Lehensadel, in die Herrscherklasse ein«.[97] Mit dieser Akkumulation geht eine unbeschreibliche Gewalt einher, die in Sklavenhandel und Massenmord mündet. De Sades Werk, schlussfolgert Siegert, »ist letztlich nichts anderes als eine Denunziation der Gewalt, die mit dieser Entwicklung untrennbar verbunden war, indem er aufzeigt, welche Konsequenzen für die Opfer entstehen«.

Im Griechenland der Krise spielt der Sadismus ebenfalls eine wesentliche Rolle, dennoch mit umgekehrtem Vorzeichen. Statt die Akkumulation des Kapitals anzuregen, trägt er zu seiner Deakkumulation bei. Zwei Gründe sind dafür ausschlaggebend: Der erste ist die Dauerrezession als Folge der Sparpolitik, die das Land innerhalb der Periode 2010 bis 2015 ein Viertel seiner Wirtschaftskraft gekostet hat. Der zweite Grund ist der ständige Werttransfer weg von Griechenland hin in die westeuropäischen Metropolen. Dieser Werttransfer nimmt teilweise ungeheuerliche Formen an. So überwies Athen zwischen August 2014 und September 2015 17 Milliarden Euro an die Gläubiger als fällige Schulden bzw. als Zinsen, ohne von ihnen auch nur einen Cent aus den eigentlich ebenfalls fälligen Tranchen des zweiten Memorandums zu erhalten. Weitere Dutzen-

---

95. *To Vima* vom 22. März 2015.
96. »Austerity as chosen path to ez prosperity is marquis de sade economics«.
97. Michael Siegert, *De Sade und Wir*, Frankfurt/Main 1971, S.73.

de Milliarden Euro waren im gleichen Zeitraum von Privatpersonen ins Ausland geschafft worden – zumeist illegal.

Zum Kapitalabfluss gesellt sich ein »Humankapitalabfluss«, der für die griechische Gesellschaft mindestens so schmerzhaft ist: Mehr als 150.000 Akademiker – gut ausgebildete Ärzte, Ingenieure, PC-Spezialisten, Chemiker, Universitätsdozenten und anderes Lehrpersonal – haben seit Beginn der Krise dem Land den Rücken gekehrt. Es gibt einen nicht enden wollenden Brain-Drain. Davon profitieren erneut die Länder, in denen die Kreditgeber ihre Firmensitze haben; einige Zehntausend dieser griechischen Migrantinnen und Migranten leben und arbeiten inzwischen in Deutschland.[98]

Die Fortsetzung dieses Trends kann als sicher angesehen werden: Unter den Bedingungen einer ständigen politischen und sozialen Unsicherheit wird der Abfluss von Kapital und Menschen aus dem Land immer größer als der Zufluss sein.

Auch die Deakkumulation ist, wie die Akkumulation, mit sadistischer Energie aufgeladen. Sie wirkt aber nicht erotisierend, um, wie im Rokoko, zu einem Wachstumsfaktor zu werden. Ihre Energie bleibt ausschließlich destruktiv, so auch ihre Ergebnisse.

Der Sadismus ist die Bewegkraft des Memorandums; ohne ihn wäre sein Gelingen ungewiss.

Der permanente Ausnahmezustand

Die Memoranden stießen die alten politischen und ökonomischen Verhältnisse um und versetzten die griechische Gesellschaft in einen permanenten Ausnahmezustand. Dazu gehörte auch, dass die Troika mit neuen Möglichkeiten spielte. Die extremste davon war der »Grexit«, der Ausschluss beziehungsweise der erzwungene Austritt Griechenlands aus der Eurozone. Verbunden mit dieser Option war zeitweilig die Vorstellung einer Umwandlung Griechenlands in eine Sonderwirtschaftszone, zuerst in einigen Provinzen des Nordens, später im ganzen Land. Angetrieben vom Bundesverband der Deutschen Industrie (BDI) hatte das deutsche Bundeswirtschaftsministerium unter Philipp Rösler detaillierte Pläne dafür vorbereitet. Dieser Plan wurde letztlich fallen gelassen, weil

---

98. Siehe *Die Zeit*, 8. April 2013. Nach einer dort dokumentierten Studie von Lois Lambrianidis, Professor für Wirtschaftsgeographie an der Universität von Thessaloniki, »erreicht die Zahl der jungen Wissenschaftler, die auswandern, mittlerweile 10 Prozent des Potenzial des Landes.« Seit 2010 und bis Anfang 2013 sind nach dieser Untersuchung 130.000 Wissenschaftler aus Griechenland ausgewandert. Allein im Jahr 2012 suchten 34.000 neu zugewanderte Griechinnen und Griechen eine Arbeit in Deutschland.

er zu penetrant nach Neokolonialismus roch und zudem unvereinbar mit den EU-Verträgen war.

Durch die laufenden Memoranden wurde dem Land dennoch ein Sonderstatus zugewiesen. Zugleich sorgte der sogenannte Stabilitätspakt, das Herzstück der neoliberalen Politik – der formell für alle EU-Länder gilt –, für die Gleichschaltung Griechenlands im Eurozonen-Verband. Gleichschaltung bedeutet aber nicht Gleichstellung. Der Status Griechenlands in der Eurozone hat dualen Charakter, da er gleichzeitig vom Stabilitätspakt und von den Memoranden bestimmt wird. Dieser ist, um eine Formel von Giorgio Agamben zu benutzen, von einer eigenartigen »Exklusion in der Inklusion« gekennzeichnet: Exklusion, weil der Verbleib des Landes in der Eurozone nur noch formell ist, Inklusion weil es doch in ihr bleibt. Dies schafft automatisch Ungleichheit in der Gleichheit, ein Unterwerfungsverhältnis innerhalb der Eurozone, die dadurch in zwei Unterzonen mit verschiedenen Rechten und Pflichten gespalten wird. Die Memoranden in einem Land verändern die Natur der gesamten Eurozone.

Diese Situation des »eingeschlossenen Ausgeschlossenseins« Griechenlands besteht unabhängig von der jeweiligen Regierung. Zweimal wurde sie dabei grundsätzlich in Frage gestellt – durch die Drohung mit dem Ausschluss, dem »Grexit«: zuerst 2012, unter der Regierung des »Technokraten« Loukas Papadimos und unter derjenigen des Konservativen Antonis Samaras, und zum zweiten Mal im Sommer 2015 unter der Regierung von Alexis Tsipras. Im ersten Fall war die Drohung ökonomisch motiviert, man wollte einen der vermeintlichen »Krankheitserreger« der Eurokrise loswerden. Im zweiten Fall war sie politischer Natur, man nahm einen Unruhestifter ins Visier, der Alexis Tsipras hieß.

Das dritte Memorandum steht nicht allein für sich. Es ergänzt die Auflagen aus dem ersten und zweiten Memorandum, deren Anwendungsgesetze nach wie vor aktiv sind.[99] Insofern hat es kumulativen Charakter, es ist ein Memorandum hoch drei oder drei Memoraden in einem. Dies verschärft den permanenten Ausnahmezustand, der de facto schon mit dem ersten Memorandum ausgerufen worden war.

Dabei wird auch der Begriff der Souveränität, wie ihn Carl Schmidt 1922 definiert hatte (»Souverän ist, wer über den Ausnahmezustand entscheidet«) und den er ausschließlich auf nationale Staaten bezog, obsolet. Das inzwischen entstandene transnationale Gebilde, die EU, macht seine Anpassung notwendig. Kein Staat, der der EU und der Eurozone angehört, verfügt mehr über die tra-

---

99. Bis Ende 2014 war ihre Anzahl auf 425 gestiegen.

ditionelle absolute Souveränität. Ein guter Teil von ihr ist an die EU-Gremien übergegangen. Im Fall Griechenlands ist dieser Teil ungleich größer als im Fall aller anderen Euroraum-Länder. Wichtige Elemente der staatlichen Souveränität sind an die Troika bzw. ab 2015 an die Quadriga[100] übergegangen, und zwar in einem derartigen Ausmaß, dass letztere nun der Souverän im Lande ist. Der griechische Staat hat de facto, und zum Teil auch de jure, aufgehört, souverän zu sein, er ist in wesentlichen Bereichen nur noch Empfänger und Vollzieher der Befehle der Quadriga.

Ein zentrales Kennzeichen eines Ausnahmezustands ist, gemäß Agamben, dass die Exekutive in zunehmendem Maß die Funktionen der Legislative übernimmt und schließlich allein bestimmend ist. Ein Land, schreibt er, »wird, technisch gesehen, nicht mehr parlamentarisch, sondern gouvernemental«, also unmittelbar von der Regierung, regiert[101]. Das Mittel dazu sind nicht parlamentarisch beschlossene Gesetze, sondern Regierungsdekrete. In Griechenland werden diese Dekrete informell durch einen supranationalen Souverän erlassen, durch die Troika bzw. die Quadriga. Die Regierung übernimmt ihre Verkündung. Das Parlament kommt gar nicht oder erst später zu Wort, um das Diktat, unter der Syriza-Regierung sogar gegen den Willen der Regierungsmehrheit, schließlich notgedrungen anzunehmen.

Jedes Memorandum, das Griechenland auferlegt wurde, markiert eine Etappe des Ausnahmezustandes, der mit einem ökonomischen Putsch gleichzusetzen ist. Im dritten Memorandum kommt zum ökonomischen Putsch der politische hinzu: Seit der Kapitulation von Tsipras am 13. Juli 2015 wird das Land nun auch politisch von der Quadriga regiert.

---

100. Sie besteht aus der Troika der Europäischen Kommission, der Europäischen Zentralbank und dem Internationalen Währungsfonds plus dem Europäischen Stabilitätsmechanismus ESM.
101. Giorgio Agamben, *Ausnahmezustand*. Berlin 2004; zitiert nach http://www.zeit.de/kultur/2015-02/griechenland-postdemokratie-tsipras.

Kapitel 5
Großprojekte, Rüstung und Korruption

Oder: Wie ein normales Peripherieland zum Ausnahme-Peripherieland zugerichtet wird

Griechenland verweigert die von der Troika verordneten Reformen [...]? Gibt es keine Möglichkeit, das Land dazu zu zwingen? [...] Ein Blick in die Finanzgeschichte des 19. Jahrhunderts gibt interessante Denkanstöße.

Am 10. Dezember 1893 musste Hellas schon einmal die Bedienung seiner Auslandsschulden einstellen: Das Land war bankrott. 14 Jahre lang hatten die Hellenen auf den internationalen Finanzmärkten eine Anleihe nach der anderen emittiert, insgesamt 730 Millionen Francs bei einem jährlichen Budget von 80 Millionen Anfang der 1890er Jahre; dann riss der finanzielle Zusammenbruch Argentiniens die systemrelevante Baring-Bank in den Bankrott und die Weltwirtschaft in eine schwere Depression. [...] Gleichzeitig brach plötzlich der Weltmarktpreis für Rosinen, Griechenlands Hauptexportgut, drastisch ein. Unter diesen Umständen war Hellas nicht mehr in der Lage, seinen internationalen Zahlungsverpflichtungen nachzukommen.

[...] England, Frankreich und Russland übernahmen die Garantie für eine große internationale Anleihe, mit der die Griechen das vom Osmanischen Reich besetzte Thessalien freikaufen konnten. Conditio sine qua non für die Hilfe war, dass das Land eine Internationale Finanzkommission akzeptierte, die fortan Einnahmen direkt eintreiben und an ausländische Gläubiger abführen sollte. [...] Die Griechen hatte keine Alternative, [...] und so nahm die Internationale Finanzkommission 1898 ihre Arbeit in Athen auf. Mit diesem Instrument der Schuldeneintreibung hatte man Ende der 1890er Jahre bereits Erfahrung: in Ägypten seit 1876, im Osmanischen Reich seit 1881. In beiden Fällen setzten sich die Kommissionen aus Vertretern der ausländischen Gläubiger zusammen, und sie nahmen im kolonialen Stil den Regierungen der betroffenen Staaten weitgehend ihre Finanzautonomie. Im konstitutionell parlamentarischen Griechenland wurde eine mildere Regelung eingeführt. Die Kommission setzte sich hier nicht aus Anleihebesitzern zusammen, sondern aus je einem diplomatischen Vertreter der Mächte England, Frankreich, Russland, dem Deutschen Reich, Österreich und Italien.

Korinna Schönhärl, Historikerin, Universität Duisburg-Essen,
in: *Frankfurter Allgemeine Zeitung* vom 19. Juli 2013

Wenn das Bild von Griechenland am Pranger gezeichnet und über die »griechische Tragödie« geschrieben wird, dann geschieht dies fast immer in Verbindung mit einem Hinweis auf »den gigantischen Schuldenberg«, auf »enorme Defizite« und auf »weit verbreitete Korruption«. Und wenn in Bälde die griechische Schuldenquote die 200-Prozent-Schallgrenze durchbricht – was notgedrungen, als Folge des dritten Memorandum erfolgen wird! – dann wird erneut landauf, landab mit dem Finger auf das vorgebliche Schulden-Babel Griechenland gezeigt werden. Dass im Übrigen die japanische Staatsschuld die 200-Prozent-Latte längst gerissen hat und dort demnächst auch eine Schuldenquote von 250 Prozent vorstellbar ist, interessiert dabei wenig. Wahrscheinlich ahnt man auch an den Stammtischen: Eine Memorandum-Politik gegenüber Japan würde – anders als im Fall Griechenland – die Weltwirtschaft in eine tiefe Krise stürzen.

Griechenlands Schuldenquote lag bereits 1994 bei über 100 Prozent. Und grob auf dieser Höhe lag die Schuldenquote auch 2007. Man kann also durchaus sagen, dass sich diese Quote – bei einigem Auf und Ab – weitgehend stabilisiert hatte. Oder auch: dass die Schulden in absoluter Höhe ebenso schnell wuchsen wie das Bruttoinlandsprodukt. Von 2007 bis 2010 gab es dann einen steilen Anstieg auf bis zu 145 Prozent (siehe Tabelle 1, Kapitel 3). Sie überstieg also zu diesem Zeitpunkt und nach dieser offiziellen EU-Statistik – die 2010 neu berechnet wurde, wobei die Umrechnung dann auch rückwirkend angewandt wurde – das griechische Bruttoinlandsprodukt um gut 40 Prozent. In absoluten Zahlen hatte die griechische öffentliche Schuld 2006 einen Betrag von 225 Milliarden Euro erreicht; 2010 waren es 330 Milliarden Euro. Der Schuldenberg hatte sich also in knapp fünf Jahren um knapp 100 Milliarden Euro erhöht – erneut sei betont: nach der offiziellen EU-Statistik. Selbstverständlich ist die Frage berechtigt, wie es zu diesem Schuldenanstieg kam. Immerhin bildeten dieser Schuldenstand und der imposante Anstieg der Verschuldung den Ausgangspunkt für das aufgezwungene erste Memorandum.

Griechische Staatsquote dauerhaft auf Normalniveau

In der Regel wird in diesem Zusammenhang auf die öffentlichen Ausgaben in Griechenland verwiesen. Dies ist, wie aufgezeigt, auch der Ansatz, den die Troika mit ihrer Politik der Memoranden verfolgt: Eines der wesentlichen Ziele der Austeritätspolitik besteht in der Senkung der angeblich »überdurchschnittlich hohen« öffentlichen Ausgaben. Tatsächlich lagen die öffentlichen Ausgaben Griechenlands im gesamten Zeitraum 1995 bis 2010 nicht über dem Durchschnitt der öffentlichen Ausgaben in der Eurozone; in den Jahren 2000 bis 2006 lagen sie sogar *unter* dem Eurozonendurchschnitt. Wobei wir uns hierbei immer an die offiziellen Statistiken der EU (an diejenigen des Statistischen Amtes der EU, Eurostat) halten – wie wiedergegeben in Tabelle 3.

Tabelle 3: Staatsquote in der Eurozone (EU) 1990 bis 2014 (Gesamtausgaben des Staates in Prozent des Bruttoinlandsprodukts; ausgewählte Länder[102]

Land/Region	1990	1995	2000	2005	2010	2013	2014
Euroraum (Durchschnitt)*	50,5	52,8	46,2	47,3	51,0	49,0	49,1
Deutschland	43,6	54,9	45,1	46,9	47,9	45,6	44,0
Österreich	51,5	56,2	51,8	49,9	52,6	50,6	52,3
Frankreich	49,6	54,4	51,7	53,5	56,5	56,2	57,2
Italien	52,6	52,2	45,8	47,9	50,6	49,5	51,1
Spanien	k.A.	44,5	39,2	38,4	45,6	42,0	43,6
Portugal	38,5	41,9	41,6	46,6	51,2	46,1	49,0
Griechenland	45,2	46,2	47,1	44,4	50,0	50,6	49,3

* Durchschnitt EG/EU

Wie mit den Daten in der Tabelle belegt, bewegte sich die griechische Staatsquote seit einem Vierteljahrhundert im Mittelfeld. Bei den Peripherieländern weist nur Spanien eine niedrigere Staatsquote auf (was spezifische Gründe hat). Die französische und die österreichische Staatsquote liegen kontinuierlich über dem Eurozonen-Durchschnitt. Im entscheidenden Jahr 2010 lag auch die portugiesische Staatsquote höher als die griechische. Erwähnt sei, dass die – in der Tabelle nicht aufgeführten – Staatsquoten der skandinavischen Länder Dänemark, Schweden und Finnland erheblich über dem Eurozonen-Durchschnitt liegen, was ebenfalls spezifische und historische Gründe hat.[103]

Zu betonen ist, dass die Staatsquote an sich nur ein vager Indikator mit beschränkter Aussagekraft ist. Ein Gleichheitszeichen zu setzen zwischen »hohe Staatsquote« und »stark belastete Wirtschaft« bzw. zwischen »niedrige Staatsquote« und »effiziente Ökonomie« ist nicht sinnvoll. Die Tatsache, dass die spanische Staatsquote seit Jahrzehnten um gut 20 Prozentpunkte unter der finnischen liegt, hat bislang nicht dazu geführt, dass sich Spanien an die Spitze des

---

102. Quelle: EU-Kommission; Eurostat.
103. 2013 lag die Staatsquote in Schweden bei 51,8, diejenige in Finnland bei 54,7 und diejenige in Dänemark bei 56,6 Prozent.

wirtschaftlichen Wachstums und der Wohlstandsmehrung gesetzt hätte und dass Finnland unter ein Troika-Diktat geraten wäre. Ist eine hohe Staatsquote darauf zurückzuführen, dass der Sozialstaat relativ gut ausgebaut ist und die Ausgaben für Bildung, Ausbildung und Kultur sich auf einem hohen Niveau befinden, so hat das meist auch positive Auswirkungen auf die Gesamtwirtschaft. Kommt sie zustande aufgrund hoher Rüstungsausgaben, ist das politisch problematisch und aus wirtschaftlicher Sicht auf die Dauer in jedem Fall belastend. Auf dieses Thema wird im Fall Griechenland noch einzugehen sein.

Hohe Defizite der Rentenkassen

Wenn die griechische Staatsquote über einen derart langen Zeitraum weitgehend auf einem Normalhoch blieb, so sagt dies natürlich nichts darüber aus, ob diese staatlichen Ausgaben sinnvoll ausgegeben wurden oder wieviel davon gesellschaftlich nützlich und wieviel davon unproduktiv ausgegeben wurde. So fällt auf, dass Griechenland im Rahmen dieser »normal hohen« Staatsquote überproportional hohe Ausgaben für seine Renten- und Pensionskassen aufzuwenden hatte. Dabei geht es um die jährlichen Defizite der diversen Rentenkassen, die mit öffentlichen Ausgaben auszugleichen waren und vielfach heute noch auszugleichen sind. Hierzu liegen inzwischen detaillierte Zahlen vor.

Danach stiegen die Defizite der Rentenkassen, die aus den öffentlichen Haushalten zu finanzieren waren, vor allem nach dem Jahr 2000 deutlich an. 2000 lag dieser Betrag bei 5,5 Milliarden Euro, 2005 bei 13,1 Milliarden und 2011 – in diesem Jahr wurde das höchste Defizit erzielt – bei 21 Milliarden Euro. Seitdem gab es einen Rückgang; 2014 waren es aber immer noch 13,8 Milliarden. In der Gesamtsumme zahlte der öffentliche Haushalt im Zeitraum 2000 bis 2014 201,6 Milliarden Euro für den Defizitausgleich an diese Kassen. Die größten Anteile entfielen dabei mit 73,7 Milliarden auf die Rentenkasse der Bauern (OGA) und mit 45 Milliarden Euro auf diejenige der Arbeiter und Angestellten (IKA). Die Zahl der Rentner beträgt 2,6 Millionen.[104]

Auf diesem Gebiet gab es ohne Zweifel Wildwuchs – viele Kassen mit überproportionalen Verwaltungskosten – und Verschwendung. Dabei spielte der viel zitierte Klientelismus und das daran anknüpfende, jahrzehntelang existierende Zweiparteiensystem eine Rolle. Inwieweit es sich hier jedoch um eine Besonderheit in den Peripheriestaaten handelt, kann nur dann geklärt werden, wenn

---

104. Alle Angaben nach: *To Vima* vom 25. Oktober 2015.

eine vergleichende Untersuchung zu den Rentensystemen in anderen Ländern – beispielsweise Italien und Portugal – vorgenommen wird. Und, es sei wiederholt, die damit verbundene unnötige, gesellschaftlich schädliche Verausgabung öffentlicher Gelder ist bereits in der Staatsquote – die eben auf »Normalhoch« liegt – berücksichtigt.[105]

Damit stellt sich erneut die Frage: Was führte dann zur schnell ansteigenden griechischen Staatsschuld, wenn es die öffentlichen Ausgaben nicht waren? Es sind im Wesentlichen *vier Faktoren:* Großprojekte, Bankenrettung, Fälschung und Leistungsbilanzdefizite.

Großprojekte

Mit dem wirtschaftlichen Wachstum der 1990er Jahre und mit den billigen Krediten, die es ab dem Beitritt Griechenlands zur Eurozone gab, wurden in Griechenland eine Reihe teurer Großprojekte in Gang gesetzt. Sie erforderten erhebliche öffentliche Mittel; dass sie gesellschaftlich sinnvoll waren, muss zumindest teilweise in Zweifel gezogen werden. Das größte dieser Projekte waren ohne Zweifel die Olympischen Spiele im Jahr 2004. Für sie waren bei der Vergabe der Spiele 1997 noch Ausgaben in Höhe von (umgerechnet) knapp zwei Milliarden Euro vorgesehen gewesen. Schließlich wurden es neun, zehn oder gar zwölf Milliarden Euro – eine exakte Kostenabrechnung gibt es nicht. Ausgerechnet das wirtschaftlich schwächste Land der EU richtete die bis zu diesem Zeitpunkt teuersten Olympischen Spiele aus. Ein großer Teil der Anlagen – Sportstätten, Tagungszentren, Olympisches Dorf – wird nicht oder kaum genutzt und ist dem Verfall preisgegeben.

In Griechenland wird seit Jahrzehnten ein ambitioniertes *Programm des Straßen- und Autobahnbaus* umgesetzt. Bis zum Jahr 2010 hatte Griechenland ein Autobahnnetz von 2000 Kilometern Länge; inzwischen sind es knapp 2500

---

105. Das in den Anti-Griechenland-Debatten oft zitierte frühe Renteneintrittsalter, das es in Griechenland geben (bzw. gegeben haben) soll, spielt in diesem Zusammenhang keine entscheidende Rolle. Wichtig ist hier immer das *reale* durchschnittliche Renteneintrittsalter. Dieses lag in Griechenland 2009 bei 61,9 Jahren. In Deutschland lag es zu diesem Zeitpunkt bei 61,7 Jahren, in Österreich bei 58,9 Jahren, in Spanien bei 61,4 und in Italien bei 60,8 Jahren. Lediglich in Portugal lag es mit 66,6 Jahren wesentlich höher – und auf einer Höhe, auf die es nach den Zielsetzungen der Austeritätspolitiker (»Rente 67«) »hochgeschraubt« werden soll. Angaben nach OECD; im Fall Österreich: ÖGB. Im Übrigen gilt es, bei solchen Vergleichen immer ein Gesamtbild zu erstellen. Beispielsweise lagen zu dem genannten Zeitpunkt die durchschnittlichen Urlaubstage je Beschäftigten in Griechenland bei 23 Tagen. In Deutschland dann bei 30, in Österreich bei 25 Tagen. Griechenland bildete hier in der EU das »dritte Schlusslicht«, nach Spanien und Portugal (jeweils 22 Urlaubstage).

km. Gemessen an der Einwohnerzahl (und erst recht gemessen an der Zahl der Kfz) ist das griechische Autobahnnetz deutlich größer als das deutsche[106]. Das Autobahnbau-Programm wurde in der Krise zwar mehrfach unterbrochen, dann aber durch die EU zwei Mal reaktiviert, auch mittels Vergabe neuer Kredite, ausgereicht unter anderem durch die Europäische Investitionsbank (EIB).[107] Das *Handelsblatt* überschrieb einen Artikel mit »Athen baut Autobahnen gegen die Krise«. Doch Beton kann man nicht essen und die Beschäftigungswirkung dieser von internationalen Baukonzernen umgesetzten Straßenprojekte ist gering. Vor allem ist die Erweiterung des Straßennetzes kein Ersatz für die Halbierung der Zahl der Krankenhäuser, für die Kürzung der Renten oder für die Einschnitte im Bereich der Schulen und Hochschulen.[108] Schließlich erhöhen diese Straßenbauprojekte die öffentlichen Schulden – einerseits durch den Bau selbst, andererseits auch durch den Unterhalt, da sich auch die Mautstraßen nicht tragen und die Unterhaltskosten der Asphaltpisten trotz Privatisierung von Teilen des Straßennetzes immer wieder an der öffentlichen Hand hängenbleiben.

Es könnte in diesem Zusammenhang noch eine Reihe anderer öffentlicher Großprojekte mit zweifelhaftem Nutzen und hohen Kosten genannt werden – der Bau einer neuen U-Bahn in Thessaloniki[109], der Bau der Rio Andirrio-(bzw. Charilaos-Trikoupis-)Brücke über den Golf von Korinth, der Bau des Athener Großflughafens und der Bau und Ausbau anderer Airports (Griechenland verfügt laut amtlicher Statistik über 15 internationale und eine größere Zahl weiterer »nationaler« Airports). Insgesamt ist es wohl eher eine vorsichtige Schätzung, wenn wir davon ausgehen, dass durch Großprojekte mit zweifelhaftem Nutzen die öffentlichen Schulden Griechenlands seit 2000 um mindestens 15 Milliarden Euro erhöht wurden.

---

106. Das deutsche Autobahnnetz hat Anfang 2016 12.900 km; auf einen Bundesbürger kommen damit rund 17,5 Zentimeter Autobahn. Auf einen Griechen und eine Griechin entfallen 25 Zentimeter Autobahn.
107. So gewährte die EIB im September 2014 einen neuen 300 Millionen-Euro-Kredit (als letzte Tranche eines Darlehens von insgesamt über 600 Millionen Euro), um das Autobahnprogramm fortzusetzen. Siehe Pressemitteilung EIB vom 18. September 2014.
108. *Handelsblatt* vom 2. August 2012.
109. Bereits 1986 wurde mit dem Bau einer U-Bahn in Thessaloniki begonnen. 1989 wurde das Projekt aus Geldmangel gestoppt. 2006 wurde erneut mit dem Bau einer U-Bahn begonnen – an anderer Stelle, mit anderer Linienführung. In der Endstufe soll diese neue U-Bahn eine Länge von 4,8 Kilometer und maximal sieben Stationen haben. Sie könnte also nur einen Bruchteil des öffentlichen Verkehrs abdecken. Geplant waren für die Metro 1,1 Milliarden Euro; 2015 liegt die Kostenplanung bei 2,4 Milliarden Euro. Für diesen Betrag wäre der Bau eines mehr als 100 Kilometer langen, weitgehend flächendeckenden Netzes für eine moderne Straßenbahn bzw. Stadtbahn realisierbar.

Teure Bankenrettung in Griechenland – wie überall in Europa

Wie in allen EU-Staaten gab es im Rahmen der weltweiten Krise 2008/2009 auch in Griechenland eine Bankenkrise. Und wie in fast allen anderen EU-Staaten sprang auch in Griechenland der Staat strauchelnden Privatbanken bei – mit der Zustimmung von EU-Kommission und EZB. Die Regierung von Kostas Karamanlis stellte bereits im Oktober 2008 ein Hilfspaket für die privaten Banken in Höhe von 28 Milliarden Euro bereit, von dem 3,5 Milliarden Euro direkt in die Rekapitalisierung des privaten griechischen Bankensektors flossen. Der Rest dieser Mittel wurde in Form von Garantien bereitgestellt, wovon zumindest ein Teil in Anspruch genommen wurde. Damit wurden damals bereits faule Kredite privater Banken faktisch in öffentliche Schulden umgewandelt. Wobei dies, wie im vorausgegangenen Kapitel bereits dargestellt, nur der Beginn einer vergleichbaren Operation war, die dann in deutlich größerem Umfang erfolgte: Der größte Teil der Kredite, die im Rahmen des ersten und vor allem des zweiten Memorandums flossen, diente just dieser Umwandlung privater Kredite in öffentliche Schulden. Festzuhalten bleibt: Noch vor dem ersten Memorandum wurden für die Rettung privater Banken die öffentlichen Schulden um mindestens 10 Milliarden Euro erhöht – EU-konform und von den Eurozonen-Strukturen gebilligt.

Originelle Fälschung der Schuldensumme nach oben

Es gab im Vorfeld der Euro-Einführung nicht nur die – beschriebene und in vielen EU-Staaten gehandhabte – Manipulation der Schuldenhöhe nach unten. Im Fall Griechenland kam es offensichtlich auch zum umgekehrten Prozess: der *manipulativen Erhöhung der öffentlichen Schulden*. Diese Statistikfälschung fand im Zeitraum zwischen dem 4. Oktober 2009, dem Tag des Pasok-Wahlsiegs mit der darauf folgenden Bildung einer neuen Regierung unter Giorgos Papandreou, und März 2010 statt, als die neue griechische Regierung dem ersten Memorandum zustimmte. Wie im Einzelnen diese Fälschung stattfand, wurde im Detail im Bericht der »Wahrheitskommission für die Staatsverschuldung« vom Juni 2015 überzeugend dokumentiert. Um ein Beispiel herauszugreifen. Es gibt in Griechenland 17 Staatsunternehmen (DEKO), die als »nichtfinanzielle Kapitalgesellschaften« eingestuft waren und deren Verbindlichkeiten bis 2010 – in Übereinstimmung mit der EU-Statistik-Behörde – nicht als Staatsschuld bilanziert wurden. Vergleichbare Einstufungen gibt es in allen anderen Eurozonen-Mitgliedsländer: Die deutsche, die französische, die italienische oder die spanische Staatsbahn werden just so von Eurostat behandelt. In Griechenland jedoch wurden diese DEKO-Unternehmen Anfang 2010 in einer Nacht- und Nebelaktion dem griechischen Staat zugeschlagen, womit sich die Staatsschuld schlagartig um 18 Milliarden Euro erhöhte.[110]

Zusammen mit anderen Statistik-Manipulationen dürfte die griechische Staatsschuld auf diese Weise um 20 bis 25 Milliarden Euro künstlich aufgebläht worden sein. Im Bericht der bereits zitierten »Wahrheitskommission für die Staatsverschuldung« heißt es: »Unserer Ansicht nach steht die Fälschung der statistischen Daten in einem direkten Zusammenhang mit der Dramatisierung der Haushalts- und Schuldensituation. Die öffentliche Meinung in Griechenland und in Europa sollte damit hinsichtlich einer Befürwortung der ›Rettungsmaßnahmen‹ für die Wirtschaft Griechenlands im Jahr 2010 mit all ihren kostspieligen Auflagen für die griechische Bevölkerung beeinflusst werden.«[111]

Überraschende Ergebnisse der Leistungsbilanzen 1993 bis 2015

Die Defizite in der Leistungsbilanz stellen den wichtigsten Beitrag zur Erhöhung der öffentlichen Schuld Griechenlands dar. Dieser Aspekt soll erneut – wie bereits in Tabelle 1 erfolgt – für die beiden »A-Klasse-Eurozonenländer« Deutschland und Österreich und für die fünf »B-Klasse-Eurozonenländern« Frankreich, Italien, Spanien, Portugal und Griechenland dargestellt werden. Wir haben hierfür in Tabelle 4 den Zeitraum 1993 bis 2015 in drei Etappen aufgeteilt: Eine erste Etappe beginnt 1993 und endet im Jahr 2000. Hier handelt es sich um die Zeit

---

110. Angaben nach: *Wahrheitskommission für die Staatsverschuldung*, Erster Bericht, Juni 2015, nach der offiziellen deutschen Übersetzung, S. 19. Dort heißt es: »Es muss betont werden, dass es zwischen 2000 und 2010 keine Änderung der diesbezüglichen Methodik der ESVG [Europäisches System Volkswirtschaftlicher Gesamtrechnungen] gegeben hat. Die Neueinstufung [...] erfolgte über Nacht und in Abwesenheit des Führungsgremiums von ELSAT [der offiziellen griechischen Statistik-Behörde].« Der Bericht der Wahrheitskommission nennt – neben anderen – noch ein weiteres, ähnlich krasses Beispiel der Statistik-Manipulation. So wurden binnen weniger Wochen in einem gut dokumentierten Pingpong-Spiel zwischen dem griechischen Statistikamt und den EU-Behörden in der Summe gar nicht bekannte (und bislang nie in die griechische Staatsschuld einbezogene) Außenstände der griechischen Krankenhäuser gegenüber den pharmazeutischen Unternehmen zunächst auf 2,3 Milliarden Euro geschätzt, dann wurde dieser Betrag willkürlich auf 4,8 Mrd. Euro erhöht und schließlich nochmals um 1,8 Mrd. Euro aufgestockt und dann am Ende ein Gesamtbetrag in Höhe von 6,6 Mrd. Euro der griechischen Staatsschuld hinzugefügt. Auch diese Erhöhung der griechischen Staatsschuld erfolgte in dem kurzen Zeitraum zwischen Oktober 2009 und Februar 2010. Bericht S. 18. Siehe auch: http://debt-truth.gr/english. Die deutsche Übersetzung wurde lektoriert bzw. koordiniert von Werner Horch und Maie-Dominique Vernhes; herausgegeben von der Zeitschrift *Sand im Getriebe* (SiG).
111. Bericht Wahrheitskommission, S. 19.

nach der Aufgabe des EWS (mit seinen engen Bandbreiten). Es folgt eine zweite Etappe, die den Zeitraum 2000 bis 2009 und damit die ersten Jahre nach Einführung des Euro umfasst. Die dritte Etappe beginnt 2010 und endet im Jahr 2015. Es handelt sich um die Periode, in der in drei der angeführten B-Gruppen-Ländern die Memorandumspolitik zur Anwendung kam. Die ersten beiden Zeiträume sind mit acht bzw. neun Jahren Zeitspanne annähernd gleich groß; der dritte umfasst fünf Jahre.

Tabelle 4a: Überschüsse bzw. Defizite in der Leistungsbilanz von Deutschland, Österreich, Frankreich, Italien, Spanien, Portugal und Griechenland 1993–2000

Land	1993	1994	1995	1996	1997	1998	1999	2000	1993-2000
									Summe (C1) Mrd. €
	Periode I: post-EWS & pre-Euro in Mrd. €								
Deutschland	-17,2	-28,4	-26,3	-15,4	-10,2	-14,5	-29,3	-31,2	*-172,5*
Österreich	-2,6	-5,2	-5,1	-5,2	-4,5	-4,0	-3,6	-2,1	*-32,1*
Summe (A1)	*-19,8*	*-33,6*	*-31,4*	*-20,6*	*-14,7*	*-18,5*	*-32,9*	*-33,3*	*-204,6*
Frankreich	12,2	3,7	9,3	17,4	37,0	35,8	37,8	22,0	*175,2*
Italien	9,0	11,5	18,6	29,1	31,5	20,9	12,1	-0,5	*132,2*
Spanien	-2,8	-5,0	-1,2	0,8	3,0	-1,5	-11,2	-21,9	*-39,9*
Portugal	-2,0	-3,8	-0,8	-2,5	-3,9	-6,2	-8,1	-12,3	*-39,6*
Griechenland	k.A.	k.A.	-2,1	-3,3	-1,2	-4,9	-7,0	-10,3	*-28,8*
Summe (B1)	*16,4*	*6,4*	*23,8*	*39,9*	*60,4*	*44,1*	*23,6*	*-23,0*	*199,1*

Tabelle 4b: Überschüsse bzw. Defizite in der Leistungsbilanz von Deutschland, Österreich, Frankreich, Italien, Spanien, Portugal und Griechenland 2001–2009

Land	2001	2002	2003	2004	2005	2006	2007	2008	2009	2001-2009
	Periode II: Euro & pre-Memoranden Mrd. €									Summe (C2) Mrd. €
Deutschland	-9,9	37,8	37,6	101,2	104,6	137,3	170,8	140,5	142,7	*862,6*
Österreich	-2,2	4,5	3,4	4,1	4,4	6,6	9,2	12,0	5,3	*47,3*
Summe (A2)	*-12,1*	*42,3*	*41,0*	*105,3*	*109,0*	*143,9*	*180,0*	*152,5*	*148,0*	*909,9*
Frankreich	22,3	18,6	5,3	9,2	-6,5	-10,6	-20,0	-27,2	-30,8	*-39,7*
Italien	2,6	-7,2	-9,1	-5,8	-12,9	-22,4	-21,0	-46,4	-30,1	*-152,3*
Spanien	-23,6	-20,4	-23,7	-40,0	-62,9	-85,9	-99,9	-97,4	-42,1	*-495,9*
Portugal	-11,9	-9,8	-7,6	-10,8	-13,9	-15,8	-15,6	-20,5	-15,7	*-121,6*
Griechenland	-11,7	-13,6	-17,3	-14,5	-16,9	-23,0	-32,0	-35,0	-27,8	*-191,8*
Summe (B2)	*-22,3*	*-32,4*	*-52,4*	*-61,9*	*-113,1*	*-157,7*	*-188,5*	*-226,5*	*-146,5*	*-1.001,3*

Tabelle 4c: Überschüsse bzw. Defizite in der Leistungsbilanz von Deutschland, Österreich, Frankreich, Italien, Spanien, Portugal und Griechenland 2010-2014

Land	2010	2011	2012	2013	2014	2015*	2010-15 Summe (C3) Mrd.€	2001-15 Summe (C3+C2) Mrd. €	1993-15 Summe (C1-C3) Mrd. €
	\multicolumn{6}{c}{Periode III: Memoranden-Politik Mrd. €}			
Deutschland	150,0	162,7	197,9	188,2	227,8	266,0	1.192,6	2.055.2	1.882,7
Österreich	9,5	5,5	4,9	6,3	6,5	8,4	41,1	88,4	56,3
Summe (A3)	159,5	168,2	202,8	194,5	234,3	274,4	1.233,7	2.143.6	1.939,0
Frankreich	-34,8	-46,1	-64,6	-55,9	-48,9	-22,9	-273,2	-312,9	-137,7
Italien	-55,7	-49,3	-3,0	15,4	35,0	40,8	-16,8	-169,1	-36,9
Spanien	-36,1	-30,9	0,8	22,9	16,4	20,0	-6,9	-502,8	-542,7
Portugal	-16,2	-7,0	0,0	3,9	3,0	3,3	-13,0	-134,6	-174,2
Griechenland	-22,0	-17,4	-4,8	0,9	-1,9	1,7	-43,5	-235,3	-264,1
Summe (B3)	-164,8	-150,7	-71,6	-12,8	3,6	42,9	-353,4	-1354,7	1.155,6

* Angaben für 2015 = provisorisch

In der ersten Periode 1993 bis 2000 weisen die A-Klasse-Länder interessanterweise *Defizite* in der Leistungsbilanz aus – aus heutiger Sicht ein einigermaßen überraschendes Ergebnis. Bei Deutschland kann dies teilweise noch mit den Folgen der Wiedervereinigung (die eine gewisse Konzentration der Kräfte auf den internen Ausgleich mit sich brachte, was wiederum die Exportkräfte schwächte) erklärt werden. Allerdings gab es in diesem Zeitraum in Österreich ein vergleichbar großes Leistungsbilanzdefizit. Zusammen brachten es beide Länder im genannten Zeitraum addiert immerhin auf ein akkumuliertes Leistungsbilanz-Defizit in Höhe von mehr als 200 Milliarden Euro. Auf der anderen Seite konnten in diesem Zeitraum Frankreich und Italien in ihrer jeweiligen Leistungsbilanz ein Plus verbuchen. Die Peripherie-Länder Spanien, Portugal und Griechenland wurden zwar bereits in diesen Jahren überwiegend mit einer negativen Leistungsbilanz belastet, die Defizite hielten sich jedoch noch in überschaubaren Grenzen. In der Gesamtbilanz brachten es die B-Gruppe-Länder in dieser Periode sogar auf eine addierte positive Leistungsbilanz in Höhe von knapp 200 Milliarden Euro.

Die Wende bei den Leistungsbilanzen kam mit der Euro-Einführung

In der folgenden Periode II gibt es ein völlig anderes Bild (Tabelle 4b). Nach einem ersten Jahr mit einer gewissen Anpassung fahren ab 2002 die beiden A-

Klasse-Länder wachsende Überschüsse ein. Zusammen kommen Deutschland und Österreich auf Leistungsbilanzüberschüsse in Höhe von 910 Milliarden Euro. Die B-Klasse-Länder fahren in diesem Zeitraum ein Defizit in fast gleichgroßer Höhe ein – mit mehr als 1000 Milliarden Euro an addierten Leistungsbilanzdefiziten. In Relation zur Größe der Bevölkerung und zum BIP-Volumen ist das Defizit Griechenlands mit fast 200 Milliarden Euro das größte, gefolgt von denjenigen in Portugal und Spanien. Das französische ist mit knapp 40 Milliarden Euro noch relativ niedrig; dieses Land konnte auch noch bis einschließlich 2004 einen Überschuss erzielen.

Dass die beiden addierten Überschuss- bzw. Defizit-Beträge bei den beiden Ländergruppen ähnlich groß sind, ist Zufall. Es geht schließlich um die Leistungsbilanzüberschüsse bzw. Leistungsbilanzdefizite jedes einzelnen Landes mit dem »Rest der Welt«. Ein relevanter Teil dieses »Rests der Welt« sind bei Deutschland und Österreich sicher die hier aufgeführten B-Gruppen-Länder (zumal rund 50 Prozent der Exporte der A-Gruppe in der Eurozone verbleiben und umgekehrt knapp 50 Prozent der Exporte der B-Gruppen-Länder in Eurozonen-Länder gehen).

Entscheidend aber ist: In der genannten zweiten Periode konnten die Länder Deutschland und Österreich in einer Höhe von rund 910 Milliarden Euro mehr Waren und Dienstleistungen exportieren als importiert wurden. Umgekehrt haben die fünf B-Klasse-Länder weniger Waren und Dienstleistungen in einer Höhe von einer Billion Euro exportieren können als sie importiert haben. Die Überschüsse konnten bei den A-Klasse-Ländern für Kapitalexport, für Finanzanlagen, für den Aufkauf anderer Unternehmen oder für Infrastrukturmaßnahmen im eigenen Land eingesetzt werden, was die Gesamtwirtschaft stärkte. Auf der anderen Seite mussten die B-Klasse-Länder ihr gigantisches Defizit finanzieren – etwa durch die Aufnahme von Krediten –, was die Gesamtwirtschaft schwächte. Im Fall Griechenland waren dies in diesem Zeitraum mehr als 190 Milliarden Euro.

In der dritten und jüngsten hier dargestellten Periode (Tabelle 4c) ergibt sich grundsätzlich ein vergleichbares Bild wie in der zweiten, teilweise dynamisiert sich dieses noch: So werden die Überschüsse Deutschlands nun von Jahr zu Jahr größer. Die österreichischen Überschüsse verbleiben auf dem relativ hohen Niveau. Die französischen Defizite werden nochmals größer. Die italienische Leistungsbilanz dreht interessanterweise erstmals wieder ins Plus. Die Defizite der anderen drei B-Gruppe-Länder nehmen jetzt ab. In der deutlich kürzeren, hier abgebildeten dritten Periode liegt das Plus der A-Gruppe bei mehr als dem Doppelten dessen, was in der vorausgegangenen Periode verzeichnet wurde – obgleich diese Periode nur fünf Jahre umfasst gegenüber den neun Jahren der zweiten Periode. Die weiter wachsenden deutschen Überschüsse bei relativ abnehmenden Defiziten in der B-Gruppe können folgendermaßen erklärt werden: In dieser jüngsten Periode erzielten Österreich und vor allem Deutschland ihr Plus zunehmend auch außerhalb der Eurozone (so gegenüber den USA und Großbritannien), was durch einen »starken Dollar«, ein »starkes Pfund« und einen relativ »schwachen Euro« begünstigt wurde.

Drei grundlegende Feststellungen sind an dieser Stelle angebracht:
Wenn sich in der ersten aufgeführten Periode (1993-2000) die B-Gruppen-Länder offensichtlich aus der Umklammerung unter anderem durch den deutschen Export-Gulliver lösen konnten, so spielten dabei ohne Zweifel die in Kapitel 3 beschriebenen *Abwertungen* im Jahr 1993 und weitere Abwertungen bis zur Euro-Einführung eine wichtige Rolle. Ab dem Zeitpunkt der Einführung der Einheitswährung bzw. mit dem Beitritt zur Euro-Zone sehen sich die B-Gruppen-Länder zunehmend dem Exportdruck der zwei A-Gruppen-Länder (und anderen Ländern mit Leistungsbilanzüberschüssen) ausgesetzt. Ein Ausweichen durch Abwertungen ist nun nicht mehr möglich.

Wenn sich in der dritten Phase bei einigen B-Gruppen-Ländern die Defizite wieder verringerten, so dürfte dies vor allem Resultat der brutalen Memorandumspolitik sein: Es erfolgt die im vorausgegangenen Kapitel beschriebene »innere Abwertung« durch Lohndumping – u. a. erzwungen durch Massenarbeitslosigkeit und Aufhebung gewerkschaftlicher Rechte und gültiger Tarifverträge. Gleichzeitig sanken die Massenkaufkraft und teilweise auch das Bruttoinlandsprodukt und damit einhergehend die Importe.

Eine dritte Schlussfolgerung lautet: Auch beim Vergleich der Leistungsbilanzen zeigt sich, dass *Griechenland kein Sonderfall* ist. Die Leistungsbilanzdefizite, die Griechenland aufwies, gab es in ähnlicher Höhe und Ausformung zumindest in einigen anderen aufgeführten B-Gruppen-Ländern. Vergleichbar dürfte hier in vielerlei Hinsicht vor allem Portugal sein.

Überdurchschnittliche Rüstungsausgaben: Griechenland und Portugal

In *einem* Aspekt allerdings unterscheidet sich Griechenland von allen anderen aufgeführten Ländern: hinsichtlich der *Rüstungsausgaben*, die Teil der öffentlichen Ausgaben sind. Seltsamerweise blieb dieser Aspekt in den Debatten über Griechenland fast völlig unberücksichtigt – bis zum 25. Januar 2015. Erst ab diesem Zeitpunkt wurde von der griechischen – nunmehr von Syriza angeführten – Regierung gefordert, sie möge doch die Rüstungsausgaben deutlich kappen.

Der Anteil der griechischen Rüstungsausgaben am Bruttoinlandsprodukt hatte 2009 mit 3,3 Prozent einen Höchststand erreicht; in absoluten Zahlen wurden damals 7,7 Milliarden Euro für Rüstungsgüter ausgegeben. 2014 wurden 4 Milliarden Euro ausgegeben, was 2,2 Prozent des Griechenland-BIP entsprach. Es gab also durchaus einen erheblichen Rückgang der Rüstungsausgaben um rund 50 Prozent. Dies schlug sich jedoch nur zu einem Teil in dem Anteil der Militärausgaben am BIP nieder: Da das griechische Bruttoinlandsprodukt seit 2010 und bis einschließlich 2015 rückläufig war, blieb es bei einem relativ hohen BIP-Anteil dieser absolut deutlich sinkenden Militärausgaben. Der durchschnittliche Anteil der Rüstungsausgaben am BIP liegt in der EU bei 1,3 Prozent, also bei gut einem Drittel des griechischen 2009er Niveaus und immer noch bei knapp der Hälfte des griechischen 2014er Levels.[112]

Nochmals eindrucksvoller als die referierten Zahlen zum Rüstungsanteil am BIP und zur absoluten Höhe der militärischen Ausgaben sind die Angaben zum Rüstungsimport. Zwischen 1995 und 2014 kaufte Griechenland im Ausland Rüstungsmaterial im Wert von 15,7 Milliarden US-Dollar (zu Preisen von 1990), was umgerechnet auf Euro und zu aktuellen Preisen rund 28,5 Milliarden Euro entspricht. In diesem Zeitraum war Griechenland der achtgrößte Rüstungsimporteur der Welt. In den Jahren direkt vor der Euro-Einführung und in den ersten zwei Jahren mit der Einheitswährung lautete das innereuropäische Ranking der Waffenimporteure dann: Türkei, Griechenland, Portugal.

Womit sich ein interessanter Vergleich anbietet – derjenige zwischen Griechenland und Portugal hinsichtlich der militärischen Ausgaben und der Rüstungsexporte. In beiden Peripherieländer liegen die Rüstungsausgaben deutlich über dem EU-Durchschnitt; beide hatten zeitweilig sehr hohe Rüstungsimporte. Tabelle 5 bringt Daten zu diesem Vergleich.

---

112. 2014 lag dieser Anteil in Deutschland bei 1,2% und in Österreich bei 0,8%. Andere EU-Länder: Frankreich und Großbritannien jeweils 2,2%, Polen und Portugal jeweils 1,9%, Italien 1,5%, Finnland 1,4%, Dänemark 1,3%, Niederlande 1,2%, Belgien, Tschechische Republik und Slowenien jeweils bei 1,0 und Spanien 0,9%. Nach: *SIPRI Yearbook 2015*.

*Tabelle 5: Verteidigungsausgaben und Rüstungsimporte
von Griechenland und Portugal 1995 bis 2014[113]*

		1995	2000	2005	2009	2010	2011	2012	2013	2014	Summe* bzw. Durchschnitt
						Griechenland					
Verteidigungsausgaben	Mrd €	2,84	4,86	5,65	7,66	6,16	5,13	4,60	4,54	4,01	91,51
	% BIP	3,2	3,6	2,9	3,3	2,7	2,4	2,3	2,5	2,2	Ø 2,8
	% Etat	6,9	7,7	6,6	6,1	5,4	4,7	4,7	5,3	4,7	Ø 5,9
Rüstungsimporte in Mio USD**	Gesamt	874	708	405	1225	648	77	33	52	213	15.783
	aus USA	531	258	102	920	147	15	3	9	75	7.101
	aus BRD	188	124	75	285	409	10	10	12	110	3.688
						Portugal					
Verteidigungsausgaben	Mrd. €	2,01	2,39	3,25	3,56	3,56	3,53	3,22	3,60	3,17	57,57
	% BIP	2,3	1,9	2,1	2,1	2,1	2,1	2,0	2,2	1,9	Ø2,1
	% Etat	5,5	4,5	4,5	4,2	4,0	4,2	4,1	4,5	3,9	Ø4,4
Rüstungsimporte in Mio USD**	gesamt	20	2	157	371	892	168	54	27	4	2.264

*Summen = einschl. der Ausgaben in den nicht aufgeführten Jahren, also für den gesamten Zeitraum 1995–2014 // ** in US-Dollar zu konstanten Preisen (Preise von 1990)*

In Griechenland liegt zwar der Anteil der Rüstungsausgaben am BIP auch 2014 mit 2,2 Prozent relativ hoch und etwas höher als derjenige Portugals mit 1,9 Prozent; es gab jedoch in Griechenland einen deutlich größeren Abbau der Rüstungsausgaben – sowohl absolut als auch als Anteil am Bruttoinlandsprodukt. In Portugal lagen die absoluten Ausgaben 2014 mit 3,17 Milliarden Euro nur um 11 Prozent unter den Höchstständen der Jahre 2009 bis 2011. In Griechenland gab es den erwähnten Abbau der Rüstungsausgaben um 50 Prozent. In Portugal resultieren die günstigeren (niedrigeren) Werte beim Rüstungsanteil am BIP vor allem daher, dass die portugiesische Wirtschaft in den letzten Jahren wieder ein leichtes Wachstum (2014 um 0,9 und 2015 um 1,5 Prozent) erlebte, womit sich automatisch der Anteil der Rüstungsausgaben am BIP reduzierte. Bei Griechenland gibt es mit dem kontinuierlichen BIP-Rückgang den umgekehrten Prozess.

Auffallend bei beiden Ländern sind die großen Importe von Rüstungsgütern im ersten Jahrzehnt des 21. Jahrhunderts. Wobei es sich in beiden Fällen vor allem um Rüstungsgüter aus den USA und aus Deutschland handelte.[114] Für die hohen Rüs-

---

113. Angaben nach: SIPRI Yearbook 2014 und frühere Ausgaben.
114. Bei den portugiesischen Rüstungsimporten des Zeitraums 1995 bis 2014 nahmen Rüstungsgüter aus den USA (im Volumen von 651 Millionen US-Dollar; in konstanten Preisen von 1990) Rang 1 ein,

tungsausgaben Griechenlands können gewisse außenpolitische Argumente angeführt werden (darauf wird weiter unten eingegangen). Zur Begründung der überproportionalen Rüstungsausgaben Portugals hingegen gibt es keine auch noch so weit hergeholten Argumente. Die Bedrohungslage für dieses Land ist gleich Null. Unser Vergleich zeigt erneut: Griechenland ist kein Sonderfall.

Die Verantwortung von Nato und EU für das Wettrüsten von Griechenland und Türkei

Giorgios Chondros stellt in seinem Buch die Frage: »Warum senkt auch die linke Syriza-Regierung die Rüstungsausgaben nicht?«, um wie folgt fortzufahren: »Die Antwort lautet ganz einfach: – Weil uns die Gläubiger das nicht erlauben.–«[115] Das trifft in dieser Direktheit sicher nicht zu. Richtig ist der Hinweis von Chondros und vielen anderen, dass »die Gläubiger« bzw. EU, Eurogroup und NATO eine große Verantwortung dafür tragen, dass die griechischen Rüstungsausgaben derart überhöht sind – und dass beim Aufbrechen der Krise bevorzugt die beschriebene Politik der Kürzungen im sozialen und Bildungsbereich praktiziert wurde anstelle einer wesentlich größeren Kappung der Rüstungsausgaben. Die Verantwortung der EU und insbesondere der Berliner Regierung und der deutschen Wirtschaft für die hohen griechischen Rüstungsausgaben sehen wir auf *drei Ebenen*.

Zunächst gibt es eine reale latente militärische Bedrohung für Griechenland durch die Türkei. Ankara ließ 1974 einige tausend Soldaten auf Zypern landen und einen Teil der Insel besetzen. Zypern war traditionell immer eng mit Griechenland verbunden. Faktisch hat die Türkei die nördliche Inselhälfte mit dem überwiegend türkisch-sprachigen Bevölkerungsteil annektiert. Ankara verstößt damit seit 42 Jahren systematisch gegen das Völkerrecht und gegen eine Vielzahl von Beschlüssen der Vereinten Nationen, des Europarats und der EU. Doch viele derjenigen, die diese Beschlüsse mit verfassten, behandeln die Türkei als engen Bündnispartner und gewähren dem Land wirtschaftliche Vorteile. Vor allem rüsten sie die Türkei systematisch auf.

Womit wir bei Punkt 2 wären: Seit Jahrzehnten liefern die USA, Deutschland und Frankreich an die Türkei in großem Umfang Waffen und militärisches Gerät. Als doppelte Faustregel gilt: Zum einen erhält die Türkei in der Regel im Wert das Doppelte dessen, was Griechenland an Waffen erhält. Unter dem gelieferten Gerät befinden sich auch Landepanzer und Amphibienfahrzeuge, die

---

gefolgt von solchen aus Deutschland (in Höhe von 550 Millionen US-Dollar).
115. G. Chondros, a. a. O., S. 123.

sich speziell für einen türkischen Angriff auf griechische Inseln eignen. Zum anderen wird sehr oft an eines der Länder eine spezifische moderne Waffe bzw. spezifisches Militärgerät geliefert, worauf dann das andere Land dasselbe (oder vergleichbares) militärische Material ordert (und meist auch erhält). Auf diese Weise wurden Griechenland und die Türkei unter anderem mit Leo-II-Panzern, mit modernen U-Booten, Kampfhubschraubern und mit Panzerhaubitzen ausgestattet. Das wechselseitige Wettrüsten hat durchaus Potenzial, in militärische Auseinandersetzungen umzuschlagen, wie dies 1996 mit der sogenannten Imia-Krise demonstriert wurde. Auch eine Regierung Tsipras bietet keine Gewähr dafür, dass gefährliche Muskelspielchen unterbleiben.[116]

Im Januar 2010, als die Krise in Griechenland längst offen ausgebrochen war, weilte der deutsche Außenminister Guido Westerwelle in Athen. Auf die Frage des Interviewers der griechischen Tageszeitung *Kathimerini* »Die U-Boote sowie das Thema Eurofighter haben die deutsch-griechischen Beziehungen belastet. Was ist da Neues zu erwarten?« antwortete Westerwelle wie folgt: »Wir drängen die griechische Seite nicht zum Kauf. Wenn die griechische Regierung aber [...] eine Entscheidung zum Kauf von Kampfflugzeugen trifft, wollen die Eurofighter-Länder, die hier durch Deutschland vertreten werden, bei dieser Entscheidung berücksichtigt werden.«[117] Interessant ist bei diesem Zitat die unterstellte Steigerungsform: Es gibt »EU-Länder«, »Eurozonen-Länder« und schließlich »Eurofighter-Länder«. Letzteres meint Deutschland, Großbritannien, Italien und Spanien – die Länder mit Standorten für die Eurofighter-Produktion und mit Anteilen an dem spezifischen Unternehmen, das zum Bau dieses Kampfflugzeugs geschaffen wurde.[118]

---

116. Mit Imia werden in Griechenland zwei kleine unbewohnte Inseln in der östlichen Ägäis, sieben Kilometer vor der griechischen Küste bezeichnet (im Türkischen: Kardak). Die Inseln gehören zu Griechenland, die Türkei erhebt ihrerseits Anspruch auf die Gestade. 1996 spitzte sich der Konflikt zu. Mehr als ein Dutzend griechische und türkische Kriegsschiffe standen sich gegenüber; Kampfflugzeuge donnerten über die Eilande. Der Konflikt wurde unter anderem durch Intervention des US-Präsidenten Bill Clinton zunächst entschärft. Hinter der Auseinandersetzung verbergen sich wirtschaftliche Interessen, da im Bereich dieser – und anderer – Ägäis-Inseln Gas- und Ölvorkommen vermutet werden. Am 30. Januar 2015 überflog eine griechische Militärmaschine die Inselgruppe; Trauerkränzen für drei griechische Soldaten, die 1996 bei einem Hubschrauberabsturz den Tod gefunden hatten, wurden abgeworfen. An Bord der Maschine befand sich der damals neue griechische Verteidigungsminister Panos Kammenos, zugleich Führer des Syriza-Koalitionspartners Anel. Die Türkei wertete die Aktion als offene Provokation. Nach: Michael Thumann, »Kriegsgeheul in der Ägäis«, in: *Die Zeit* vom 7. Juni 1996 und *Frankfurter Allgemeine Zeitung* vom 2. Februar 20015.
117. Zitat hier nach einer Veröffentlichung des *Auswärtigen Amtes* vom 31. Januar 2010. An anderer Stelle wurde Westerwelle noch deutlicher: »Ich ermuntere Griechenland, sich bei der Anschaffung neuer Kampfflugzeuge für den Eurofighter zu entscheiden.« (Nach: *Deutsche Welle* vom 2. Februar 2010).
118. Die genannten Länder sind an der Eurofighter Jagdflugzeug GmbH beteiligt. Frankreich ist kein »Eurofighter-Land« und hat das Konkurrenzmodell Rafale (Hersteller Daussalt) entwickelt. Grie-

Die dritte Ebene, auf der es eine westliche und eine spezifisch deutsche Verantwortung für die enormen Rüstungsausgaben Griechenlands gibt, betrifft das Thema Korruption. Auf keinem anderen Gebiet lässt sich deutlicher darstellen, wie verlogen und scheinheilig der immer wiederkehrende Vorwurf insbesondere seitens deutscher Politiker und deutscher Medien ist, wonach in Griechenland die Korruption »weit verbreitet« sei und bekämpft werden müsse. Die letzte Frage in dem bereits zitierten *Kathimerini*-Interview mit Westerwelle lautete: »In der Zeitschrift *Focus* steht, dass Sie bei Ihrem Besuch in Athen den Fall des Ex-Siemens-Managers Volker Jung ›zum Thema machen werden, um ihm zu helfen‹. Dem früheren Mitglied des Zentralvorstands von Siemens wird seit Monaten die Ausreise [aus Griechenland; d.Verf.] verweigert. Warum aber sollte Ihnen Athen dabei helfen, während doch die deutsche Justiz die Auslieferung von Herrn Christoforakos verweigert?« Antwort Westerwelle: »In Griechenland wie in Deutschland ist die Justiz unabhängig und nur dem Gesetz verpflichtet. Die Querverbindung, die Sie zwischen diesem Fall und dem Auslieferungsersuchen im Fall Christoforakos machen, kann ich daher leider nicht nachvollziehen.«[119]

Flächendeckende Korruption in Griechenland – organisiert von Siemens

Griechenland ist in noch einer anderen Hinsicht einmalig. Es dürfte kein anderes Land in jüngerer Zeit geben, für das derart gut dokumentiert wurde, wie große Konzerne mittels flächendeckender und Jahrzehnte lang betriebener Korrumpierung sich Großaufträge erkaufen, das Land in zusätzliche Ver-

---

chenland orderte bereits 2001 60 Eurofighter-Kampfflugzeuge mit einer Option auf weitere 30 Maschinen. Die Vereinbarung gilt als Hängepartie; zunächst waren es die überbordenden Kosten der Olympiade, dann die Schuldenkrise, die einem Vertragsvollzug im Wege standen. Es geht um einen potenziellen Auftragswert von gut 10 Milliarden Euro.

119. Zitat wie oben. Zu Christoforakos siehe weiter unten. Volker Jung war bis 2003 Siemens-Vorstand und stellvertretender BDI-Vorsitzender. Er ist in den Siemens-Schmiergeld-Skandal verwickelt und einer der Angeklagten in einem aktuellen, auch 2016 geführten Prozess vor einem Athener Gericht. 2009/10 wurde er wegen Fluchtgefahr knapp eineinhalb Jahre lang daran gehindert, die Insel Paros zu verlassen, wo er in seinem Ferienhaus lebte. Er flüchtete im November 2011 in die Bundesrepublik und wird inzwischen mit internationalem Haftbefehl gesucht. U. a. nach *Süddeutsche Zeitung* vom 17. November 2011. Eine ganz neue Sicht auf die Themen Siemens und Korruption könnte sich ergeben, wenn bedacht wird, was der *Spiegel* schrieb: »Der langjährige Betreuer der Sparte im Zentralvorstand, Volker Jung, war nach *Spiegel*-Informationen bis zu seiner Pensionierung Ende 2003 Verbindungsmann des BND bei Siemens.« Nach diesem Bericht gab es mehr als zwei Jahrzehnte lang eine enge Kooperation zwischen Siemens und dem deutschen Geheimdienst BND, wobei der Mann, der in die flächendeckende Bestechungspolitik von Siemens in Griechenland verwickelt war, zugleich der BND-Kontaktmann war. *Der Spiegel* vom 12. April 2008.

schuldung treiben und horrende Extragewinne einstreichen. Selbst die *Bild-Zeitung* sah sich am 23. März 2015 bemüßigt, auf Seite 2 mit der Schlagzeile aufzuwarten: »BILD enthüllt Bestechungsvorwürfe: Haben deutsche Firmen mehr als 100 Millionen Euro Schmiergeld an griechische Politiker gezahlt?«[120] Die Frage ist berechtigt. Und die Zahl kann durchaus verdoppelt werden – im Zeitraum 1990 bis 2010 sind nach den bisher dokumentierten Fällen allein von deutschen Unternehmen Schmiergelder in Höhe von rund 200 Millionen Euro an Griechen und wohl auch einige Griechinnen gezahlt worden. Am besten dokumentiert erscheint der Fall Siemens, unter anderem deshalb, weil Reinhard Siekaczek, ein ehemaliger Siemens-Top-Manager und zeitweiliger Leiter der schwarzen Kasse des Konzerns, bereits Ende 2006 gegenüber der Münchner Staatsanwaltschaft und später in einem Prozess als Angeklagter ein umfassendes Geständnis abgelegte und dabei die Siemens-Korruption-Strukturen aufgedeckt hatte. Was in der Folge zu zahlreichen weiteren juristischen Auseinandersetzungen vor deutschen und griechischen Gerichten führte und im Siemens-Konzern zu einem Großreinemachen auf der gesamten Führungsebene. Als eine Zwischenbilanz – die juristische Aufarbeitung ist keineswegs beendet; sie wird im Jahr 2016 vor allem vor Athener Gerichten fortgesetzt – lässt sich festhalten:

Es gab bei Siemens rund zwei Jahrzehnte lang dezentrale schwarze Kassen, in die regelmäßig hohe Summen eingezahlt wurden, die dann in Form von Schmiergeldern »zur Pflege der politischen Landschaft in Griechenland« vor Ort »investiert« wurden.[121] Der Zentralvorstand von Siemens war grundsätzlich informiert, die Bereichsvorstände, im Fall Griechenland oft der Bereichsvorstand der Siemens-Telefonsparte ICN, waren auch im Detail über die geübte Praxis informiert.[122] Über einen langen Zeitraum hinweg gab es im Sie-

---

120. *Bild* (Bundesausgabe) vom 23. März 2015. Das Springer-Blatt berichtete in dem Beitrag ausschließlich über Schmiergelder, die die Rüstungskonzerne »Rheinmetall, STN und Atlas« für Rüstungsaufträge (NH-90-Kampfhubschrauber, Leo-II-Panzer und U-Boote) gezahlt haben (wobei »STN« identisch mit Atlas ist). Die Firmennamen Siemens, Krauss-Maffei Wegmann und MAN Ferrostaal werden in dem Beitrag erstaunlicherweise nicht aufgeführt.
121. Zitate von Reinhard Siekaczek nach: M. Balser und K. Ott, »Parteien in Griechenland wurden bezahlt«, in: *Süddeutsche Zeitung* vom 27. Mai 2008, und Interview mit R. Siekaczek in: *Süddeutsche Zeitung* vom 17. Mai 2010. Zitate im Folgenden von Siekaczek, wenn nicht anders angegeben, nach diesen beiden Quellen.
122. »Neun ehemalige Siemens-Vorstände hatten Ende 2009 einen Vergleich mit ihrem alten Unternehmen geschlossen. Mit dabei: der langjährige Vorstandsvorsitzende und Aufsichtsratsvorsitzende Heinrich von Pierer, der fünf Millionen Euro [an Siemens] überwies. Und auch Uriel Sharef, er überwies vier Millionen.« Nach: Christoph Giesen, »Auf Flugsand gebaute Anklage«, in: *Süddeutsche Zeitung* vom 31. Mai 2014.

mens-Vorstand auch eine zentrale schwarze Kasse, als das dezentrale Schmiergeldwesen unübersichtlich zu werden begann. Dabei war es in Deutschland bis 1999 erlaubt, mit dem Einsatz von Schmiergeld, das offiziell in der Regel als »N.A.«, als »Nützliche Ausgaben«, deklariert wurde, die geschäftliche Tätigkeit deutscher Unternehmen im Ausland zu fördern. Diese »N.A.-Ausgaben« waren für diejenigen, die die Bestechungsgelder bezahlten, auch insofern nützlich, als sie steuerlich absetzbar waren. Auf diese Weise wurden der Fiskus und damit die steuerzahlende Bevölkerung gezwungen, das umfassende Schmiergeldwesen der deutschen Top-Konzerne (und sicherlich auch der Großbanken) mitzufinanzieren.

In Athen gab es eine Relaisstation zur Verteilung der Schmiergeldsummen, die Landesgesellschaft des Technologiekonzerns Siemens-Hellas. Deren langjähriger Chef war Michalis Christoforakos. Das Schmiergeld war laut Siekaczek überwiegend »für die beiden großen Parteien des Landes« bestimmt, also Nea Dimokratia und Pasok. Laut einem Schriftsatz, den der Siemens-Konzern selbst vor dem Münchner Landesgericht vorlegte, war es »das Ziel, zu erreichen, dass im Rahmen einer Wahl in Griechenland Politiker gewählt werden, die sich für die Interessen des Siemens-Konzerns einsetzen würden«.[123] Die Schmiergeld-Tätigkeit von Siemens, aber auch von anderen deutschen und weiteren EU-Konzernen gestaltete sich derart umfassend, dass laut Ergebnis eines griechischen Untersuchungsausschusses zur Situation Ende der 1990er Jahre »die halbe griechische Regierung der damaligen Jahre bestochen worden war.«[124]

Mit den Schmiergeldzahlungen sollten Großaufträge akquiriert werden. Siekaczek führte beispielsweise aus, der Konzern habe den Auftrag für das Sicherheitssystem für die Olympischen Spiele in Athen dadurch erhalten, »dass Mitarbeiter mehrerer Ministerien bestochen wurden«. An anderer Stelle heißt es, auf diese Weise seien Aufträge für die Athener U-Bahn, für einzelne Olympia-Bauten, für den Kauf von Bussen im Athener öffentlichen Verkehr, für U-Boote, für den Einstieg von Siemens bei der griechischen Telefongesellschaft OTE (was später in der Übernahme von OTE mündete) und so weiter und so fort an Land gezogen worden.[125] Das Schmiergeldsystem war derart umfassend und flächendeckend, dass Siekaczek später sagen sollte, er könne sich an die Namen all der

---

123. Zitiert nach: *Manager Magazin* vom 27. Mai 2009.
124. Boris Kálnoky, »Die Deutschen saugen unser Blut aus«, in: *Die Welt* vom 21. Juni 2011.
125. Zu den Schmiergeldzahlungen im Zusammenhang mit der Athener U-Bahn siehe *Süddeutsche Zeitung* vom 28. Mai 2010; zum Auftrag für Busse nach *Süddeutsche Zeitung* vom 27. Februar 2012 und *Stuttgarter Zeitung* vom 26. Februar 2013; zu OTE nach: *Financial Times Deutschland* vom 11. Mai 2011.

Abnehmer der Bestechungsgelder nicht erinnern – es seien »zu viele« und »zu viele mit schwierig zu merkenden Namen« gewesen.[126]

Großaufträge für die Rüstung und Feinaufteilung der Bestechungsgelder

Schmiergeld in Strömen floss insbesondere im Zusammenhang mit den in Tabelle 4 dokumentierten Rüstungsaufträgen. Hier spielte Siemens erneut eine wichtige Rolle, da der Konzern in den Jahren 2000 bis 2010 mit 49 Prozent am Panzerbauer Krauss-Maffei Wegmann beteiligt war und die Antriebssysteme für die an Griechenland gelieferten Brennstoffzellen-U-Boote geliefert hatte.[127] Im Rüstungsgeschäft gab es eine höchst spezielle Koordination für die Korruption. Ein Recherche-Team von *Süddeutscher Zeitung*, *NDR* und *WDR* zeigte, wie »bei diesem System […] alles bis ins Detail organisiert (war) – bei der Verteilung des [Schmier-] Geldes bis auf die zweite Stelle hinter dem Komma.« Der zentrale Mittelsmann, der in Athen die Verteilung organisierte, war Papagiotis Efstathiou, ein ehemaliger Marine-Offizier, der zwischen dem griechischen Verteidigungsministerium und den deutschen (und anderen europäischen) Rüstungskonzernen die konkreten Aufträge und die präzisen Schmiergeldsummen aushandelte. An ihn flossen im Zeitraum 2001 bis 2011 mehr als 42 Millionen Euro. Um genau zu sein waren es laut Akten der Bremer Staatsanwaltschaft 42.172.062,35 Euro. Die jeweiligen Summen für die einzelnen bestochenen Personen wurden nach einem exakten Schlüssel verteilt; Antonios Kantas, Rüstungsdirektor im griechischen Verteidigungsministerium und geständig, geschmiert worden zu sein, erhielt bei-

---

126. Im Juni 2008 hat Siekaczek im Garten eines Münchner Bierlokals einem der beiden Autoren des Buches die Zahlung der Schmiergelder bestätigt. Die Geldtransfers waren oft ausgesprochen abenteuerlich. Er selbst habe einmal in Zürich eine Reisetasche voll mit Geldscheinen dem Siemens-Hellas-Chef Christoforakos übergeben. Über sich selbst erzählte er, dass damals bei Siemens in Bezug auf Sicherheitsmaßnahmen das Prinzip »protect your ass« vorherrschte – jeder für sich selbst. Deswegen hatte er bei einem Verwandten zwei volle Koffer mit belastendem Material versteckt: »Das war meine Lebensversicherung« sagte er. Quelle: Aus dem Gedächtnisprotokoll von Nikos Chilas, Juni 2008.

127. Der eigentliche Schiffsbau erfolgt auf der Werft HDW, einer Tochter des Stahl- und Maschinenbaukonzerns ThyssenKrupp. Das Handelshaus Ferrostaal – damals eine MAN-Tochter – war zuständig für den Verkauf der U-Boote (und in der Regel für alle Schmiergeldzahlungen im Zusammenhang mit den U-Boot-Verkäufen nach Griechenland, aber auch nach Portugal). Gemeinsam bildeten Ferrostaal und HDW (ThyssenKrupp) ein Konsortium, das unter dem Namen German Submarine Consortium (GSC) auftrat. Inzwischen übernahm die britische Firma *Marine Force International LLC* die Aufgaben von Ferrostaal, wobei an diesem Handelsunternehmen erneut MAN und HDW beteiligt sind. Der Verbund firmiert weiterhin als GSC f. MAN ist inzwischen Tochter des VW-Konzerns.

spielsweise »jeweils 5,51 Prozent je Auftrag«. Die Stückelung reichte bis auf 0,5 Prozent herunter – was demonstriert, wie flächendeckend das Schmiergeld-System gewesen sein muss (und möglicherweise in modifizierter Form noch ist).[128]

Die deutsche Justiz hat dankenswerter Weise einige Fälle aufgearbeitet und damit einiges Licht ins Dunkle gebracht. Allerdings fällte sie oft ausgesprochen milde Urteile. Meist gab es Deals; viele Top-Leute konnten sich freikaufen. Vor allem weigern sich die in Deutschland zuständigen Stellen bislang, maßgebliche Verantwortliche des Schmiergeldsystems, gegen die ein von griechischen Gerichten beantragter und rechtlich gültiger internationaler Haftbefehl vorliegt, an Griechenland auszuliefern – so im Fall Michael Christoforakos, dem ehemaligen Leiter von Siemens Griechenland, der Hauptbeschuldigter in einem aktuellen Prozess in Athen ist, in dem auch der Ex-Siemens-Chef Heinrich von Pierer und Ex-Siemens-Vorstand Volker Jung angeklagt sind, die jedoch alle nicht bereit sind, vor Gericht zu erscheinen.[129]

Der Siemens-Konzern arbeitete in allen für das Unternehmen relevanten Ländern auf der beschriebenen Basis massiver Korrumpierung. Insgesamt flossen in einem Zeitraum von zwei Jahrzehnten rund 1,3 Milliarden Euro »über Tarnfirmen in dunkle Kanäle«. Schmiergelder sollen, so der ehemalige Siemens-Bereichsvorstand Michael Kutschenreuter in einem anderen Verfahren vor Gericht, »bei den meisten der damals zehn Unternehmensbereiche gezahlt worden sein, um an Aufträge im Ausland zu kommen.«[130]

Vergleichbare Bestechungsaktivitäten sind im Fall Griechenland für die Rüstungsunternehmen Atlas, EADS, Daimler, MAN-Ferrostaal, Krauss-Maffei Wegmann, ThyssenKrupp, HDW und Rheinmetall dokumentiert. In einem Artikel aus dem Jahr 2012 heißt es: »Namhafte Unternehmen wie Siemens, Daimler, MAN und Ferrostaal haben nach Erkenntnis der Staatsanwaltschaft über Jahre, wenn nicht sogar über Jahrzehnte hinweg, in Griechenland kräftig bestochen. Und auf diese Weise jenes System gefördert, das den Staat in den Abgrund zu reißen droht. Politiker wurden ebenso geschmiert wie Beamte, Direktoren und Staatsfirmen, Gewerkschafter und Betriebsräte.«[131]

---

128. Klaus Ott und Tasos Telloglou, »Prozente, Prozente, Prozente«, in: *Süddeutsche Zeitung* vom 13. Januar 2015.
129. Aufschlussreich ist auch die Personalie Heinz-Joachim Neubürger. Er war 1998 bis 2006 Siemens-Finanzvorstand und wurde 2013 vom Landgericht München zivilrechtlich zur Zahlung von 15 Millionen Euro Schadenersatz verurteilt (später auf 2,5 Millionen reduziert). Er war Angeklagter im seit 2015 in Athen geführten großen Siemens-Schmiergeldprozess. Er nahm sich am 5. Februar 2015 das Leben.
130. Nach: »Geständnisse ehemaliger Siemens-Manager«, in: *Süddeutsche Zeitung* vom 13. April 2010.
131. Tasos Telloglou und Klaus Ott, »Ein Deal für Athen«, in: *Süddeutsche Zeitung* vom 27. Februar 2012.

SPD-Abgeordnete als Türöffner im Pasok-Verteidigungsministerium

Dies ist wahrlich zutreffend formuliert: Es handelt sich um ein System, das »*den Staat in den Abgrund zu reißen droht*« – und das die griechische Gesellschaft bereits in einen Abgrund gerissen hat. Damit wird aber auch unterstrichen, dass es insbesondere auch auf diesem Gebiet eine erhebliche deutsche Verantwortung für die griechische Krise gibt. Selbst wenn es »nur« das zitierte halbe Dutzend Konzerne gewesen sein sollte, das in zwei Jahrzehnten 200 Millionen Euro, also Jahr um Jahr 10 Millionen Euro für den Kauf von Entscheidungsträgern und für das Erkaufen griechischer Großaufträge ausgab, so ist klar, dass damit die politische Klasse eines doch eher kleinen Landes fast komplett korrumpiert und eben das Land ruiniert werden konnte. Dass bei diesem Prozess nicht allein deutsche Konzerne (und sicher auch Banken) aktiv waren, ist offensichtlich. Der Ex-Siemens-Vorstand Volker Jung sagte es offen: »Es wird so getan, als ob nur die deutschen Firmen [in Griechenland] schmieren. Wer das glaubt, ist naiv. [...] Was machen denn die Franzosen, die Engländer und die anderen?«[132] Dass auch die *Politik* involviert war, zeigen die Fälle Dagmar Luuk und Heinz Alfred Steiner. Beide waren in den 1980er- und 1990er Jahren Mitglieder des Deutschen Bundestags; Dagmar Luuk als Vorsitzende der deutsch-griechischen Parlamentariergruppe, der ehemalige Berufsoffizier Steiner fungierte in seiner MdB-Zeit zeitweilig als Vizechef des Verteidigungsausschusses; er ist heute noch Ehrenpräsident des Verbandes der Reservisten der Bundeswehr. Erst im Mai 2014 wurde im Rahmen einer Revision beim Panzerhersteller Krauss-Maffei Wegmann (KMW) publik, dass die beiden über eine gemeinsame Beraterfirma lukrative Aufträge mit KMW abgeschlossen und allein im Zeitraum 2000 bis 2005 fünf Millionen Euro »Beratungshonorare« kassiert haben. Da die SPD-Politikerin und der SPD-Politiker enge Verbindungen zur Schwesterpartei Pasok unterhielten und da in dieser Zeit Rüstungsgeschäfte in Höhe von 2 Milliarden Euro zwischen Griechenland und dem Panzerhersteller KMW abgewickelt wurden, »erweckt dies«, so Klaus Ott in der *Süddeutschen Zeitung*, »den Verdacht, mit diesen Mitteln in Millionenhöhe sei Einfluss auf die Auftragsvergabe in Athen genommen worden.«[133]

Nicht völlig von der Hand zu weisen ist der Verdacht, dass die Aufträge für die großen Rüstungs- und Großprojekte in einem Zusammenhang mit dem Ein-

---

132. Interview während des Zwangsaufenthalts von Volker Jung auf Paros in: *Süddeutsche Zeitung* vom 27. September 2010.
133. Klaus Ott, »SPD-Politiker kassierten bei Panzer-Deal«, in: *Süddeutsche Zeitung* vom 19. Mai 2014.

tritt Griechenlands in die Eurozone standen. Alexandros Avatangelos, der beim U-Boot-Deal eine zentrale Rolle spielte, sagte: »Waffenkäufe sind immer politische Entscheidungen.« Griechenland habe die U-Boote gekauft, »damit wir in den Euro kommen. Zu 80 Prozent ging es immer um dieses Ziel.«[134]

***

Portugal wurde ebenfalls mit der Lieferung von zwei deutschen Brennstoffzellen-U-Booten beglückt. Der Deal wurde 2004 abgeschlossen, die Zahlung 2010 fällig. Das für das kleine Land mit 880 Millionen Euro unvorstellbar teure Waffengeschäft war mitverantwortlich für den Zusammenbruch der Staatsfinanzen, der 2010/2011 erfolgte, in dessen Gefolge auch Portugal »Hilfe« der EU – genauer: der Eurogroup und des Eurozonen-Rettungsschirms ESM – annehmen und sich dem Diktat der Troika unterstellen musste.

Portugiesische Behörden ermittelten, dass es im Zusammenhang mit dem U-Boot-Geschäft eine stattliche Ferrostaal-Schmiergeldzahlung in Höhe von 30 Millionen Euro an eine portugiesische Beraterfirma – eine Tochter der inzwischen Pleite gegangenen Banco Espírito Santo – gab, Geld, das bis zu einem Fonds auf den Bahamas verfolgt werden konnte. Nun gibt es einen ehemaligen Honorarkonsul Portugals, der behauptet, am Zustandekommen des U-Boot-Deals maßgeblich beteiligt, jedoch mit 1,7 Millionen Euro, die er seinerseits von Ferrostaal unbestreitbar erhielt, deutlich zu gering entlohnt worden zu sein. Dieser Ex-Honorarkonsul versuchte, vor Gerichten ein höheres Honorar einzuklagen. Er beschrieb dabei dankenswerter Weise den harten Job des Bestochenen und die damit als Gegenleistung zu erbringende Lobbyarbeit. So listete er im Detail auf, was er alles unternommen habe, damit am Ende der Deal tatsächlich erfolgreich abgeschlossen werden konnte: Er habe Ferrostaal informiert, an welchem Tag das Thema U-Boot-Kauf auf der Tagesordnung der portugiesischen Regierung stand. Er habe über die schändlichen Absichten der französischen Konkurrenz informiert, die ihrerseits eigene U-Boote liefern wollte und dann auf Basis seiner Hintergrundinformation aus dem Rennen geschlagen werden konnte. Er habe Termine von Ferrostaal-Managern mit dem portugiesischen Verteidigungsminister und mit dem persönlichen Berater des Premiers organisiert. Und er habe zustande gebracht, dass sich am 2. Juli 2002 ein Top-Manager von Ferrostaal, er selbst in seiner damaligen Funktion als Honorarkonsul und der portugiesische Premier höchst selbst in München zu

---

134. Christiane Schlözer und Tasos Telloglou, »Der Schattenmann«, in: *Süddeutsche Zeitung* vom 22. Juli 2014.

einem Mittagessen trafen, um über den U-Boot-Deal zu plaudern. All das wurde von dem braven Mann in einer Klageschrift säuberlich dokumentiert.

Hier fehlt noch ein wichtiges Detail – der Name des portugiesischen Premiers. Es handelte sich um José Manuel Barroso. Er war im Zeitraum April 2002 und Juli 2004 Regierungschef Portugals. Während seiner Amtszeit wurde der U-Boot-Kauf ausgehandelt und auch positiv entschieden. Danach war Barroso zwischen 2004 und 2014 Präsident der EU-Kommission. In dieser Funktion agierte er als harter Verfechter der Troika-Diktate. Insbesondere forderte er immer wieder die griechischen Regierungen dazu auf, die »Sparanstrengungen zu verstärken«. Bei einem Athen-Besuch im Juli 2012 agierte er mit einer Mischung aus Zuckerbrot und Peitsche, Schmeichelei und Erpressung. »Griechenland gehört zur europäischen Familie und wir wollen, dass das so bleibt«, so der Kommissionspräsident. Der Verbleib in der Eurozone sei »der einzige Weg, den Schwächeren zu helfen.« Die griechische Regierung – damals angeführt von Antonis Samaras – müsse das anstehende neue »Sparpaket und Strukturreformen« umsetzen. Das Land werde »der europäischen Währungsunion nur weiter angehören können, wenn es seinen Gläubigern ›Ergebnisse, Ergebnisse, Ergebnisse‹ liefert.«[135]

Im Januar 2015 teilten die portugiesischen Behörden mit, ihre Ermittlungen im Fall Ferrostaal und Schmiergeldzahlungen einstellen zu müssen. Als Begründung führten sie an: Die zuständigen Stellen auf den Bahamas verweigerten jegliche Kooperation (die Bahamas sind zwar formal unabhängig, gehören aber über ihr Staatsoberhaupt Elisabeth II. indirekt zum EU-Mitgliedsland Großbritannien), sodass der letztliche Empfänger des 30-Millionen-Euro-Betrags nicht zu identifizieren sei. Und: »Die deutschen Behörden haben uns nie die angefragten Dokumente übermittelt, die für die Rekonstruktion der Zahlungsströme möglicher Bestechungsgelder nötig gewesen wären.«[136]

---

135. Nach: www.zeit.de – AFP und dpa vom 27. Juli 2012.
136. Informationen zum U-Boot-Deal mit Portugal nach: *Der Spiegel* vom 16. Januar 2015 *Deutsche Wirtschaftsnachrichten* vom 28. April 2014 und *Süddeutsche Zeitung* vom 4. Juni 2011.

Kapitel 6
Deutsche Politik und Griechenland

Oder: Die Schatten der Vergangenheit – der Euro als Besatzungsmacht

*Das Pergamon-Museum wurde 1875 von Kaiser Wilhelm I. [...] vor dem Hintergrund geplanter Weltmachtpolitik in Auftrag gegeben, da – so der offizielle Katalog dieses Museums – Deutschland »eine neue kulturelle Legitimation auf allen Gebieten brauche. [...] In einem Schreiben [...] hat der damalige Kultusminister formuliert: ›Von besonderer Bedeutung ist es, dass die Sammlung der Museen, welche bisher arm an griechischen Originalwerken waren, [...] nunmehr in den Besitz eines Werkes griechischer Kunst von einer Ausdehnung gelangen, welcher etwa nur die großen Reiche der attischen [...] Skulpturen des britischen Museums [...] nahe kommen.‹« Dementsprechend wurden korrupten Potentaten für ein paar Mark antike Kunstschätze abgehandelt, die dann in das Deutsche Reich verschifft wurden. [...] Für dieses Verhältnis von »Kunstsinn« und Krieg steht auch der bemerkenswerte Umstand, dass Hitler direkt nach der militärischen Besetzung von Griechenland 1941 persönlich weitere deutsche archäologische Ausgrabungen der klassischen Stätten von Olympia anordnete und zum Teil selbst – aus den Tantiemen von »Mein Kampf« – bezahlte. Oberaufseher der Grabungen wurde ein eigens abkommandierter Sturmbannführer der SS, die zur selben Zeit Kriegsverbrechen an Griechinnen und Griechen verübte. [...]
In den letzten Jahren hat sich die »neue Berliner Republik« in Richtung Großmacht aufgemacht. Militäreinsätze in aller Welt korrespondieren mit der aufwendigen Renovierung der Museumsinsel. Während die Restaurierung zur mehr als eine Milliarde Euro kostenden nationalen Aufgabe erklärt wird, gibt es für die Entschädigung griechischer Überlebender keinen Cent.*

> Auszug aus einem Flugblatt mit der Überschrift »Kunstsinn genießen – Massaker vergessen«, das am 9. Juni 2002 im Pergamon-Museum in Berlin verteilt wurde. An diesem Tag besetzte ein Gruppe Demonstrierender den Pergamon-Altar und forderte auf Transparenten in griechischer und deutscher Sprache die sofortige Entschädigung der Opfer deutscher Kriegsverbrechen in Griechenland. Die Aktion fand am Vorabend des 58. Jahrestages eines NS-Massakers statt: Am 10. Juni 1944 zerstörten Angehörige der 4. SS-Polizei-Panzergrenadier-Division das griechische Dorf Distomo und ermordeten 218 Bewohnerinnen und Bewohner jeglichen Alters.[137]

---

137. Siehe: www.ravensbrueckerblaetter.de/alt/archiv/112/10a_112.html

Es handle sich bei Griechenland um »ein Land der Nichtstuer und Korrupteure«; jetzt müsse endlich »Schluss sein mit der Schummelei«; »diese Griechen« seien »pleite, aber Milliarden-Bettler«. Man dürfe jetzt »keineswegs die Faulheit der Griechen unterstützen«; schließlich sei »Griechenland im Grunde ein orientalisches Land«; in Hellas herrschten »orientalische Lebensgesetze«. Jeder, der diese Zitate heute liest, glaubt zu wissen, wo sie so und ähnlich zu finden waren. Er ahnt allerdings kaum, dass es sich bei diesen sechs Zitaten abwechselnd um Zitate der NS-Besatzer in Griechenland im Zweiten Weltkrieg und um solche aus dem deutschen Boulevard-Blätterwald der letzten Jahre handelt.[138] Vergleichbares gilt auch für die Feststellung »Die Bevölkerung boykottiert selbst Versuche, die Steuern ordentlich einzutreiben«. Weswegen schließlich die »nach Athen entsandte Finanzkommission« nach »eingehender Prüfung der Lage [...] ein umfassendes Programm zur Reform der Steuer- und Finanzverwaltung« aufstellte, bei dem ein »Steuerfahndungsdienst nach deutschem Vorbild Abhilfe schaffen« soll.[139] Hier wurde ein *Bild*-Zitat mit einem NS-Zitat verbunden. Eine Finanzverwaltung »nach deutschem Vorbild« fordert die deutsche Bundesregierung von Griechenland seit Jahren; dazu werden sogenannte Experten nach Athen entsandt. Dass just dies vom NS-Regime 1943 propagiert wurde, ist dann doch verwirrend und fatal.

Umpolung des »griechischen Volkscharakters« 1941–43 und ab 2010

Es gibt noch eine interessante Parallele. Das NS-Regime hatte nach der Niederwerfung der griechischen Armee 1941 und mit Beginn der Besetzung des Lan-

---

138. Zitate wie folgt: Das erste (»Korrupteure«) von NS-General Karl von LeSuire (wiedergeben bei: Hagen Fleischer, *Im Kreuzschatten der Mächte*, Griechenland 1941 bis 1944, Frankfurt/M. 1986, S. 455). Das zweite (»Schummelei«) nach: *Bild* vom 22. Mai 2010. Das dritte (»Milliarden-Bettler«) nach *Berliner Kurier* (vom 4. Mai 2010). Das vierte (»Faulheit der Griechen«) fand der bereits zitierte Hagen Fleischer in einem NS-«Kampfbericht«, verfasst von Günther Müller / Fritz Scheuering, *Sprung über Kreta*, Oldenburg 1944, S. 26 (zit. bei H. Fleischer, *Die »Viehmenschen« und das »Sauvolk« – Feindbilder einer dreifachen Okkupation*, Der Fall Griechenland. In: Wolfgang Benz et al. (Hg.), *Kultur – Propaganda – Öffentlichkeit*. Intentionen deutscher Besatzungspolitik und Reaktionen auf die Okkupation. Berlin 1998, S. 135–169. Das vorletzte Zitat (»orientalisches Land«), das wir bereits zu Beginn von Kapitel 3 angeführt hatten, stammt von Valéry Giscard d'Estaing (*Spiegel* 37/2012), wohingegen das letzte (»orientalische Lebensgesetze«) aus dem bereits oben zitierten NS-»Kampfbericht« entnommen ist.
139. Erstes Zitat nach: *Bild* vom 20. August 2012; letztes Zitat (ab »... nach Athen entsandte ...«) von Hermann Neubacher, Sonderbeauftragter für wirtschaftliche und finanzielle Fragen in Griechenland, *Geschäftsbericht* vom 6. Oktober 1944; hier wiedergegeben in: *Frankfurter Allgemeine Sonntagszeitung* vom 15. März 2015.

des eigentlich vorgehabt, in dem Land eine relativ »weiche Linie« zu fahren. Man wollte in der Region möglichst wenig deutsche Kräfte binden, zumal das deutsche Eingreifen in Griechenland eigentlich nicht geplant war und erst durch die umfassende Niederlage der italienisch-faschistischen Truppen nach deren Einmarsch in Griechenland ausgelöst wurde.[140] Durch den Sondereinsatz größerer deutscher Kräfte in Griechenland verzögerte sich der deutsche Überfall auf die Sowjetunion um mehrere Wochen, was von Relevanz für den Verlauf des Zweiten Weltkriegs war. Adolf Hitler persönlich erklärte am 4. Mai 1941 in einer Siegesrede vor dem Reichstag: »Dem besiegten, unglücklichen griechischen Volk gegenüber erfüllt uns aufrichtiges Mitleid. Es ist das Opfer seines Königs und einer kleinen, verblendeten Führungsschicht. Es hat jedoch so tapfer gekämpft, dass ihm auch die Achtung seiner Feinde nicht versagt werden kann.«[141] In diesem Zusammenhang betonte die Nazi-Propaganda dann zunächst in Griechenland und im Deutschen Reich, dass der griechische Volkscharakter positiv zu werten sei, was dann auch rassistisch »begründet« wurde. So hieß es zum selben Zeitpunkt in einem programmatischen Artikel in der *Lippischen Staatszeitung*: »Den Fleiß und das Vorwärtsstreben, das Verantwortungsgefühl und die Fürsorge für die Familie, die Gastfreundschaft und die Hilfsbereitschaft bringen die Griechen als gesunde Grundlage aus ihrer nordischen Erbmasse für ihre Eingliederung in die europäische Neuordnung mit.«[142] Erst als sich der Widerstand gegen die NS-Besatzer entwickelte, wurde die Wertung des griechischen »Volkscharakters«, wie bereits zitiert, umgepolt.

Eine vergleichbare Umpolung gab es auch in jüngerer Zeit. In der gesamten Nachkriegszeit und bis 2009 wurden die Griechen in den deutschsprachigen Medien überwiegend positiv charakterisiert. Diese Wertungen wurden auch durch die hunderttausendfach erlebten positiven Erfahrungen der deutschen, österreichischen oder schweizerischen Bevölkerung gemacht – sei es in Betrieben oder Büros beim Zusammenarbeiten mit »Gastarbeitern«, sei es »beim Griechen«, dem Restaurant in der Stadt, sei es im Fall tausender griechischer Ärzte und Zahnärzte oder sei es beim Urlaub in Griechenland vor Ort. Wenn es seit 2010 erneut zu einer entsprechenden Umwertung der der griechischen Bevölkerung zugesprochenen Charaktereigenschaften kam, so hängt dies ganz offensichtlich

---

140. Der italienische Überfall auf Griechenland begann am 28. Oktober 1940, am »Ochi«-Tag. Der griechische Diktator Metaxas hatte ein Ultimatum Mussolinis vom selben Tag rundweg mit Nein beantwortet.
141. Rede Adolf Hitler vom 4. Mai 1941; Reichstagsprotokoll; hier zitiert in H. Fleischer, *Die »Viehmenschen« und das »Sauvolk«...*, a.a.O.
142. *Lippische Staatszeitung* vom 4. Mai 191; zitiert bei Hagen Fleischer, a.a.O.

mit der neuen Politik zusammen, die in Brüssel, Berlin und Wien gegenüber Griechenland betrieben wird. »Volkskunde« wird als ideologische Waffe eingesetzt zur Durchsetzung der brutalen Memoranden-Politik.

Acht Jahrzehnte Kontinuitäten und Brüche (1935 bis 2015)

In dem bereits zitierten Blatt, das im März 2015 den NS-Bericht zur Lage in Griechenland aus dem Jahr 1943 über eine gesamte Seite hinweg zitiert, wurde festgehalten, dass die Nazi-Sprache »auf verstörende Weise an die Gegenwart« erinnere. Und so dürfte es in den letzten Jahren Hunderttausenden Griechinnen und Griechen ergangen sein. Sie empfanden die Ähnlichkeit zwischen der antigriechischen NS-Propaganda und der Sprache, mit der man in jüngerer Zeit in Deutschland und Österreich über ihr Land herzog, *verstörend*. Wenn in Athen Angela Merkel mit SS-Armbinde oder Wolfgang Schäuble mit Hitler-Bärtchen abgebildet wurden, so war das zwar kurz gegriffen. Doch es entsprang auch der kollektiven Erinnerung der griechischen Bevölkerung an eine nicht so weit zurückliegende Vergangenheit, in der Deutsche als Herrenvolk aufgetreten waren. In den vergangenen Jahren gab es dutzendfach herrische Auftritte von deutschen Regierungsvertretern gegenüber Repräsentanten Griechenlands. Millionen Menschen im heutigen Griechenland sehen Parallelen zur NS-Besatzung, auch wenn sie das Troika-Diktat mit dem NS-Regime nicht gleichsetzen. Und viele von ihnen stellen diese Ereignisse in eine Tradition, die eine 80-Jahre-Zeitspanne umfasst – wie in Tabelle 6 dokumentiert.

Tabelle 6: 80 Jahre deutsch-griechische Geschichte (1935–2015)

Zeit	Deutsche	Griechische	Situation in Griechenland	Deutsch-griechische Beziehungen
	Regierungen			
1935–1944	NS-Regime Adolf Hitler	Metaxas-Diktatur 1936–41

Besatzung 1941–44 | Sieg über ital. fasch. Armee /

NS-Besatzung / Zeitweilige Dreiteilung

NS-Terror-Herrschaft

Erfolgreicher Partisanenkampf | Schwerste Kriegsverbrechen durch italienische, bulgarische und vor allem deutsche Besatzungstruppen // Winter 1941/42 Hungersnot; 100.000 Tote // Wirtschaftliche Plünderung durch dtsch. Konzerne und Banken // Tausende Dörfer zerstört, zehntausende Menschen ermordet, 70.000 gr. Juden in Vernichtungslager deportiert // Zwangsanleihe // Politik der verbrannten Erde bei Rückzug |

Zeit	Deutsche	Griechische	Situation in Griechenland	Deutsch-griechische Beziehungen
	Regierungen			
1945 -1954	Alliierte Besatzung bis 1949 // Konrad Adenauer 1949–1965	Alexandros Papagos 1952–1955	Bürgerkrieg 1946-1949 Zunächst britischer, dann US-Einfluss bestimmend	Ex-NS-General Andrae wird 1952 aus gr. Haft u. a. auf Druck der deutschen Botschaft in Athen freigelassen. Er war 1947 wegen der Ermordung von 2000 Zivilisten auf Kreta 1941 zu lebenslanger Haft verurteilt worden. / Staatsbesuch Konrad Adenauers 1954.
1955–1963	Konrad Adenauer Ludwig Erhard 1963–66	Konstantin Karamanlis 1955–1963 [mit zweimaliger kurzer Unterbrechung]	Erste Möglichkeit zur Entwicklung demokratischer Verhältnisse	Bonn gewährt 200 Mio. DM Kredit und erhält faktisch im Gegenzug gr. Gesetz zur Einstellung der Verfolgung von NS-Verbrechen // Max Merten wird 1959 in Athen zu 25 Jahren Haft verurteilt. Er war 1941–44 als Chef der dtsch. Wehrmachtsverwaltung in Thessaloniki verantwortlich für die Juden-Deportation. Nach massivem Druck seitens der Bonner Regierung wird Merten im Nov. 1959 freigelassen.
1965–1974	L. Erhard bis 1966 Kurt-Georg Kiesinger 1966-69 W. Brandt 1969-74	Obristen-Diktatur 1967–1974	Tausende Menschen verhaftet u. gefoltert. Westen reagiert uneinheitlich. 1973: Revolte an der Techn. Universität Athen 1974: Türkei besetzt Nord-Zypern – Junta kollabiert	Teile der in Bonn Regierenden unterstützen die Junta, so der CSU-Chef Franz-Josef Strauß (Athen-Besuch 1971) // Die wirtschaftliche Kooperation wird ausgebaut (neue Aufträge für Krupp, Siemens, Hoechst) // HDW baut für Junta-Militärs vier U-Boote // Die DDR leistet teilweise Solidarität mit dem Widerstand. Doch ausgerechnet 1973 nehmen DDR und Griechenland diplomatische Beziehungen auf. // Teile der SPD und westdeutsche Linke unterstützen Widerstand in Griechenland und helfen Griechen im Exil.
1975–1984	Helmut Schmidt 1974–82 Helmut Kohl ab 1982	Konstantin Karamanlis 1974–80 Georgios Rallis 1980/81 Andreas Papandreou 1981–1989	(Neuer) Antrag Griechenlands zur Aufnahme in EWG/EG EWG-Mitglied ab 1981 Keine griechische Teilnahme an EWS	Bonn blockt Mitgliedschaft Griechenlands in EWG zunächst ab bzw. trägt zur Verzögerung der Aufnahme bei. In den 1960er- bis 1980er Jahre kommen mehr als 300.000 Menschen aus Griechenland nach Westdeutschland (zunächst die meisten als »Gastarbeiter«); sie bilden inzwischen einen festen Bestandteil der bundesdeutschen Bevölkerung.

Zeit	Deutsche Regierungen	Griechische Regierungen	Situation in Griechenland	Deutsch-griechische Beziehungen
1985–1994	Helmut Kohl	Papandreou (bis 1989) und 1993–1996 Konstantinos Mitsotakis 1990–93	Periode wirtschaftlichen Wachstums und relativen Wohlstands Zusammenbruch der Sowjetunion	Als Folge der deutschen Einheit wird der »2+4-Vertrag« geschlossen, ein de facto-Friedensvertrag, mit dessen Konstruktion jedoch die Ansprüche u. a. von Griechenland auf Entschädigungen für NS-Verbrechen und Reparationen für obsolet erklärt werden. Bundespräsident R. v. Weizsäcker besucht 1987 Kaisariani und ehrt die Opfer.
1995–2004	Helmut Kohl bis 1998 Gerhard Schröder 1998–2005	Konstantin Simitis 1996–2004	Fortsetzung von Wachstum. Kosovo-Krieg 1999 Beitritt zum Euro 2001	Regierung Simitis lässt Forderungen nach Entschädigungen von NS-Opfern abblocken. Massive Korruption der politischen Elite Griechenlands durch dtsch. Konzerne (u. a. Siemens) Große Rüstungslieferungen durch dtsch. Konzerne
2005–2015	Angela Merkel ab 2005	Kostas Karamanlis 2004–2009 Giorgos Papandreou 2009–2011 Loukas Papadimos 2011/12 Andonis Samaras 2012–15 Alexis Tsipras ab 2015	Krise in Griechenland ab 2009 Troika-Diktat ab 2010 Politische Konfrontation mit Eurogroup 1. Hj. 2015	Deutsche Regierung nimmt ab 2010 massiv Einfluss auf EU-Politik gegenüber Griechenland und drängt dabei auf Härte // Massive antigriechische Medienkampagne, die 2010 beginnt und 2015 ihren – vorläufigen? – Höhepunkt erlebt // Merkel, Schäuble und Gabriel agieren in EU als Scharfmacher gegen Athen. Seit 2010 neue Welle griechischer Migration nach Deutschland als Resultat der Memoranden-Politik.

In dem Dreivierteljahrhundert deutsch-griechischer Beziehungen gab es zweifellos Zeiten, in denen freundschaftliche Tendenzen überwogen. Doch existierten auch negative Epochen, in denen Ressentiments wuchsen und Feindschaften sich entwickelten. Dafür trägt die deutsche Seite – konkret: dafür tragen die in Deutschland Herrschenden – die maßgebliche Verantwortung.

Lange braunen Schatten reichen weit in die Nachkriegsgeschichte hinein. Es waren Bonner Regierungen, die mit erheblichen Interventionen in Griechenland erreicht hatten, dass zwei höchst prominente NS-Massenmörder, die in Griechenland gewütet hatten und die in diesem Land nach dem Zweiten Weltkrieg rechtskräftig verurteilt worden waren, wieder auf freien Fuß kamen: der Ex-Nazi-General Alexander Andrae und der ehemalige Chef der deutschen Wehrmachtsverwaltung in Thessaloniki, Max Merten. Formal hatte Bonn im Fall Merten zugesichert, in der BRD Anklage zu erheben. Dazu kam es nicht – so wie in Westdeutschland kein einziger NS-Verantwortlicher, der Kriegsverbrechen in Griechenland begangen hatte, jemals verurteilt wurde.[143]

Merten erhielt in Westdeutschland eine »Heimkehrerentschädigung« und starb 1971 unbescholten. Andrae startete nach seiner Rückkehr eine politische Karriere u. a. als führendes Mitglied der faschistischen »Deutschen Reichspartei«. Man stelle sich einen vergleichbaren Vorgang mit anderer geographisch-politischer Konstellation vor: Die Bonner Regierung hätte versucht, den SS-Massenmörder und »Schlächter von Lyon«, Klaus Barbie, nach dessen Inhaftierung in Frankreich freizupressen! Ganz offensichtlich wäre »so etwas« nie machbar gewesen (wobei der Bonner Staat Barbie durchaus heimlich geschützt und diesen zeitweilig sogar als Geheimagent bezahlt hatte.[144])

Woher rührt bloß der Unterschied in der Behandlung Griechenlands durch die deutschen Regierungen im Vergleich mit der deutschen Politik gegenüber Paris? Man kennt das aus den aktuellen Debatten in der Euro-Zone, wenn das bereits

---

143. Siehe Norman Paech, »Wehrmachtsverbrechen in Griechenland«, *Kritische Justiz* 1999, Heft 3, S. 380ff. In einigen Fällen, in denen es zu Ermittlungsverfahren kam, endeten diese nicht nur mit der Einstellung des Verfahrens, sondern teilweise mit der Rechtfertigung von NS-Massakern. So begründete die Staatsanwaltschaft Bochum im Jahr 1972 die Einstellung eines Verfahrens gegen einen Ex-Kampfgruppenführer, der an dem »Unternehmen Kalavrita« – einem Massaker, bei dem am 13. Dezember 1943 fast 700 Griechinnen und Griechen ermordet wurden – maßgeblich beteiligt war, mit der »Notwendigkeit« derartiger Repressalien; es habe sich um »zulässige völkerrechtsmäßige Mittel« gehandelt, um die »Gegner zur Einhaltung des Völkerrechts zu zwingen«. Zitiert aus der Einstellungsverfügung des Landgerichts Bochum; bei N. Paech, a.a.O., S. 381.

144. Klaus Barbie war nach 1945 – trotz einem in Frankreich in Barbies Abwesenheit geführten Prozess, in dem ein Todesurteil verhängt wurde – für den britischen und US-Geheimdienst aktiv; 1966 auch für den BND. Er konnte 1983 in Bolivien verhaftet und an Frankreich ausgeliefert werden, wo er 1987 zu einer lebenslangen Haft verurteilt wurde. Barbie starb 1991 im Gefängnis.

zitierte 3-Prozent-Defizit-Kriterium im Fall Griechenland als sakrosankt und im Fall Frankreich als eine grobe und über fünf Jahre hinweg verfehlte Richtschnur definiert wird. Frankreich bringt schlicht ein vielfach größeres wirtschaftliches Gewicht als Griechenland auf die Waage. Vor allem hat Paris für die deutsche Politik *strategische Bedeutung*. Wie sich auch bei der Flüchtlingsthematik zeigt, kommt aus Sicht der Berliner Regierung sogar dem Nicht-EU-Land Türkei eine größere politische Bedeutung zu als Griechenland.

Das deutsche »Engagement« in Sachen Verdrängung der NS-Vergangenheit in Griechenland mündete darin, dass – erneut nach erheblichem Drängen seitens der Bonner Regierung – die griechische Regierung unter Konstantin Karamanlis 1959 ein Gesetz verabschieden ließ, wonach die griechische Justiz grundsätzlich auf eine Verfolgung von Kriegsverbrechern verzichtete.[145]

Faschistische Junta in Griechenland: kein EG-Boykott und Nato-Unterstützung

Die braunen Schatten verlängerten sich in die 1960er- und 1970er Jahre hinein. In den Jahren 1967 bis 1974 gab es einen höchst ambivalenten Umgang der westdeutschen Regierungen mit der faschistischen Diktatur in Griechenland. Obgleich es in Bonn seit Dezember 1966 einen deutschen Außenminister mit Namen Willy Brandt – im Rahmen einer Großen Koalition, an dessen Spitze das Ex-NSDAP-Mitglied Kurt-Georg Kiesinger stand – und obgleich es ab September 1969 eine SPD-geführte Bundesregierung mit einem Bundeskanzler Willy Brandt gab, haben die Bonner Regierungen das faschistische Folterregime in Griechenland nicht konsequent bekämpft. Es gab keinen Abbruch diplomatischer Beziehungen, keinen Handelsboykott, noch nicht einmal einen grundsätzlichen Stopp von Waffenlieferungen. 1972 konnte das Regime in Athen sogar den diplomatischen Erfolg eines westdeutschen Staatsbesuchs verbuchen: Paul Frank, Staatssekretär im Auswärtigen Amt, kam in offizieller Mission nach Griechenland, unter anderem, um dort das »50-jährige Jubiläum der deutsch-griechischen Handelskammer« zu begehen. Auch dies eine Demonstration fataler Kontinuität, wo dieser deutsch-griechische Handel in den Jahren 1941 bis 1944 doch durch die verbrecherische »Degriges«, die Deutsch-Griechische Warenausgleichsgesellschaft, so gestaltet wurde, dass Exporte nach Griechenland künstlich verteuert und Importkosten aus Griechenland gesenkt wurden, um

---

145. Siehe *FaktenCheck:HELLAS* Nr. 3, S. 4; und K. Apostopoulos, *Die griechisch-deutschen Nachkriegsbeziehungen*. Historische Hypothek und moralischer ›Kredit‹, Pieterlen 2004.

auf diese Weise den Ausbeutungs- und Ausblutungsprozess des Landes zu organisieren.[146] Es gab auch keine unzweideutigen Reaktionen seitens der Europäischen Gemeinschaft; das Assoziierungsabkommen mit Griechenland wurde lediglich »ausgesetzt«. Die Nato hielt nicht nur an der Mitgliedschaft Griechenlands im Bündnis fest; es wurden weiter gemeinsame Manöver zwischen Nato-Verbänden (unter Einschluss der Bundeswehr) und griechischer Armee durchgeführt. Auch in dieser Periode lieferten u. a. deutsche und französische Firmen Rüstungsgüter an das Folterregime. Die deutsch-griechischen wirtschaftlichen Beziehungen wurden deutlich ausgebaut: 1973, im letzten Junta-Jahr, wurden deutsche Waren im Wert von 1.890 Millionen DM nach Griechenland exportiert – zweieinhalb Mal mehr als 1966, im Jahr vor der Machtübernahme der Obristen.[147] Am 25. Mai 1973 nahmen Griechenland und die DDR erstmals diplomatische Beziehungen auf. Ostberlin feierte dies als »Durchbruch« im Kampf um die internationale Anerkennung und Aufwertung der DDR. Das politische Signal, das davon ausging, war fatal, zumal sich in diesem Jahr ein breiter Volkswiderstand gegen die Junta entwickelte und es im November zur Besetzung der Technischen Universität und zu einem Aufstand gegen das Regime kam, an dem sich bis zu 150.000 Arbeiter und Studierende beteiligten. Nicht verschwiegen werden soll die vielfache Solidarität mit dem griechischen Widerstand in dieser Zeit, die Gewerkschaften und Linke, auch Sozialdemokraten, in der BRD praktizierten, teilweise in wirksamer Weise unterstützt durch offizielle westdeutsche Medien wie dem griechischen Programm der Deutschen Welle.[148] Letzten Endes – auch

---

146. Siehe u. a. *OMGUS-Report*, Ermittlungen gegen die Dresdner Bank, herausgegeben von der Militärregierung der Vereinigten Staaten für Deutschland, ursprünglich verfasst 1946/1947, Nördlingen 1986, S. 334.
147. Angaben nach: *Statistisches Jahrbuch* 1969 und 1975. Das Wachstum der deutschen Exporte nach Griechenland (dem ein Importwachstum entsprach) lag damit auf vergleichbarem Niveau wie im Fall Portugal; es war niedriger als im Fall der Türkei.
148. Es gab allerdings in der BRD auch viele Artikel und TV-Sendungen, die positiv über das Griechenland der Obristen berichteten. Nach dem Zusammenbruch des Regimes wurde enthüllt, dass eine Reihe Journalisten, die positiv über die Junta berichtet hatten, von der Junta Schmiergeld erhalten hatten. *Der Spiegel* (39/1976) berichtete darüber wie folgt: »Aus dem Jahr 1972 liegen dem griechischen Rechnungshof Abrechnungen vom Presseattaché der Kgl. Griechischen Botschaft in Bonn ans Athener Generalsekretariat für Presse und Information vor, in denen 1000-Mark-Zahlungen für genau mit Datum, Titeln und Medien angeführte Junta-freundliche Artikel an folgende deutsche Journalisten neben [Peter] Hornung [Bayernkurier] aufgezählt werden: Peter Meyer-Ranke (Die Welt), Paul Pucher (Münchner Merkur), Karl-Ludwig Bayer (Report), Wolfgang Höpker (Deutsche Zeitung), Werner Karl Merten (Europress), Winfried Martini (Nürnberger Zeitung), Joachim Kannnicht (Stuttgarter Nachrichten), Norbert Matern (Deutsche Tagespost), C.H. Pierk (Regensburger Bistumsblatt), G. v. Reth (Rheinischer Merkur), K. L. Bendix (Sudetendeutsche Zeitung).« Einige der geschmierten Journalisten arbeiteten zwar für ausgesprochen rechte Medien, andere jedoch durch-

dies ist eine Parallele zur Periode 1941 bis 1944 – war es der bewundernswerte antifaschistische Widerstand in Griechenland selbst, der den wesentlichen Beitrag zum Sturz des Regimes leistete.

Wer in den letzten Jahren in Griechenland den Namen Siemens hörte, dachte kaum an die hochwertigen (oder auch mal tödlichen) Güter dieses weltweiten Herstellers vom Elektro-, Maschinenbau- und militärischen Produkten, sondern zunächst an dessen (bereits in Kapitel V geschilderte) Schmiergeldpraxis. Auch hier gab es eine erstaunliche Kontinuität. Wenige Wochen nach dem Einmarsch der deutschen Armee in Griechenland, im Mai 1941, war ein gewisser Richard Diercks in Athen bei der Banque Nationale de Grèce, der Nationalbank, vorstellig geworden. Er vertrat damals die Deutsche Bank und vereinbarte eine enge – naturgemäß höchst ungleiche – Zusammenarbeit zwischen den beiden Instituten. Diercks war zugleich prominenter Vertreter des Siemens-Konzerns, der wiederum eng mit der Deutschen Bank verflochten war. Siemens hatte bereits 1930 von der damaligen griechischen Regierung eine umfassende Telefonnetz-Konzession erhalten. Mit der Besatzung des Landes durch deutsche Truppen änderte sich der Status. In der Folge beteiligte sich der Konzern an der Ausplünderung des Landes.[149] Folgerichtig musste Siemens 1944 zusammen mit der Nazi-Wehrmacht das Land verlassen. Doch nur neun Jahre später, am 11. November 1953, schrieb der westdeutsche Wirtschaftsminister Ludwig Erhard in einem Brief an den griechischen Koordinationsminister Spyros Markezinis: »Exzellenz! Sie haben mir die Bereitschaft der griechischen Regierung zur Kenntnis gegeben, die Firma Siemens mit der technischen Betreuung und Erweiterung des griechischen Telefonnetzes zu beauftragen und mit der [mit Siemens eng verbundenen] Firma Telefunken einen Vertrag über die Gewährung einer Rundfunklizenz und den Ausbau des griechischen Rundfunknetzes vorzusehen«[150] Praktischerweise war der Konzernchef von Siemens 1941 und 1954 derselbe: Hermann-Werner von Siemens. Und der Mann, der für Siemens und die Bundesregierung im Vorfeld des neuen Siemens-Engagement auf griechischer Seite die Vermittlerrolle gespielt hatte, konnte seinerseits auf eine interessante Tradition zurückblicken: Es war Jean Voulpiotis, der in den 1920er Jahren eine Tochter von Werner von Siemens geheiratet hatte. Er war 1941 bis 1944

---

aus für liberale und in der damaligen BRD die öffentliche Meinung bestimmende (wie im Fall der Tageszeitung *Die Welt* oder der TV-Sendung *ARD-Report*).
149. Siehe OMGUS, *Ermittlungen gegen die Deutsche Bank*, herausgegeben von der Militärregierung der Vereinigten Staaten für Deutschland, ursprünglich verfasst 1946/1947, neu gedruckt Nördlingen 1985, S. 237ff.
150. Wiedergegeben in: *Der Spiegel* 50/1954.

oberster Siemens-Repräsentant in Athen. Nach 1945 wurde er in Griechenland wegen Kollaboration verurteilt und setzte sich deshalb sicherheitshalber für eine gewisse Zeit nach Westdeutschland ab. 1950 tauchte er in Griechenland erneut auf, nunmehr als neu-alter Siemens-Repräsentant.[151] Erhard ließ seinen bereits zitierten Brief ausgesprochen offenherzig wie folgt enden (Erhard war im NS-Regime ein Wirtschaftswissenschaftler in höherer Funktion, der im Jahr 1944 eine offizielle Denkschrift für die Nachkriegszeit verfasste): »(Ich) darf mit Genugtuung feststellen, dass damit die alten und für beide Seiten fruchtbaren Beziehungen Griechenlands mit diesen beiden bekannten Weltfirmen wieder angeknüpft werden.«

Vor dem Hintergrund all dieser Kontinuitäten mag es beim Aufbrechen der neuen griechischen Krise im Land eine gewisse Hellhörigkeit und Sensibilität gegeben haben. Mehr aber auch nicht. Denn noch 2005 wurde in Griechenland in einer repräsentativen Umfrage Deutschland als das »Lieblingsland der Griechen« erkoren; der Zuspruch lag bei sagenhaften 78,4 Prozent. Acht Jahre später, 2013, war dieser Wert auf 33,2 Prozent abgesackt; heute dürfte er kaum wahrnehmbar oberhalb des Kellerbodens liegen.[152] Zu diesem fast einmaligen Ansehensverlust hatte in erster Linie die deutsche Politik beigetragen.

Antigriechische Medien-Hetze und Politiker-Schelte

Die Wende kam mit der neuen Krise – mit der nunmehr scharf antigriechisch akzentuierten Politik der Berliner Regierung und mit einem latent rassistischen Ton bei einem Großteil der deutschen und österreichischen Medienberichterstattung.

Da war sie wieder, diese *herrische Sprache* und jener *Kommandoton*. Bereits im Januar 2010 startete in Deutschland eine wahre Hetzkampagne gegen Griechenland – mit *Bild* als Zentralorgan in dieser Kampagne. Wobei das Blatt auf diese Kampagne auch heute noch stolz ist, obgleich die Auflage der Zeitung im gleichen Zeitraum massiv rückläufig war.[153] So veröffentlichte Bild am 11. Fe-

---

151. Ausführlich bei: Jürgen Roth, *Der stille Putsch. Wie eine geheime Elite aus Wirtschaft und Politik sich Europa und unser Land unter den Nagel reißt*, S. 237.
152. »Liebe der Griechen für Deutschland ist erloschen«, in: *Zeit.online* vom 18. August 2013.
153. Das Boulevard-Blatt hatte 2009 eine Auflage von 3,23 Millionen Exemplaren; Ende 2015 waren es 2,5 Millionen (verkauft: 2,1 Millionen). Dieser Rückgang hat sicher nicht allein mit der Anti-Griechenlandkampagne des Blattes zu tun. Allerdings war die Anti-Griechenland-Kampagne von *Bild* ein Kontinuum und prägend für die Ausrichtung der Zeitung. Daraus lässt sich durchaus zweierlei schließen: Erstens, dass das Blatt weiterhin bewusst (rechte, latent rassistische) Politik macht. Zweitens, dass die Leserinnen und Leser die Linie des Blattes tendenziell kritisch sehen.

bruar 2015 auf zwei vollen Seiten 35 (verkleinerte) Leitartikel mit Anti-Griechenland-Schlagzeilen aus dem Zeitraum Januar 2010 bis Februar 2015. Die beiden Seiten waren überschrieben mit »Seit 2010 hat BILD Griechenland-Desaster vorhergesagt«.

Im ersten Reprint-Artikel (30.1.2010) hieß es: »In Athen wurde getrickst, getarnt, getäuscht und verschleiert«. Am 3. März 2010 gab es bereits die ultimative Forderung: »Kein Geld für Griechenland«. Am 17. Juni 2011 wird das Grundverhältnis zwischen Deutschland und Griechenland, das die *Bild*-Chefredaktion offensichtlich zur Leitschnur hat, mit »Die Hand, die Euch füttert!« auf den Punkt gebracht. Noch zu Samaras-Zeiten – hier am 30. Dezember 2014 – wird gefordert: »Kanzlerin! Stoppen Sie diese Abzock-Griechen!«

Zwei Tage nach dem Syriza-Wahlsieg hetzte *Bild*: »Das sollen die Griechen alles kriegen: Weihnachtsgeld für 1,3 Millionen Rentner! 1000 Euro für Putzfrauen (halbtags)!« Spätestens jetzt stimmten die deutsche Regierung, die Regierung in Wien und Teile der deutschsprachigen »Qualitäts-Medien« in den Boulevard-Ton ein. Nur wenige Tage, nachdem der neu gewählte griechische Ministerpräsident Alexis Tsipras mitteilen ließ, Griechenland werde – dem Wahlauftrag entsprechend – nicht mehr mit der durch nichts legitimierten Troika zusammenarbeiten, ließ die Regierung Merkel antworten: »Die Troika bleibt!«. Der deutsche Finanzminister Schäuble tönte: »Wir werden jetzt sehr strenge Maßstäbe anlegen«. Der österreichische Wirtschaftsminister und Vizekanzler Reinhold Mitterlehner erklärte: »Die [in Athen] erwecken den Eindruck, als ob sie mit großer Geschwindigkeit gegen die Wand fahren, möchten uns aber ins Auto setzen«. Nicht in *Bild*, sondern in der *Frankfurter Allgemeinen Zeitung* gab es Formulierungen im *Stürmer*-Stil: »Niemand kann jetzt noch glauben, dass mit Tsipras und seinen Gesellen noch Staat zu machen ist, jedenfalls können sie das Loch, das man in Athen Haushalt nennt, nicht stopfen, weil sie es nicht stopfen wollen.«[154] Der österreichische Finanzminister Hans-Jörg Schelling sah bereits im April 2015 eine »generelle Vertrauenskrise gegenüber der neuen Administration in Athen« und behauptete, es sei »so gut wie unmöglich«, von der griechischen Regierung »schriftliche Unterlagen zu bekommen«. Der griechische Finanzminister Jannis Varoufakis bezichtigte ihn darauf zu Recht der »Lüge«.[155] Zur Ehrenrettung der

---

154. *Frankfurter Allgemeine Zeitung* vom 29. Juni 2015. Zuvor zu Schäuble/strenge Maßstäbe: *Die Welt* vom 3. März 2015 bzw. (»Troika bleibt«) nach: *Süddeutsche Zeitung* vom 3. Februar 2015; Mittellehner nach: *Die Krone* vom 17. Februar 2015.
155. *Der Standard* vom 18. April 2015. Die Behauptung, die griechische Seite habe auf Sitzungen keine schriftlichen Unterlagen vorgelegt, wurde mehrere Monate lang von fast allen Eurozonen-Finanzministern, allen voran vom Eurogroup-Chef Dijsselbloem, wiederholt und von griechischer Seite immer

österreichischen Regierung muss erwähnt werden, dass deren Kanzler, der Sozialdemokrat Werner Faymann, zeitweilig eine differenzierte Position einnahm. Als einziger EU-Regierungschef besuchte er Mitte Juni 2015 Athen und erklärte, ein »Kaputtsparen« Griechenlands sei der falsche Kurs; er sehe sich hier in der Eurozone als »gegen den Strom« stehend. Er schwenkte dann jedoch Ende Juni 2015 weitgehend auf die Mehrheitslinie der Eurogroup ein und kritisierte Tsipras, wonach dieser »den Verhandlungstisch verlassen« habe. Faymann: »Die Aktion, das Volk abstimmen zu lassen, ist in Panik gefasst«.[156]

Einmalige Provokationen und »Kriegserklärungen« gegenüber Athen

Seit Ausbruch der Krise gab es immer neue *Provokationen*, vor allem von deutscher Seite. Bundesaußenminister Frank-Walter Steinmeier wiederholte im April 2010 das Märchen, die griechischen Staatsfinanzen seien »verschleiert« worden, als ob 2001 bei der Euro-Einführung in Griechenland nicht Gerhard Schröder Kanzler und Frank-Walter Steinmeier sein Kanzleramtschef, als ob damals ihr gemeinsamer Parteifreund Kostas Simitis nicht griechischer Ministerpräsident und als ob damals nicht alle zusammen voll im Bild gewesen wären! Auf die Frage »Warum funktioniert die Kontrolle Griechenlands nicht?«, antwortete Steinmeier: »Weil im *Werkzeugkasten*, den wir für die Reparaturarbeiten brauchen, noch das eine und andere fehlt. Wir benötigen eindeutig schärfere Kontrollsysteme.«[157] Genauso war dann das Vorgehen in der Krise – neue technokratische und immer »schärfere« (Folter-) Werkzeuge kamen zum Einsatz – um exakt das Gegenteil des Behaupteten zu erreichen. Ein Jahr später spielte der damalige Wirtschaftsminister und Vizekanzler Philipp Rösler die »Möglichkeit einer geordneten Insolvenz« Griechenlands durch und tönte, es dürfe jetzt »keine Denkverbote mehr geben«. Zum gleichen Zeitpunkt – man hatte eben festgestellt, dass das erste Memorandum die Krise verschärfte und war dabei, den Sturz Papandreous vorzubereiten – schlug EU-Kommissar Günter Oettinger vor, »die Flaggen von Schuldnerländern vor EU-Gebäuden auf Halbmast zu setzen«, was ja, legte man die Maastricht-Kriterien zugrunde, immerhin bedeutet hätte,

---

wieder glaubwürdig widerlegt. Man kann davon ausgehen, dass dies eine bewusst gefahrene Demagogie war, die die Stereotypen »Balkan-Wirtschaft«, und »nicht haushalten können« unterstützte.
156. Zitate von Faymann nach: *Die Presse* (Wien) vom 16. und vom 18. Juni 2015; und *wirtschaftsblatt.at* vom 28. Juni 2015.
157. Interview in: *Frankfurter Rundschau* vom 30. April 2010. Hervorhebungen von uns.

dass drei Viertel aller EU-Mitgliedsländer Halbmast hätten flaggen müssen.[158] Von Anfang an wurde Griechenlands Souveränität in Frage gestellt, wobei sich dabei oft der damalige und dann der spätere Chef der Eurogroup, Jean-Claude Juncker, bzw. Jeroen Dijsselbloem als Scharfmacher und Schäuble-Lautsprecher betätigten. 2011 gab es in der *Financial Times Deutschland* die Überschrift: »EU zieht bei Griechen die Daumenschrauben an«; Juncker machte laut dem FTD-Bericht klar, »dass die EU das Privatisierungsprogramm [für Griechenland] künftig so eng begleiten wird, ›als würden wir das selbst durchführen‹«. Er schlug übrigens damals bereits – 2011! – in diesem Zusammenhang zum Zwecke optimaler Privatisierungen »die Einrichtung einer Treuhandanstalt« vor und verwies auf die Abwicklung der DDR. Im Frühjahr 2015, auf dem Höhepunkt der Konfrontation, agierte Dijsselbloem nach Einschätzung des österreichischen Journalisten und Buchautors Robert Misik »wie der Anführer einer Gang«. Es werde in der Eurogroup gegenüber den Vertretern Griechenlands »ein gefährlicher Showdown inszeniert, mit allen möglichen schmutzigen Tricks, wie etwa [auf dem Eurogroup-Treffen] Montagabend, als […] Dijsselbloem den Entwurf einer für die Griechen maximal demütigenden Abschlusserklärung aus der Schublade zog, offenbar um sicherzustellen, dass sie *nicht zustimmen können*.« Misiks rhetorische Frage: »Warum das alles im Duktus des Ultimatums, der Erpressung, im Ton, wie man ihn eher von Kriegserklärungen kennt?«[159] Juncker, der stolz ist auf Auszeichnungen auch der reaktionärsten Art und der über Jahrzehnte hinweg Luxemburg zum wichtigsten Steuerflucht-Staat der EU ausgebaut hat, wurde im Frühjahr 2015 nach seiner Meinung zu Varoufakis gefragt. Antwort Juncker: »Ich muss nicht mit dem griechischen Finanzminister sprechen. Meine Ansprechpartner sind Staats- und Regierungschefs.«[160]

Das Diktat von Zins und Profit – für Griechenland konkretisiert

Der Ton macht die Musik – und die Musik spielt dort, wo das Geld sitzt. Das war bereits 1984 so, als der damalige griechische Ministerpräsident Andreas Pa-

---

158. Nach: *Frankfurter Rundschau* vom 13. September 2011. Zuvor (Rösler) nach: *Financial Times Deutschland* vom 12. September 2011.
159. Robert Misik, »Alle auf die Kleinen«, in: *Zeit.online* vom 18. Februar 2015 (Hervorhebung im Original). Zuvor (Juncker) nach: *Financial Times Deutschland* vom 23. Mai 2011.
160. Interview in: *Welt am Sonntag* vom 8. März 2015. Juncker ist Träger des Franz-Josef-Strauß-Preises, des Hanns-Martin-Schleyer-Preises und des Karlspreises der Europäischen Union, benannt nach dem christlich-fundamentalistischen Herrscher Karl dem Großen. Siehe ausführlich: Werner Rügemer, »Juncker – das hässliche Gesicht der Europäischen Union«, in: *Lunapark21*, Heft29/2015.

pandreou auf einem EU-Gipfel in Dublin in einen heftigen Streit mit Bundeskanzler Helmut Kohl geriet. Kohl spielte bräsig und offen die Trumpfkarte »Hüter der EG-Finanzen«, gepaart mit Floskeln über Sparsamkeit, worauf Papandreou erklärte, er sei »nicht bereit, sich von einem deutschen Kanzler Belehrungen erteilen zu lassen. Wir Griechen haben von den Deutschen viel zu viele Lektionen bekommen – freiwillige und unfreiwillige.«[161]

Seit dem offenen Aufbrechen der Krise Anfang 2010 sind dann alle Masken gefallen: Das Euro-Europa als €kratie und als Antagonismus zu Demokratie wurde für jeden erkenntlich. Deutlich wurde auch, dass es die deutsche Bundesregierung und die hinter dieser stehenden Verbände, Konzerne und Finanzinstitute sind, die ausschließlich das Sagen haben oder zumindest reklamieren, dieses exklusiv zu besitzen. Drei Beispiele:

- *Troika-Herrschaft konkret:* Bereits 2012 formulierte das führende großbürgerliche Blatt in Deutschland, die *Frankfurter Allgemeine Zeitung:* Wir »steuern in Athen auf protektoratsähnliche Zustände zu«. Dabei wolle es »der Zufall, dass drei der vier wichtigsten internationalen Wächter über Griechenlands Finanzgebaren Deutsche sind«.[162] Nach der Ankündigung des Referendums und vor dem Ergebnis desselben erklärte der »neutrale« Chef der Europäischen Zentralbank, Mario Draghi: »Jetzt können wir die Institutionen endlich wieder Troika nennen.«[163] Damit wurde klar gemacht, dass es im ersten Halbjahr 2015 eine gewisse – missliche – Relativierung des Eurozonen-Diktats in Griechenland gab, was nun jedoch beendet werde.
- *Souveränitätsverlust konkret:* Frau Merkel und die Herren Schäuble und Gabriel hatten immer wieder betont, die *konkrete Ausformulierung von Sparbeschlüssen* in Griechenland sei »allein Sache der griechischen Regierung«. Das ist unwahr. *Alle* Beschlüsse des Deutschen Bundestags über finanzielle Hilfen für Griechenland – die alle auf Anträgen der Bundesregierung bzw. auf solchen der sie tragenden Parteien CDU/CSU und SPD beruhten – waren so angelegt, dass die Bundestagsabgeordneten *gleichzeitig* mit ihrem Ja oder Nein zu dem entsprechenden Antrag einen oft mehrere hundert Seiten umfassenden Katalog erhielten, in dem die einschneidenden Maßnah-

---

161. Nach: *Der Spiegel* 50/1984. Den Hintergrund des Streits bildeten Forderungen Griechenlands, teilweise unterstützt von Italien und Frankreich, noch vor einer Aufnahme von Spanien und Portugal in die EG Problemregionen finanziell stärker zu unterstützen, um das wirtschaftliche Gefälle in der EG zu reduzieren.
162. *Frankfurter Allgemeine Zeitung* vom 30. Januar 2012.
163. In: *Berliner Zeitung* vom 29. Juni 2015.

men, die in Griechenland zu treffen sein würden, im Detail aufgelistet waren – einschließlich der Angaben, wann die Beschlüsse in Athen konkret – oft mit Datum! – zu fällen seien und dass das Geld nur nach Umsetzung dieser Vorgaben fließen würde. So wurde beispielsweise im Rahmen einer entsprechenden Bundestagsabstimmung am 27. Februar 2012 den Abgeordneten als Teil des Gesamtantrags ein umfangreiches Zusatzdokument übermittelt. In diesem findet sich unter anderem tabellarisch dokumentiert, dass es in Griechenland »eine Kürzung der Aufwendungen für Arzneimittel um mindestens 1.076 Millionen Euro noch im Jahr 2012« geben würde, dass es zur »Kürzung der Subventionen für Bewohner abgelegener Gebiete [...] von mindestens 190 Millionen Euro im Jahr 2012« kommen werde, dass »die durch den Gesamttarifvertrag (NGCA) vereinbarten Löhne um 22 Prozent gegenüber dem am 1. Januar 2012 geltenden Niveau gesenkt« und alle »gesetzlich oder arbeitsrechtlich geregelten Beschäftigungszusagen auf Lebenszeit [...] aufgehoben (werden)« würden – wobei hier als ergänzende Bemerkung stand: »Das vom Parlament [in Athen] [bereits] am 13. Februar 2012 beschlossene Gesetz bestimmt in Artikel 1(6), dass die hierzu erforderlichen Vorschriften [allein] durch den Ministerrat getroffen werden und kein weiteres Gesetz nötig ist.«[164]

Das sind unmissverständliche Beschreibungen, wie die Lebensbedingungen für Millionen Menschen *in Griechenland* im Konkreten durch Beschlüsse *in Deutschland* massiv noch mehr zu verschlechtern und wie rechtsstaatliche Grundsätze *in Griechenland* durch Beschlüsse des *Deutschen* Bundestags über Bord zu werfen sind.

- *Boulevard-Demokratie und Euro-Diktatur konkret*: Sofort nach der Ankündigung eines Referendums in Griechenland am 5. Juli 2015 schrillten im amtlichen Eurozonen-Apparat, in der Berliner Regierung und in den deutschen Medien die Alarmglocken. Im regierungsnahen Fernsehkanal ZDF lautete der Kommentar: »Die Frage des Referendums versteht kaum einer in Athen. Und schon gar nicht der Bauer im Hinterland.« Vizekanzler Sigmar Gabriel erklärte wahrheitswidrig: »Ich bin entsetzt, dass Griechenland ein sehr weitreichendes Angebot abgelehnt hat, was ja sogar [...] eine Umschuldung enthalten hat.«[165] Österreichs Außenminister Sebastian Kurz redete nach Berliner Vorgabe – und Klartext: »Wir sollten uns in der EU nicht

---

164. Unterlagen für die Bundestagsentscheidung vom 27. Februar 2012; Übers.-Nr. 0297-2012; Bundesdrucksache.
165. In: *Süddeutsche Zeitung* vom 30. Juni 2015; zuvor: *ZDF-Heute* vom 29. Juni 2015.

erpressen lassen. […] Es kann nicht sein, dass sich in der EU dasjenige Land durchsetzt, das am lautesten auf den Tisch haut.«[166] *Bild* führte eine »eigene Umfrage« durch, an der sich laut Springer-Blatt »rund 200.000 Bundesbürger beteiligten«. Die Frage, über die abzustimmen war, lautete selbstverständlich nicht so, wie im Fall des Referendums in Griechenland, bei dem es um soziale Themen, um das Ja oder Nein zum dritten Memorandum ging, sondern: »Soll es weitere Milliarden-Hilfen für Griechenland geben?«. Das – absehbare – Ergebnis: 88 Prozent stimmten mit »Nein«, immerhin 12 Prozent mit »Ja«.[167] Umgehend nach Ankündigung des Referendums entschied der EZB-Präsident Mario Draghi, wie bereits berichtet, dass die ELA-Kredite an griechische Banken »eingefroren« werden. Damit war klar, dass die Banken in Griechenland eine Woche vor dem Referendum schließen müssten – was dann auch so stattfand. Worauf Hunderte europäische Kamera-Teams nach Athen eingeflogen wurden, weil man Chaos und Verzweiflung – und einen veritablen Euro-Sieg – in Bild und Ton festhalten wollte.

Natürlich ist Draghi mit Amtssitz Frankfurt am Main ein Mann, der im Zweifelsfall nach der Pfeife der deutschen Regierung tanzt. Doch just bei diesem EZB-Beschluss, mit dem die griechischen Banken an den Hades-Abgrund platziert wurden und bei dem sich so gut wie alle in den herrschenden Kreisen einig waren, dass damit das Referendum in ihrem Sinne entscheiden würde, gab es erneut eine spezifisch deutsche Duftmarke: Am Donnerstag, dem 25. Juni 2015, hielt der Präsident der Deutschen Bundesbank und Mitglied des EZB-Rates Jens Weidmann eine Rede auf einem Finanzkongress in Frankfurt am Main. In dieser »kritisierte der Bundesbankpräsident in ungewöhnlicher Schärfe die permanenten Nothilfen für angeschlagene griechische Banken.« Er stellte eine weitere Unterstützung des griechischen Bankensystems durch »Emergency Liquidity Assistance«-Kredite grundsätzlich in Frage.[168] 24 Stunden später hatte EZB-Präsident Mario Draghi eben diese ELA-Kredite gekappt.

---

166. *Nachrichten.at* vom 30. Juni 2015.
167. Nach: *Bild* vom 4. Juli 2015.
168. »Weidmann verurteilt Ela-Notkredite an Griechenland«, in: *Frankfurter Allgemeine Zeitung* vom 26. Juni 2015.

***

Auf keine andere Debatte reagierten offizielle deutsche Kreise heftiger und antigriechischer als auf diejenige zu den (ausstehenden) deutschen Reparationen für Griechenland und zur offenen deutschen moralischen Schuld gegenüber Griechenland. Es gibt dabei drei sich wiederholende Argumente, die im Verlauf der Debatten des ersten Halbjahres 2015 vielfach und eindeutig widerlegt wurden.

Das *erste* lautet: »Die griechische Regierung präsentiert das Thema erst jetzt; das ist doch längst verjährt.« Tatsächlich haben die meisten griechischen Regierungen nach dem Zweiten Weltkrieg dieses Thema immer wieder angesprochen. Sie wurden entweder ignoriert oder auf den »fehlenden Friedensvertrag« und die deutsche Spaltung – und damit damals in den Augen der meisten auf einen Sankt Nimmerleinstag – verwiesen. Nach der Wiedervereinigung Deutschlands wurden unterschiedliche griechische Regierungen erneut in Bonn und dann in Berlin vorstellig. Der in Athen lebende Historiker Hagen Fleischer, der seit Jahrzehnten zum Thema deutsche Reparationen und Griechenland forscht und publiziert, erklärte 2010 in *DeutschlandRadio Kultur*: »Griechenland hat die [Reparations-] Forderungen gestellt! Sowohl gegenüber der Regierung Kohl als auch gegenüber der Regierung Schröder. Aber die Forderungen wurden im Allgemeinen bereits vom Türsteher abgewiesen.«[169] Exemplarisch sei hierbei die Konfrontation angeführt, zu der es 2010 zwischen der griechischen Regierung und Berlin kam. In Athen regierte seit Ende 2009 die sozialistische Pasok; die Berliner Regierung wurde seit 2005 von der CDU/CSU angeführt; Koalitionspartner war die FDP, die mit Guido Westerwelle auch den Außenminister stellte. Der griechische Vizeminister Theodoros Pangalos griff, so die Wiener Tageszeitung *Der Standard*, die deutsche Regierung scharf an und erklärte: »Sie [die Nazis; d. Verf.] haben das Gold aus der Bank von Griechenland weggeschafft und es nie wiedergegeben.« Der damalige geschäftsführende griechische Außenminister Griechenlands, Dimitris Droutsas, äußerte: »Für uns bleiben die Reparationszahlungen durch Deutschland eine offene Frage, das ist richtig. Das hat auch Premierminister Papandreou im Parlament bekräftigt.«[170] Die Berliner Regierung jedoch wies diese Einlassungen brüsk ab; die Chance, die seit nunmehr 65 Jahren schwelende Wunde zu heilen und eine für beide Seiten einvernehmliche Lösung zu finden, wurde vertan.

---

169. Interview mit Hagen Fleischer in: *DeutschlandRadio Kultur* (Radiofeuilleton) vom 2. März 2010.
170. Interview mit Dimitris Droutsas in: *Der Spiegel* vom 8. März 2010. Das vorausgegangene Zitat von Papagoulis nach: *Der Standard* vom 25. Februar 2010.

Das *zweite* Argument lautet: »Mit dem 2-plus-4-Vertrag von 1990 gab es einen Schlussstrich unter die Nachkriegsgeschichte und insbesondere unter Forderungen nach Reparationen.« Tatsächlich trifft das Gegenteil zu. Gerade der 2-plus-4-Vertrag wurde unter bewusstem Ausschluss von Ländern wie Griechenland, Jugoslawien, Polen und Niederlande verabschiedet. Die damalige Bonner Regierung war sich dabei absolut im Klaren darüber, dass sie sich damit auf dünnem Eis bewegte. Der Vertrag war bewusst so konstruiert, dass damit berechtigte Reparationsforderungen dieser Gruppe der »kleinen Alliierten«, deren Länder von der Wehrmacht besetzt worden waren, außen vor gehalten wurden.

Das *dritte* Argument lautet: »Wir haben doch längst gegenüber Griechenland unsere Verantwortung gezeigt und bezahlt«. Auch dies ist unzutreffend. Die einzige relevante Zahlung Westdeutschlands in diesem Zusammenhang waren die 115 Millionen DM, die 1961 flossen. Doch diese standen zum einen in einem fatalen Zusammenhang mit der bereits angeführten Freipressung des Massenmörders Max Merten im Jahr 1959. Darüber hinaus hielt die griechische Seite in einer Protokollnotiz fest, dass durch das entsprechende Abkommen die schwebenden Reparationsforderungen keineswegs abgegolten waren.[171]

***

De mortuis nil nisi sin bene. Über Tote möge man nichts als Gutes sagen – so das lateinische Sprichwort, das einen altgriechischen Ursprung hat und dort lautete τὸν τεθνηκότα μὴ κακολογεῖν. Inwieweit dieser Ratschlag förderlich ist, sei dahin gestellt. Gut wäre es jedoch auf alle Fälle, wenn die »guten« – zielführenden – Erkenntnisse von zwei prominenten Deutschen, die zu einem Zeitpunkt starben, als sich die neue Krise in Griechenland entwickelte, ernst genommen würden. Helmut Schmidt und Günter Grass äußerten sich klar zur neuen Krise um Griechenland. Doch die offizielle deutsche Politik und die deutschsprachige Öffentlichkeit ignorierten in den hunderten Nachrufen, die nach deren Tod jeweils erschienen, deren diesbezügliche Positionen weitgehend.

Als Helmut Schmidt am 10. November 2015 starb, waren sich alle führenden deutschen Medien einig, dass mit ihm ein großer deutscher Politiker und ein Mann der Vernunft und des Augenmaßes gestorben sei. Bei *Spiegel Online* hieß es, Schmidt sei zu »einer Ikone« gewachsen; vor allem sei er »immer glaubwür-

---

171. Vgl. Karl Heinz Roth, *Griechenland am Abgrund. Die deutsche Reparationsschuld*, Hamburg 2015, S.79.

dig gewesen«.[172] Zum Thema Griechenland hatte Helmut Schmidt noch im Mai 2015 gesagt: »Die bisherige Haltung der deutschen Bundesregierung zu diesem Problem (der nicht geleisteten deutschen Reparationen für Griechenland; d. Verf.] kann nicht lange aufrechterhalten werden. Die offizielle deutsche Haltung, dass es historisch und juristisch geklärt sei, ist in Wirklichkeit ohne Beteiligung der Griechen geklärt. […] Aber es ist, wenn Schulden gestrichen werden, unausweichlich, dass man da den Griechen entgegenkommt.«[173]

Als Günter Grass am 13. April 2015 starb, waren sich alle führenden Medien im deutschsprachigen Raum – und darüber hinaus! – einig, dass es sich um den »Tod eines Jahrhundertautors« handeln würde. Sigmar Gabriel veröffentlichte eine Erklärung, in der es hieß: »Wir verlieren einen […] Kämpfer für Demokratie und Frieden. […] Ohne seine mahnende Stimme für mehr Toleranz, seinen Willen zur Einmischung und seine regelmäßigen Interventionen wäre unser Land ärmer. […] Die SPD verneigt sich vor Günter Grass.«

Es war damals keine drei Jahre her, da hatte Günter Grass das Gedicht »Europas Schande« verfasst. Die Mehrheit der deutschen Qualitätsmedien war mit Schaum vor dem Mund über Lyrik und Dichter hergefallen; sie kritisierten unzureichende Syntax und fachsimpelten über das richtige – und bei Grass angeblich falsche – Hexameter-Versmaß.

In Wirklichkeit ging nur um eines: Zu verhindern, dass der Appell des Dichters in der Griechenlandfrage für Humanismus, dass die Kritik von Grass am nackten Materialismus und – vor allem! – dass der Bezug des Literaturnobelpreisträgers auf die dunklen Schatten der deutschen Vergangenheit nicht durchdringen möge, dass er verschüttet bleiben möge von all der deutschen Kleinlichkeit und all der teutonischen Überheblichkeit.

Es sind jedoch gerade die Zeilen dieses Gedichts, die den Dichter Günter Grass auszeichnen, die durchaus auch Selbstkritik zum Ausdruck bringen (Grass war als junger Mensch Mitglied der Waffen-SS), die die Eurokraten bloßstellen, die die deutschen Kontinuitäten ins notwendige helle Licht und die die notwendige Solidarität zwischen deutschen und griechischen Menschen ins Zentrum rücken.

---

172. *Spiegel Online* vom 23. November 2015.
173. Helmut Schmidt in ARD-Sendung »Talk bei Maischberger«, ARD vom 28. April 2015. Schmidt ging damals davon aus, dass es zu einem umfassenden Schuldenschnitt kommen werde.

Europas Schande[174]

Dem Chaos nah, weil dem Markt nicht gerecht,
bist fern Du dem Land, das die Wiege Dir lieh.

Was mit der Seele gesucht, gefunden Dir galt,
wird abgetan nun, unter Schrottwert taxiert.

Als Schuldner nackt an den Pranger gestellt, leidet ein Land,
dem Dank zu schulden Dir Redensart war.

Zur Armut verurteiltes Land, dessen Reichtum
gepflegt Museen schmückt von Dir gehütete Beute.

Die mit der Waffen Gewalt das inselgesegnete Land
heimgesucht, trugen zur Uniform Hölderlin im Tornister.

Kaum noch geduldetes Land, dessen Obristen von Dir
einst als Bündnispartner geduldet wurden.

Rechtloses Land, dem der Rechthaber Macht
den Gürtel enger und enger schnallt.

Dir trotzend trägt Antigone Schwarz und landesweit
kleidet Trauer das Volk, dessen Gast Du gewesen.

Außer Landes jedoch hat dem Krösus verwandtes Gefolge
alles, was gülden glänzt, gehortet in Deinen Tresoren.

Sauf endlich, sauf! schreien der Kommissare Claqueure,
doch zornig gibt Sokrates Dir den Becher randvoll zurück.

Verfluchen im Chor, was eigen Dir ist, werden die Götter,
deren Olymp zu enteignen Dein Wille verlangt.

Geistlos verkümmern wirst Du ohne das Land,
dessen Geist Dich, Europa, erdachte.

---

174. Günter Grass, »Europas Schande«, nach: *Süddeutsche Zeitung* vom 26. Mai 2012.

Kapitel 7
Der Zerfall des politischen Systems und das Troika-Regime

Oder: Vom Zweiparteienstaat zur Struktur der Strukturlosigkeit

Das Ethos der Selbstorganisation: der Syntagma-Platz
Die sich im Mai 2011 entfaltenden Platzbesetzungen in mehreren griechischen Städten haben mit einer neuen Qualität überrascht. Inspiriert von Kasba in Marokko, dem Tahrir-Platz in Kairo und der Puerta Del Sol in Madrid zeigte die Bewegung ihr Vermögen zur Erfindung neuer Aktionsformen, Ästhetiken und Instrumente zur Selbstführung. Unmittelbar vor dem Parlamentsgebäude, auf dem Syntagma-Platz, hatte sich über zwei Monate hinweg dauerhaft ein Praxisraum etabliert, in dem sich gleichzeitig eine permanente Aneignung des Öffentlichen, eine neuartige Organisierung von Entscheidungsfindung in Volksversammlungen und die Produktion selbstorganisierter Lebensräume in einem Camp entfalteten.
[...] Die Aneignung des öffentlichen Raums ist als Aneignung des Politischen zu lesen, in dem Kulturen des Gemeinsamen erfahrbar gemacht werden, die in der gesamten Gesellschaft eingedrungen sind und permanent aktualisiert werden.
Beispiele für diese Weiterführungen sind Versammlungen auf Nachbarschaftsebene. Diese »Assembleas« der Nachbarschaften entwickeln ihre Themen aus den Bedürfnissen der EinwohnerInnen. Dabei steht das Aufbauen von alternativen Solidargemeinschaften im Vordergrund, mit denen man versucht, sich in der neuen Armut gegenseitig zu helfen. Hier werden unzählige Möglichkeiten alternativer Ökonomien entwickelt, die durch Tausch von Dienstleistungen und Waren, die Sphäre des monetären Konsums umgehen. Tauschbörsen, neue Währungen, Do-it-Yourself-Zentren werden gerade zum Trend, auf den sich selbst Mainstreamfernsehsender und Glamourzeitschriften beziehen müssen. Und auch diese Praktiken sind von Selbstaktivierung getragen, ohne die Organisierung seitens einer Partei oder Organisation.

Margarita Tsomou[175]

---

175. Margarita Tsomou, *Die Krise in Griechenland: zwischen Entdemokratisierung und Selbstorganisation*, in: Alexandra Weiss (Hg.), *Systemfehler – Spaltungsrhetorik als Entpolitisierung von Ungleichheit*, Wien 2014.

Es gibt nicht nur eine Ursache für das Desaster. Neben den Memoranden trugen auch andere Faktoren zur heutigen griechischen Malaise bei. Schon seit seiner Gründung im Jahr 1830 war etwas faul im Staate Griechenland. Und mindestens seit einem halben Jahrhundert geißeln Experten und Laien systematisch die Gründe für seine Pathogenese: seine parasitäre bürgerliche Klasse, seine atrophische Zivilgesellschaft, seine hypertrophe Bürokratie, den Klientelismus in all seinen Facetten oder den »ausländischen Faktor«, die durchgängige Abhängigkeit des Landes von ausländischen Großmächten, manchmal sogar von mehreren gleichzeitig.[176]

Was die europäischen Beobachter erst in den vergangenen Jahren entdeckten, war in Griechenland immer schon gang und gäbe: die Kritik an den eigenen Missständen galt als Volkssport. Solange Griechenland nicht den Memoranden unterworfen war, war es seines Unglücks eigner Schmied. Die griechischen Eliten hatten wiederholt versagt. Daran knüpfte auch Alexis Tsipras an, als er bei seinem Besuch in Berlin am 23. März 2015 erklärte: »Wir müssen mit den Stereotypen aufräumen: Weder sind die Griechen faul, noch tragen die Deutschen die Verantwortung für alle Leiden Griechenlands«.

Wohl aber für die Leiden seit 2010. Die Memoranden tragen deutsche Handschrift. Sie sind zum großen Teil für das Unheil verantwortlich, von dem die Menschen des Landes seit 2010 betroffen sind: extrem hohe Arbeitslosigkeit, Verelendung, physische und psychische Krankheiten. Zudem haben sie die Umwälzung des politischen Systems auf dem Gewissen: Das gesamte »ancien régime« wurde in wenigen Monaten über den Haufen geworfen. Die Zweiparteien-Regierungsherrschaft der sozialistischen Pasok und der Nea Dimokratia, die seit 1974 bestand, wurde beiseite gefegt, eine bis vor kurzem kaum bekannte Partei, Syriza, übernahm 2015 die Regierung. Aber auch deren Position wurde in Rekordzeit prekär, ihr baldiger Zerfall ist nicht auszuschließen. Mit den Memoranden ist eine Periode der politischen Verrücktheit angebrochen, die naturgemäß unübersicht-

---

[176] Die Unterwürfigkeit griechischer Politiker gegenüber den Vertretern der Großmächte hatte in der ersten Phase nach der Staatsgründung 1830 bizarre Formen angenommen: Die Parteien trugen keine eigenen Namen, sondern die ihrer Schutzmächte: sie nannten sich englische, französische oder russische Partei. Auch im 20. Jahrhundert konnten sie die Nabelschnur zu den fremden Machtzentren nicht durchtrennen. Die Zentrums-Partei von Elefterios Venizelos (1864–1936), der auch von linken Politologen als der bedeutendste griechische Politiker des 20. Jahrhunderts bezeichnet wird, war ein schlichter Befehlsempfänger der Engländer, der Hof hingegen, sein eigentlicher politischer Gegenspieler, war deutschlandhörig. Die Kommunistische Partei Griechenlands KKE hatte sich durchgehend Moskau untergeordnet. Nach dem Zweiten Weltkrieg und bis zum Beitritt Griechenlands in die EU orientierten sich die bürgerlichen Parteien an den USA. Siehe dazu: Kostas Tsoukalas, *Die griechische Tragödie (Η ελληνική τραγωδία)*, Athen 1981, S. 10.

lich ist. Land ist nirgends in Sicht. Und es wird wahrscheinlich weiter unsichtbar bleiben, solange die politischen Strukturen nicht eine neue Solidität erlangen.

Brüchige Strukturen

Die Struktur einer Sache, sagen die Strukturalisten, ist das Wesen einer Sache. Sie setzt den Rahmen ihrer Bewegung und bestimmt ihre Entwicklung fortwährend. Wendet man diese These auf Griechenland an, so ist dort nicht mehr viel von Strukturen zu erkennen. Die Memoranden haben sie zum großen Teil demontiert, während die neuen, die an ihre Stelle treten, sich noch nicht festigen konnten. Neben der ökonomischen Basis ist auch der gesellschaftliche Überbau betroffen, staatliche Institutionen, Parteien, Gewerkschaften ebenso wie soziale Sicherungsnetze. Die Demontage der Struktur demontierte auch ihr Wesen, das im Zusammenhalt und in der Steuerung des Landes bestand. Diese Steuerung ist selbst steuerlos geworden und verstärkt damit die allgemeine Desorientierung.

Solche Demontagen hatten auch in der Vergangenheit stattgefunden. Gewaltsame Strukturänderungen sind aber nicht per se »schlecht« oder »gut«: Die Revolution des griechischen Militärs 1909 gegen den autoritären Hof war der Auftakt für die erste große Modernisierung des Landes. Umgekehrt hatte der Putsch der Obristen 1967 die demokratischen Einrichtungen zerschlagen. Die »Implosion« der Obristen-Diktatur im Jahr 1974 als Ergebnis ihrer misslungenen Operation, Zypern zu annektieren, und vor dem Hintergrund des studentischen Aufstands in Athen im Jahr davor, hatte hingegen zur Wiederherstellung der Demokratie geführt.

Die letztgenannte Strukturänderung ist im Rahmen dieser Untersuchung auch die bedeutendste: erstens weil sie bis 2010 andauerte und zum Teil noch nachwirkt, und zweitens weil in ihrem Rahmen der uralte Traum der griechischen Bourgeoisie, in Europa anzukommen – ein Traum, den sie mit der Mehrheit der Bevölkerung teilte – endlich Wirklichkeit wurde.

Das Wesen dieses Strukturwandels wurde in einem »magischen« Wort ausgedrückt: »Metapolitefsi« – Staatsformwechsel. Er bezeichnete den »samtweichen Übergang«, wie er damals benannt wurde, von der Diktatur zur Demokratie sowie von der monarchischen zur republikanischen Staatsform und zugleich einen kraftvollen Aufbau des Landes. »Der Staatsformwechsel erwies sich tatsächlich als ein Totaleinschnitt auf allen Ebenen, der politischen, der verfassungsmäßigen, der wirtschaftlichen und der ideologischen«, schreibt der Politologe Giannis Voulgaris. »Nach vielen Stürmen war das letzte Jahrhundertviertel eine der friedlichsten und normalsten Perioden der neugriechischen Geschichte«.[177]

Politisch begann diese Periode mit zwei Marksteinen: der Legalisierung der seit 1947 verbotenen kommunistischen Partei KKE, angeordnet vom konservativen Ministerpräsident Konstantinos Karamanlis im Jahr 1974, und der Anerkennung des bis dahin verfemten nationalen Widerstandes gegen die Nazis, die unter dem sozialistischen Ministerpräsidenten Andreas Papandreou im Jahr 1982 erfolgte.

Auch wirtschaftspolitisch wurde das Land durch seine Beitritte 1981 in die EG und 2001 in die Eurozone auf den Kopf gestellt. Dies führte über längere Zeiten zu einem starken wirtschaftlichen Aufschwung, der sich aber wegen seiner geringen Nachhaltigkeit – siehe Kapitel 3 – in den Jahren der Krise ab 2009 als verhängnisvoll erweisen sollte.

Die wichtigsten Kennzeichen des politischen Systems seit 1974 waren:

- die sogenannte »Zweiparteienherrschaft« (dykomatismós), repräsentiert von der konservativen Nea Dimokratia und der sozialistischen Pasok. Ergänzend dazu gab es eine dritte starke politische Kraft, die Linke, die aber bis 2015 nie an die Regierung kam.
- der Klientelismus, der nach einem ersten Aufschwung allmählich an Bedeutung verlor.

Das Tandem der Zweiparteienherrschaft: Pasok und Nea Dimokratia

Seit dem 19. Jahrhundert teilten sich in Griechenland zwei Parteien die Staatsmacht. Für die Linke war dies ein ständiger Grund für Lamento; sie sah darin den Hauptgrund für die »Kakodaimonie«, die Heimsuchung des Landes durch alle möglichen Übel.

In der Periode 1949–1973 diente die Zweiparteienherrschaft, laut Andreas Papandreou, ausschließlich den US-Interessen: »Um die Geschichte Griechenlands nach dem Bürgerkrieg zu verstehen, muss man zur Kenntnis nehmen, dass das politische Leben des Landes von den USA wesentlich kontrolliert, um nicht zu sagen dirigiert wurde«, meinte er 1973.[178] Das »Rezept von Washington« bestünde im Eindringen der Amerikaner in den griechischen Staat – in »all seine

---

177. Giannis Voulgaris, *Das nachdiktatorische Griechenland 1974-2009*, Köln 2016 (in Druck).
178. A. G. Papandreou, *Die Bedeutung des Volksaufstands von November*, abgedruckt in der Zeitung Αγώνας (Kampf), 29. September 1973.

Poren, bis hinein in den Hof«. Die Regierung sollte von der Partei der Rechten (ERE), einer Marionette der USA, monopolisiert werden, während der zweiten bürgerlichen Partei, der liberalen Zentrumsunion, die Rolle der ewigen großen Oppositionspartei zugewiesen wurde.

Ab 1974 hörte das Duo auf, ein rein bürgerliches zu sein. An die Stelle der ERE trat die konservative Nea Dimokratia (ND). Als zweite große Partei rückte die neugegründete sozialistische Pasok von Andreas Papandreou auf. Diese trat mit einer revolutionären »Dritte-Welt-Rhetorik« an, gab diese aber schnell wieder auf, um eine bürgerliche Modernisierungspolitik zu betreiben, was auch in vielen Bereichen überfällig war. Denn als Papandreou 1981 schließlich an die Regierung kam, gehörte Griechenland zu den rückständigsten Ländern Europas – die Nea Dimokratia hatte während ihrer Regierungszeit von 1974 bis 1981 diesbezüglich keine wesentlichen Veränderungen bewirkt. Die Pasok übernahm somit die Aufgabe der »zivilisatorischen Modernisierung« des Landes: »Modernisierung des Familienrechts, Abschaffung der Mitgift, Abschaffung der Strafbarkeit des Ehebruchs, Einführung der Zivilheirat. Auch wurde das Stimmrecht ab 18 Jahren festgelegt«.[179] Diese Maßnahmen entsprachen dem damaligen europäischen Standard, einige davon, wie das Gesetz zur Gleichstellung der Frauen, gingen sogar darüber hinaus.

Auch die Lage der ökonomisch schwachen Bevölkerungsschichten wurde verbessert. Die Löhne wurden bis 1985 kräftig gehoben, der Sozialstaat wurde dergestalt ausgebaut, dass er diesen Namen zum ersten Mal halbwegs verdiente. Dies wurde auch durch den Beitritt zur EG erleichtert, der viel »heißes« Geld in die griechischen Kassen spülte. Schon damals machte der Spruch die Runde, dass jede siebte Drachme in der Tasche eines griechischen Bürgers aus Brüssel stamme.

Zum Aufschwung trug auch die expansive keynesianische Wirtschaftspolitik bei, die Papandreou von Karamanlis übernommen hatte und weiterführte. Durch die Gründung neuer und den Ausbau alter Betriebe wurde der staatliche Sektor erheblich verstärkt. Er avancierte zum größten Unternehmer des Landes. Aufgrund dieser besonderen Entwicklung kam es dazu, dass das große Privatkapital immer mehr die Rolle des Zulieferers oder gar des »parasitären« Subunternehmers von staatlichen Betrieben annahm.

Die kalte Dusche kam Mitte der 1980er Jahre, als Papandreou feststellen musste, dass er sich übernommen hatte. Die staatlichen Defizite drohten ihm über den Kopf zu wachsen. Er musste plötzlich mit der expansiven Geldpolitik zurückru-

---

179. Giannis Voulgaris, a.a.O.

dern, was letztlich – neben diversen Skandalen – wesentlich zu den Pasok-Niederlagen bei den Parlamentswahlen von 1989 und 1990 beitrug. Das Karussell des Regierungswechsels setzte seine Drehungen im Zweiertakt fort, 1990 wurde die Regierung von der Nea Dimokratia unter Konstantinos Mitsotakis übernommen, 1993 wieder von Papandreou bzw. 1996 vom neuen Vorsitzenden der Pasok Kostas Simitis. Die weiteren Übergaben waren: 2004 an Kostas Karamanlis (ND) und 2009 an Giorgos Papandreou (Pasok).

Ein wichtiger Indikator für die Beständigkeit der Zweiparteienherrschaft war die addierte Wahlstärke beider Parteien: Als Faustregel galt, dass ihre Herrschaft erst dann unanfechtbar war, wenn sie zusammen die Grenze von 80 Prozent übertrafen. Fiel das gemeinsame Ergebnis unter 75 Prozent, schrillten die Alarmglocken. Über 22 lange Jahre, von 1985 bis 2009, waren diese nicht zu hören, das Herrschaftsmonopol von Nea Dimokratia und Pasok blieb unangetastet (siehe Tabelle 7).

Tabelle 7: Wahlergebnisse der langjährigen Regierungsparteien Nea Dimokratia und Pasok in Prozenten, Summe ihrer Ergebnisse; ergänzt um die Wahlergebnisse von Syriza

Parlamentswahlen	ND	PASOK	ND & PASOK	SYRIZA
20. November 1977	41,84	25,34	67,18	
18. Oktober 1981	35,87	48,07	73,41	
2. Juni 1985	40,84	45,82	86,66	
18. Juni 1989	44,25	39,15	83,4	
5. November 1989	46,19	40,76	86,95	
8. April 1993	39,30	46,88	86,18	
22. September 1996	38,12	41,49	79,61	
9. April 2000	42,74	43,79	86,53	
7. März 2004	45,36	40,55	85,91	
16. September 2007	41,84	38,10	79,94	5,04
4. Oktober 2009	33,48	43,92	77,4	4,60
6. Mai 2012	18,85	13,18	32,03	16,76
17. Juni 2012	29,89	12,28	42,17	26,89
25. Januar 2015	27,81	4,68	32,49	36,34
20. September 2015	28,10	6,28	34,38	35,46

Der erste Einbruch erfolgte 2009, als die addierten ND-Pasok-Stimmen auf 77,4 Prozent fielen. Danach gab es keinen Halt mehr: Die beiden Parteien hatten die Unterwerfung des Landes unter die Gläubiger zu verantworten und verloren rasant das Vertrauen der Bevölkerung. Schon zwei Jahre nach dem Beginn ihrer Anwendung hatten die Memoranden ganze Arbeit geleistet. Die Zweiparteienherrschaft war zerbrochen. Mit ihr auch die Pasok, während die Nea Dimokratia neben den erlittenen Wahlverlusten ständig von einer Spaltung bedroht ist.

Klientelismus oder die Politiker als Paten

Die Entwicklung Griechenlands nach 1974 ist nicht ohne die Wirkung des sogenannten Klientelismus zu verstehen. Dieser hat seine sozialen Wurzeln im 19. Jahrhundert, setzte sich aber nach dem Zweiten Weltkrieg in einem übersteigerten Ausmaß fort. Damals ging es, wie der Soziologe Konstantinos Tsoukalas ausführt, um die Wiederherstellung des »Rückgrats der Nation«, der mittleren Schichten, die durch den Krieg dezimiert worden waren. Dies geschah, indem tausende und abertausende »vertrauenswürdige« Personen in den Staatsdienst aufgenommen wurden, der dadurch der größte Arbeitgeber des Landes wurde.[180] Es war die hohe Stunde der politischen Schirmherren, die durch Vermittlungen von Staatsposten ihre Wähler lebenslang an sich binden konnten.

Der Klientelismus ist nach dem Politologen Dimitris Sotiropoulos nicht bloße Vetternwirtschaft. Vielmehr handelt es sich um eine besondere Art der politischen Partizipation und der Organisation des Verhältnisses von Staat und Gesellschaft. Sein grundlegendes Strukturelement ist das Duo Patron/Kunde. Deren Beziehung ist asymmetrisch und vertikal in dem Sinne, dass der Kunde vom Patron abhängig ist. In der Praxis bedeutet das, dass die Werktätigen ihr Verhältnis zum politischen System nicht nach einem »horizontalen Modus« gestalten, indem sie Parteien oder Gewerkschaften gründen, sondern sich in direkte Abhängigkeit von einer politischen Person oder Instanz begeben.[181] Ein charakteristischer Vertreter dieser Spezies ist der ehemalige Ministerpräsident Konstantinos Mitsotakis (1990-1993), der »Nonos« (Pate) von tausenden Kindern vor allem in seinem Wahlkreis auf Kreta. Deren Familien waren dann immer die

---

180. *To Vima* vom 19. Januar 2014.
181. Dimitris Sotiropoulos, *Πελατειακές σχέσεις και νέες μορφές πολιτικής: Μια δύσκολη συμβίωση (Klientelismus und neue Formen politischer Partizipation: Eine schwierige Symbiose)*. Vortrag im Rahmen des wissenschaftlichen Symposiums »Revisionen des Politischen«, Ägäische Universität, Mytilini, November 2007.

ersten, denen Mitsotakis Staatsposten zuschanzte. Damit konnte er ihre lebenslange Loyalität erkaufen.

Mit der Zeit änderte sich die Form des Klientelismus wesentlich. An die Stelle einzelner Politiker traten die Partei und ihre Unterorganisationen. Das war besonders in den 1980er Jahren zu sehen, als im Zuge des Ausbaus der staatlichen Betriebe massenhaft Leute eingestellt wurden. Mit den Einstellungen waren nicht mehr einzelne Abgeordnete befasst, sondern vielmehr die lokalen Organisationen der Pasok oder deren Repräsentanten in den Betrieben. Man spricht hier auch von der »Bürokratisierung des Klientelismus«. Dabei muss bedacht werden, dass Pasok in diesen Jahren viele Hunderttausend Mitglieder zählte; auf ihrem Höhepunkt waren es 700.000. Damit war eine feine Verästelung bis auf die Ebene der meisten Dörfer gewährleistet. Zum Vergleich: Die SPD hatte Ende 2015 rund 450.000 Mitglieder; auf ihrem Höhepunkt 1973 lag deren Mitgliederstärke für kurze Zeit bei einer Million. Unter Berücksichtigung der unterschiedlichen Einwohnerzahl hätte die SPD die kaum vorstellbare Zahl von 7 Millionen Mitglieder vorweisen müssen, um eine vergleichbare Verankerung wie die Pasok zu haben. Mit der großen Privatisierungswelle der staatlichen Unternehmungen unter der Regierung von Kostas Simitis in den Jahren 1996 bis 2004 gab es einen neuerlichen Formwechsel. Die Aufnahme neuer Angestellter verlagerte sich notgedrungen auf den Bereich der Administration, wodurch diese enorm aufgebläht wurde. Der Klientelismus hatte damit jeglichen instrumentellen Charakter und damit auch, nun für alle sichtbar, seine Legitimation verloren. Es ging nicht mehr um die Verteilung produktiver Arbeit, sondern um reine Versorgungposten.

Ab 2010 wurde die Praxis der Einstellungen nicht nur unterbrochen. Nunmehr wurden hunderttausende Angestellte gezwungen, den Staatsapparat zu verlassen. Die Zahl der im öffentlichen Sektor Beschäftigten wurde innerhalb von fünf Jahren um vierzig Prozent reduziert. Es handelt sich dabei um einen Prozess, der für Friedenszeiten historisch einmalig ist – ein Kahlschlag, wie es ihn selbst in anderen Ländern, die einem Troika-Diktat unterliegen, nicht annähernd gegeben hat.[182]

Damit hat der Klientelismus auch seine materielle Grundlage verloren. Er lebt allerdings als Mentalität fort.

---

182. Im Jahr 2009 zählte der öffentliche Sektor insgesamt 952.625 Personen. Diese Zahl ging bis 2015 um 40 % auf 573.958 zurück. Quelle: Griechisches Innenministerium, *Kathimerini* vom 26. Mai 2015. Diese »Verschlankung« des Staates geschah auf Geheiß der Troika. Dabei ging es allerdings nicht darum, klientelistisch bedingte Fehlentwicklungen zu korrigieren, sondern in erster Linie um Einsparungen um jeden Preis, sodass nun auch in sensiblen Bereichen wie z. B. dem Gesundheitswesen oder bei der Steuerfahndung akuter Personalmangel herrscht.

Das Schreckgespenst des Klientelismus: Zivilgesellschaft

Der Klientelismus blüht und gedeiht überall dort, wo andere Formen der politischen Partizipation sehr beschränkt sind. Das war auch nach 1974 der Fall. Dennoch entwickelten sich seit damals Strukturen der Zivilgesellschaft, die dem Klientelismus entgegenstanden.

Als Zivilgesellschaft wird der soziale Raum bezeichnet, der zwischen der Familie, dem Staat und der Wirtschaft liegt. In diesem Dreieck können horizontale Beziehungen zwischen den Bürgern und dem Staat eingegangen werden, die unabhängig von der Patronage der Politik sind. Als Vermittler dazu treten Gewerkschaften, Umweltbewegungen, feministische, antirassistische oder auch kulturelle Bewegungen auf, die gesellschaftliche und politische Themen auf ihre Fahnen geschrieben haben. Die Zivilgesellschaft ist somit der Gegenpol zum Klientelismus, der vertikale Verhältnisse zur Erfüllung rein privater Anliegen herstellt.

Von der Existenz einer griechischen Zivilgesellschaft gab es in den 1960er Jahren erste kräftige Lebenszeichen. Sie war Teil einer Bewegung, die im Sommer 1965 monatelang in Massendemonstrationen gegen die Entlassung des damaligen Ministerpräsidenten Georgios Papandreou durch den König Konstantin II. protestierte. Allerdings gingen die Mobilisierungen ab Herbst desselben Jahres zurück, und damit wurden auch die selbstorganisierten Gruppen wieder an den Rand gedrückt. Sie konnten sich aber im linken und im gewerkschaftlichen Milieu sowie im kulturellen Bereich weiter entfalten.

Der große Rückschlag für die Zivilgesellschaft, wie für die griechische Gesellschaft überhaupt, kam zwei Jahre später im April 1967: Die Obristen putschten, unterstützt durch den griechischen König und die USA, und errichteten eine Militärdiktatur. Dadurch wurde »der griechische Patient in Gips« gelegt – so der Diktator Georgios Papadopoulos – und somit von der übrigen Welt abgeschnitten. Die Zensur tat das Ihrige, indem sie die Kommunikation mit der Außenwelt, vermittelt über die Massenmedien, unterband. So verpassten die Griechinnen und Griechen die epochalen Ereignisse jener Zeit, die das gesellschaftliche Leben in Dutzenden Ländern veränderten, aus direkter Anschauung: den französischen Mai von 1968, die Studentenrevolte in der Bundesrepublik, die großen Mobilisierungen der Arbeiter in Italien, die Bewegung der Blumenkinder in den USA, den Prager Frühling oder die Wahl Allendes in Chile. Sie konnten nicht das Lebensgefühl in sich aufnehmen, das mit der sexuellen Revolution und der feministischen und anderen neuen sozialen Bewegungen begann, in die Mitte der Gesellschaft dieser Länder vorzudringen. Zehntausende Studierende, die damals im Ausland lebten, konnten all das ihren isolierten Landsleuten nicht in genügendem Ausmaß vermitteln.[183] Das erklärt, warum die neuen ökologischen und emanzipativen Bewegungen, wie die Frauenbewegung, im Land nicht sicheren Fuß fassen konnten. Erst 2011 sollte sich dies gründlich ändern.

Immerhin begannen zivilgesellschaftliche Gruppen nach 1974, nach dem Ende der Junta, den öffentlichen Raum zunehmend zu besetzen. Die bürgerlichen Parteien blieben zwar, dank des hypertrophen Staates und des damit verbundenen Klientelismus, die Herren des Geschehens. Aber die Zivilgesellschaft selbst war nicht mehr atrophisch.[184] Der Aufstand im Polytechnikum gegen die Obristen im November 1973 hatte einen neuen, überwiegend linken republikanischen Geist erzeugt. Und dank der »neuen«, zuvor kaum bekannten Freiheit, welche die Verfassung der Republik (mitverfasst von linken Pasok-Politikern wie Dimitris Tsatsos) gewährte, konnte sie sich weiter entfalten. Zwischen 1974 und 1981, als Andreas Papandreou an die Regierung kam, war die Straße eine wichtige Arena des politischen Geschehens. Die Gewerkschaften forderten – allerdings in noch bescheidenem Ausmaß – im Wirtschaftsbereich die Herrschaft des Klientelismus heraus. Die Rolle der Massenmedien, die das wichtigste Kommunikationsmittel der Zivilgesellschaft waren, wurde ebenfalls aufgewertet. Alle diese Entwicklungen ermunterten viele Menschen, ihre Angelegenheiten selbst in die Hand zu nehmen.

40 Jahre später war die griechische Zivilgesellschaft fester Bestandteil der gesellschaftlichen Strukturen. Mit den Memoranden der Troika 2015 stieg der Stellenwert der Zivilgesellschaft auch in Nebenbereichen der Wirtschaft sprunghaft an. Sie musste, so gut es ging, überall dort einspringen, wo der Staat seine Aufgaben nicht mehr wahrnehmen konnte. Hunderte Solidaritätsorganisationen bzw. -netze entstanden, die Suppenküchen betreiben, Medikamente und ärztliche Dienste gratis bereitstellen oder Obdachlosen- und Flüchtlingshilfe leisten. Neue Genossenschaften entstehen, Gemeinden stellen ihre Infrastruktur zur Verfügung und neben diversen Nichtregierungsorganisationen (NGOs) sind auch Universitäten und Schulen aktiv geworden.[185] Selbst die griechisch-orthodoxe

---

183. Dazu kam, dass griechische Studierende, die als links galten, keine Pässe bekamen und während der Militärdiktatur gar nicht nach Griechenland einreisen konnten.
184. Über die Entwicklung des Verhältnisses zwischen dem »hypertrophen« Staat und der »atrophischen« Gesellschaft siehe: Giannis Voulgaris, *Κράτος και κοινωνία πολιτών στην Ελλάδα, μια σχέση προς επανε ξέταση; (Staat und Zivilgesellschaft in Griechenland, eine zu überprüfende Beziehung?)* in: »Griechische Revue der Politischen Wissenschaft«, Heft 28, November 2006.
185. Die Tageszeitung To Vima veröffentlicht täglich einen Atlas der Solidarität, in dem alle wichtigen Organisationen und Netze sowie die täglichen Angebote zu finden sind. http://www.tovima.gr/afieromata/solidarity/.

Kirche verließ zum ersten Mal ihre passive philanthropische Rolle und leistet nun aktive Solidaritätsarbeit. Sie organisiert in den Ballungszentren täglich die Grundversorgung von zehntausenden Menschen. Und wurde so zum ersten Mal in ihrer neueren Geschichte, ansatzweise, zur »Ecclesia der Mühseligen und Beladenen«, zur »Kirche des Volkes«.

Parallel entwickelten sich die Strukturen der sogenannte Solidarökonomie, die in der Form eines Netzwerkes von Kleinbetrieben bestehen und vor allem die Versorgung von Hungernden und Obdachlosen übernehmen. Auf einer Stufe »höher« stehen die Betriebe der Sozialökonomie, die ihre Aktivität außerhalb des üblichen kommerziellen Wirtschaftsbetriebs entfalten. Zwei herausragende Beispiele davon, die von der Belegschaft angeeignete Fabrik VIOME und die *Zeitung der Redakteure* (EFSYN), beschreibt Margareta Tsomou:

»Beide Kooperativen sind aus Dauerstreiks entstanden, in Betrieben, die wegen unzureichender Gewinne geschlossen werden sollten und schließlich von der Belegschaft übernommen wurden. VIOME hat die Produktion auf umweltfreundliche Reinigungsmittel umgestellt, während nun die Fabrikarbeiter in den öffentlichen Interviews als die Sprecher des Unternehmens auftreten. Die Zeitung der Redakteure ist aus dem Bankrott von Eleftherotypia, der größten liberalen Zeitung Griechenlands, hervorgegangen und wird heute von den besten Journalistinnen und Journalisten des Landes geleitet, die sich darüber freuen können, als ihre eigenen Chefs wirklich unabhängig berichten zu dürfen. Aber auch jenseits dieser beiden prominenten Beispiele erlebt die Bewegung der Kooperative zurzeit einen deutlichen Aufschwung; sie erfasst Kaffeehäuser, Tavernen, Computerwerkstätten, Buchläden, Verlage und Einzelhandelsunternehmen jeder Art, die als Arbeitskollektive funktionieren. Bis November 2012 wurden 93 genossenschaftliche Unternehmen beim Arbeitsministerium gemeldet«.[186]

Der Marktanteil der neuen Sparte war Anfang 2016 noch minimal, die Regierung plant aber ihre Förderung im Rahmen der Rekonstruktion der griechischen Wirtschaft. Der Ökonom Petros Linardos-Rylmon schätzt ihr ökonomisches Potenzial hoch und ihr politisches noch höher ein. Gleichwohl beschränkt er sein Augenmerk nicht auf eine einzelne Bewegung. Er ruft zu einem Dialog aller im Bereich der Linken und der Ökologie auf, um die »Antwort der Gesell-

---

186. Hervorzuheben ist, dass EFSYN, die Zeitung der Redakteure, seit geraumer Zeit die einzige Zeitung mit wachsender Auflage ist, ein Blatt, das in seiner Qualität als linke radikale Zeitung auch europaweit ihresgleichen sucht.

schaft der Arbeitenden und der Zivilgesellschaft auf die zerstörerischen Auswirkungen der Krise« zu formulieren.[187]

Der Paradigmenwechsel der Zivilgesellschaft: Syntagma-Platz

In ruhigen Zeiten verhält sich die Zivilgesellschaft zurückhaltend; sie überlässt die große Politik den Parteien. Wenn das Klima jedoch zu rau wird, meldet sie sich oft direkt zu Wort. Das war der Fall im Zeitraum zwischen Mai und August 2011, dem griechischen »Sommer der Anarchie«. Die griechischen »Indignados«, die Empörten, griffen unmittelbar ins politische Geschehen ein: Abend für Abend kamen tausende Bürgerinnen und Bürger in vollen Metrozügen zum Syntagma-Platz, wo sie vor dem Parlament lautstark ihren Unmut gegen die Regierung der Memoranden äußerten.

Es war eine Bewegung jenen Typs, die zu den »neuen« Neuen Sozialen Bewegungen zählt.[188] Diese sind nicht klassen- und parteiorientiert, sie verschaffen sich eigene Organisationsformen (Netzwerke) und Kommunikationsstrukturen (soziale Medien). Ihr Ziel ist nicht die Umverteilung materieller Werte, sondern vielmehr die Gestaltung der »Lebenswelt« – des gemeinsam erlebten Alltags der Menschen, wie dies Jürgen Habermas definiert. Diese »reale Utopie« wurde auf dem Syntagma-Platz praktiziert, wobei kollektive und »körperliche« Ausdrucksformen eine wesentliche Rolle spielten.[189] Es war, wie es ein Beteiligter ausdrückte, tagtäglich ein Fest der Sinne.

---

[187]. Petros Linardos-Rylmon, Διανοητική εργασία, κοινωνικά κινήματα και έξοδος από την κρίση (Intellektuelle Arbeit, soziale Bewegungen und Ausgang aus der Krise), Athen 2011, S. 114

[188]. Francesca Polletta, James M. Jasper: *Collective identity and Social movements*, Annual Revue of Sociology, Vol 27, 2001, S. 283-305, zitiert nach Maria Papapavlou: Η ΕΜΠΕΙΡΙΑ της ΠΛΑΤΕΙΑΣ ΣΥΝΤΑΓΜΑΤΟΣ (Die Empirie des Syntagma-Platzes), Athen 2015, S. 39.

[189]. Die »körperlichen Ausdrucksformen« auf dem Syntagma-Platz beschränkten sich nicht auf Körperkontakte, die wie ein Wärmestrom durch alle Beteiligte hindurch liefen, sondern erstreckten sich auf gemeinsame Gesten, wie die zitternden Hände oder die sehr griechische Muntza, die aggressiv vorgezeigte Oberfläche der rechten Hand, die Fluch bedeutet. Dazu kamen Tänze, wie jener, den Margareta Tsomou beschreibt: »Im Tränengasnebel wurden die ›Empörten‹ zu einer tanzenden Gemeinschaft, die vor dem Hintergrund der Konfrontation mit der Polizei die Performance eines populären Folkloretanzes weniger als Konflikt-, denn als gemeinsame Durchhaltestrategie wählten. Dabei ging es weniger um eine Adressierung für einen Dritten, sondern um die körperliche Konstituierung des kollektiven Selbst in der zur Kreismitte und damit auf sich selbst ausgerichteten Formation der Körper […] Dabei hat sich gezeigt, dass die griechischen ›Empörten‹ neue, eigensinnige Gesten und Protestperformances erfunden haben, die sie als operative Gemeinschaft konstituieren«. Margareta Tsomou, *Der besetzte Syntagma-Platz 2011 – Körper und Performativität im politischen Alphabet der »Empörten«*. In: Das Versuchskaninchen baut am eigenen Labor. Zum Aufschwung solidarischer Ökonomien als Exodus-Praktiken im Griechenland der Krise.

Demokratie war dabei ein wichtiges Thema. Sie kam in der Selbstorganisation zum Ausdruck. Keine Hierarchie war geduldet: das Los entschied darüber, wer das Mikrophon bekam; es herrschte Meinungsfreiheit. Die Menschen vom Syntagma-Platz knüpften damit bewusst an die Tradition der nur wenig entfernten antiken Agora an.[190] Syriza begleitete diese Bewegung mit Sympathie, konnte sie aber, allein schon wegen ihrer unterschiedlichen Organisationsstrukturen, nicht instrumentalisieren.

Insgesamt hatten hunderttausende Menschen an den Aktionen teilgenommen, ein kleiner Teil hatte sogar durchgehend auf dem Platz campiert. Das politische Ziel der Bewegung aber, die von der Troika diktierten Gesetze zu verhindern, konnte nicht verwirklicht werden. Damit verlor sie ihren Halt und verebbte rasch. Was blieb, war eine kollektive Erfahrung, die letztlich auch zum späteren Sieg der Syriza beitrug.

Die Zivilgesellschaft wurde ein weiteres Mal aktiviert, als die Regierung von Ministerpräsident Antonis Samaras am 11. Juni 2013 ohne Vorankündigung den öffentlichen Rundfunk ERT schließen ließ. Sie wollte damit den Memoranden Genüge tun, die Entlassungen verlangten, und gleichzeitig die kritischen Stimmen im Rundfunk zum Schweigen bringen. Viele der 2.600 entlassenen Rundfunkangestellten besetzten in der Folge das Gebäude und führten das Radio- und Fernsehprogramm in Selbstverwaltung fort. Die Zivilgesellschaft unterstützte sie dabei und nahm monatelang an den Kulturveranstaltungen im Vorhof des ERT-Gebäudes teil. Dies löste ein politisches Erdbeben aus. Die Dreiparteien-Regierung von Nea Dimokratia, Pasok und Demokratische Linke (eine Abspaltung von Syriza) brach auseinander, weil die Demokratische Linke als Resultat dieser massenhaften demokratischen Bewegung gegen die Schließung der ERT opponierte. Die Regierung wurde notgedrungen von den beiden verbleibenden Parteien neu gebildet.

Dies war der erste große politische Sieg der Zivilgesellschaft und wurde auch als solcher wahrgenommen.

Klassenkampf im Schatten der Memoranden

Der Klientelismus ist eine schräge Art der politischen Beteiligung. Er zeigt das Unvermögen eines großen Teils der Bevölkerung auf, die eigenen Interessen im

---

190. In der deutschsprachigen Literatur und Medienberichterstattung zu Griechenland wird der Bezug auf die altgriechische Geschichte in der Regel überstrapaziert. In diesem Kontext allerdings wäre er hervorzuheben gewesen. Was allerdings interessanterweise unterblieb.

Klassenkontext zu vertreten. Auch die politischen Möglichkeiten der Zivilgesellschaft sind beschränkt, da diese nicht um die Macht im Staat kämpft. Nicht so die Parteien: Ihr Ziel ist per definitionem dieser Kampf um den Staat. Ähnliches gilt insofern auch für die Gewerkschaften, insoweit diese das Regime der Memoranden bekämpfen. Damit erhalten ihre Aktionen quasi automatisch politischen Charakter.

Das zeigt sich in der Anzahl der Generalstreiks, die sich ausschließlich gegen die von der Troika diktierten »Reformen« wandten. Bereits im Jahr 2010 gab es zwölf Generalstreiks, 2011 folgten acht, nochmals zwölf im Jahr 2012, elf im Jahr 2013, vier im Jahr 2014 und drei 2015. Es waren also genau fünfzig Generalsstreiks, von denen allerdings einige nur den privaten bzw. öffentlichen Sektor betrafen. Dazu kamen unzählige Massendemonstrationen und Kundgebungen, die von den Parteien und anderen politischen Gruppen organisiert wurden.

Es reichte dennoch nicht. Eine Auflage der Troika nach der anderen wurde von der jeweiligen Regierungsmehrheit durchgepeitscht. Ende 2012 zeigte dies bereits Wirkung: Der massenhafte Verlust von Arbeitsplätzen, die Einschränkung von Arbeitsrechten und die massiven Einkommenskürzungen, die inzwischen stattgefunden hatten, schwächten den Widerstandsgeist vieler Menschen. Die Massenaktivitäten begannen an Zahl, Umfang und Intensität zu verlieren. Gleichzeitig konzentrierten sich nun die Hoffnungen auf eine politische Lösung. Und da Syriza bei den Wahlen von Juni 2012 einen unverhofft kometenhaften Anstieg erlebte, setzte ein immer größerer Teil der neuen Bewegungen auf diese Partei. Sie sollte ihren gescheiterten Anliegen durch parlamentarische Mittel zum Erfolg zu verhelfen.

»Der Sieg von Syriza war die Folge der Niederlage der Bewegungen«, schlussfolgert der Journalist und politische Schriftsteller Dimitris Psarras. Dieser Sieg fiel bei den Parlamentswahlen 2015 tatsächlich haushoch aus. Damit war auch das bisherige Zweiparteiensystem endgültig Geschichte geworden.

Die politischen Familienclans: Totgeglaubte leben länger

Der kontinuierliche Niedergang dieses Systems hatte sich seit 2009 in den Wahlergebnissen gezeigt. Bei den ersten zwei Wahlauseinandersetzungen im Mai und Juni 2012 haben die beiden Systemparteien ihren Gesamtanteil halbiert: Er reduzierte sich von 77,4 Prozent (2009) auf 32 bzw. 42,2 Prozent. Pasok stürzte sogar von 43,9 Prozent (2009) auf 13,2 Prozent bzw. 12,3 Prozent ins Bodenlose (siehe Tabelle 7). Da beide Parteien bei den Maiwahlen nicht über die Mehrheit der Sitze verfügten – sie erreichten 149 von insgesamt 300 Sitzen – musste die

Wahl einen Monat später wiederholt werden. Nun erhielten sie zwar gemeinsam die Mehrheit, bildeten aber zur besseren Verankerung der Parlamentsmehrheit zunächst eine Dreiparteienkoalition mit der Demokratischen Linken. Bei den Wahlen vom 25. Januar 2015 war ihr Niedergang offenkundig: Gemeinsam hielten sie nur mehr 32,5 Prozent der Stimmen. Pasok stürzte sogar mit einem Ergebnis von nur 4,7 Prozent fast auf ein Zehntel ihres Ergebnisses von 2009 ab.

Der Verfall der beiden Systemparteien veränderte die politische Landschaft grundlegend. Neben Syriza erhielten auch andere Parteien plötzlich enorme Zuwächse. Am spektakulärsten war der Aufstieg der nazistischen »Goldenen Morgenröte«, die im Mai 2012 aus dem Nichts auf 6,9 Prozent kam und ihren Stimmenanteil seitdem auf diesem hohen Niveau verteidigen konnte. Sie wurde zur drittstärksten Partei Griechenlands. Stattdessen flog die rechtsextreme Laos 2012 aus dem Parlament.

Im linken Spektrum schaffte die Demokratische Linke im selben Jahr erstmals den Einzug ins Parlament, wurde aber 2015 nicht wiedergewählt. Stattdessen erhielt nun die neugegründete liberale Partei »To Potami« (Der Fluss) 6,2 Prozent der Stimmen. Bei den Wahlen im September 2015 kam auch die liberale »Zentrumsunion« hinzu. Eine der wenigen Konstanten im parlamentarischen Geschehen ist die Kommunistische Partei (KKE), die aber nie über 6 Prozent hinausgekommen ist.

Totgeglaubte leben länger: Mit dem Abstieg von Nea Dimokratia und Pasok ging die Ära der patriarchischen Familienclans keineswegs zu Ende. Der »Patriarch« der Nea Dimokratia war Konstantinos Karamanlis, der vor und nach der Obristen-Diktatur mehrmals Ministerpräsident und danach noch zweimal Staatspräsident war (1980–1985, 1990–1995). Sein größtes Verdienst lag darin, den Übergang von der Junta zu einer demokratischen Staatsform reibungslos gestaltet zu haben. Er sorgte rührend um das politische Wohl seiner engen Verwandten: Sein Bruder Achilleas Karamanlis hatte in seinen Regierungen wichtige Ministerposten inne, sein Neffe Kostas Karamanlis wurde später – auch dank ihm – selbst Ministerpräsident. Er wartet nun als »eiserne Reserve« seiner Partei auf eine weitere Chance.

Eine weniger »ruhmreiche« Rolle in der Nea Dimokratia spielte der Clan der Mitsotakis. Dem Oberhaupt der Familie, Konstantinos Mitsotakis, der 1990 bis 1993 Ministerpräsident gewesen war, haftet das Stigma des »Apostaten«, des Abtrünnigen an, weil er 1965 als Minister der Regierung von Georgios Papandreou den Sturz des eigenen Regierungschefs zugunsten des Hofs eingeleitet hatte. Seine Tochter Dora Bakogianni war in der Regierung von Kostas Karamanlis Außenministerin (2006–2009). Seinem Sohn Kyriakos Mitsotakis gelang das Unmögliche: Obwohl unpopulär in seiner Partei und in der Gesellschaft wurde er am 10. Januar 2016 zum Vorsitzenden der Nea Dimokratia gewählt.

Noch aktiver agierte der Familienclan der Papandreous in der Pasok. Georgios Papandreou war dreimal Ministerpräsident. 1944, nach der Befreiung von der deutschen Besatzung, war er als Regierungschef einer der schärfsten Kommunistenjäger. In seiner letzten Amtszeit 1964–1965 stieß er allerdings mit den Interessen des Hofs zusammen und wurde entlassen. Das war der Auslöser des ersten großen demokratischen Aufstands in Griechenland nach dem Bürgerkrieg (1946–1949).[191] Sein Sohn Andreas Papandreou sollte der bizarrste Vertreter des Clans werden: Bevor er zum ersten Mal Ministerpräsident wurde, war er dafür eingetreten, den Austritt Griechenlands aus der NATO zu vollziehen und einen Eintritt des Landes in die EU auszuschließen. Genau das Gegenteil seiner Ankündigungen setzte er dann allerdings um. Sein Sohn Giorgos Papandreou, der ebenfalls Ministerpräsident war (2009–2011), begann seine Karriere als linker und grüner Erneuerer und »vollendete« sie als der Unterzeichner des ersten Memorandums. Jetzt wartet auch er auf eine zweite Chance.

Alle diese Clans hatten »ihre« Partei wie ihr Eigentum geführt – gewissermaßen waren sie selbst die Partei. Ähnlich behandelten sie auch den Staat, solange sie an der Regierungsspitze saßen. Nicht zu Unrecht hält ihnen SPD-Chef Sigmar Gabriel vor, ihr eigenes Land ausgeplündert zu haben. Dabei vergaß er allerdings zu erwähnen, dass die SPD in ihrer Zeit als führende Regierungspartei (1998 bis 2005) eng mit der von Pasok geführten griechischen Regierung und während der großen Koalitionen (2005–2009 und seit 2013) ebenfalls mit Pasok und ND paktiert hatte. Die in Deutschland regierenden Parteien, CDU/CSU, SPD und FDP, ließen die griechischen Systemparteien erst dann fallen, als sie nicht mehr für die Umsetzung der deutschen und EU-Interessen in Griechenland taugten.

Superstruktur Troika & Co.

Die Troika hatte die Regierungen von Pasok und Nea Dimokratia zu ihren Marionetten degradiert. Sie fungierte wie eine Superstruktur über das – zerfallen-

---

191. Der Bürgerkrieg war aus einem schwelenden Konflikt zwischen der kommunistischen Partisanenorganisation ELAS mit der griechischen Zentralregierung, unterstützt zunächst durch die Briten und ab 1947 durch die USA, entstanden. Die Auseinandersetzungen eskalierten, als die Verfolgungen von Kommunisten nach einem vereinbarten Waffenstillstand und teilweiser Entwaffnung dennoch fortgesetzt wurden. An ihnen nahmen auch die Nazikollaborateure, die von der Zentralregierung verschont wurden, teil. Der drei Jahre dauernde verheerende Krieg (1946–1949) endete mit der vollständigen Niederlage der Kommunisten.

de – nationale politische System. Dabei verfügte sie über keinerlei demokratische Legitimation, weder in der EU noch in Griechenland. Die Troika war dafür geschaffen worden, den griechischen Staat zu überwachen und zu dirigieren. Obwohl ihre Zuständigkeiten definiert und begrenzt waren, weitete sie ihre Interventionen nach Belieben aus. Mit nur wenigen Beamten agierte sie bis zum Regierungsantritt der Syriza wie ein Staat im Staat.

Gleichzeitig hatte die EU 2011 die sogenannte Task Force unter der Leitung von Horst Reichenbach nach Athen geschickt, damit sie, wie es hieß, den Wiederaufbau des griechischen Staates leitet. Konkret sollte sie für die einzelnen Ministerien technische Hilfe und Know-how bereitstellen. Davon war aber nicht viel zu merken; vielmehr versuchte Reichenbach, wie griechische Ministerialbeamte berichteten, die Gelder der europäischen Strukturfonds in private Unternehmen zu lenken.[192] Sein Wort war für die Minister Gesetz. Und dies, obwohl auch der Task Force jede Legitimationsgrundlage fehlte.

Eine andere Sonderbeziehung bilateraler Art wurde zwischen Athen und Berlin in der Form der »Deutsch-Griechischen Versammlung« etabliert. Als Mutter dieser Idee trat Angela Merkel auf, als Vater Giorgos Papandreou. Merkel bestimmte den parlamentarischen Staatssekretär im Arbeitsministerium, Hans-Joachim Fuchtel, als ihren besonderen Beauftragten. Ziel war eine Zusammenarbeit zwischen deutschen und griechischen Regionen und Städten; dabei sollte auch hier technische Hilfe und deutsches Know-how nach Griechenland fließen. In der Praxis erwies sich der Fluss mehr als zäh. Die meisten Aktivitäten erschöpften sich in Konferenzen, vor allem aber in zahlreichen Besuchen von Fuchtel in Griechenland, die v. a. der Gründung von Städtepartnerschaften oder dem Auftritt deutscher Dorfkapellen in Griechenland dienten. Fuchtel war sehr stolz darauf, wie Merkel einmal im Parlament berichtete, dass er von griechischen Bürgermeistern den Spitznamen »Fuchtelos« oder »Fuchtelaki« bekam.[193] Die griechischen Philologen lobten ihn, die griechische Sprache damit bereichert zu haben. Bereichert hat er auch viele griechische Wirte, bei denen er römische Gelage feierte – für die seine Gastgeber aufkamen. Fuchtel baute sein eigenes Klientelsystem auf, an dem vor allem die Regionalvertreter des »ancien régime« beteiligt sind.

Die Deutsch-Griechische Versammlung ist keine Institution der Troika, sie fristet ihr Dasein aber in deren Schatten. Die griechischen Städte und Regionen

---

192. Nikos Kotzias: »Ελλάδα αποικία χρέους« (Schuldenkolonie Griechenland). Athen 2013, 4. Auflage, S. 337.
193. *To Vima* vom 22. Oktober 2012.

leiden als selbstverwaltete Institutionen unter der Kuratel der deutschen und griechischen Regierung. Daher streben sie in letzter Zeit verstärkt ihre Unabhängigkeit an. Bisher hatten sie, wie sie selbst sagen, nur einen Gewinn aus der »Deutsch-Griechischen Versammlung«: viele politisch-touristische Besuche in deutschen Städten![194]

Die Struktur der Strukturlosigkeit

Strukturwandel als Zerschlagung von Strukturen: Das war es, was in Griechenland zwischen Mai 2010, dem Beginn der Memoranden, und Januar 2015, der Regierungsübernahme von Syriza, stattfand. Der Schock, den dies in der griechischen Gesellschaft auslöste, war gewaltig – auch weil der Wandel ferngesteuert war.

Die Bevölkerung reagierte unterschiedlich. Ein Teil von ihr schloss sich spontan in offenen Gruppen und Bewegungen zusammen, andere in gut organisierten Gewerkschaften und Parteien. Auch ihre Motive waren verschieden: Die Menschen vom Syntagma-Platz wollten vor allem mehr Luft zum Atmen, »soziale Wärme«, humanere Lebensbedingungen. Andere, eher traditionell politisierte Menschen, kämpften hauptsächlich um handfeste Interessen: um Löhne, Arbeitsrechte, Einfluss im Staat. Alle zusammen hatten allerdings einen gemeinsamen Gegner – die Sparpolitik der Memoranden. Da diese Sparpolitik die Klassenlinie der Gläubiger war, bekamen auch die unterschiedlichsten Widerstandsformen automatisch Klassencharakter. In diesem Sinne (aber auch nur in diesem!) kann man sie also als Klassenauseinandersetzungen ansehen.[195]

Der Widerstand wendete sich auch gegen eine »unsichtbare« Wirkung der Sparpolitik: Die »Erzeugung einer Sonderform des homo economicus, des verschuldeten Menschen«, wie dies der Soziologe und Philosoph Maurizio Lazzarato bezeichnet.[196] Diese neue »anthropologische« Kategorie des Kapitalismus

---

194. So der Präfekt der Region Peloponnes, Petros Tatoulis, bei seinem Besuch in Berlin Anfang November 2015.

195. Michael Hardt und Toni Negri betrachten den Begriff der Klasse im Spätkapitalismus als überholt und ersetzen ihn durch die Kategorie »Multitude« (Menge, im Unterschied zur Masse oder zum Mob), welche eine Gruppe von »Singularitäten« oder Personen bezeichnet, die durch Netzwerke in Verbindung stehen. Sie ist es, die das »parasitäre Empire« abschaffen und den Kommunismus etablieren kann. Nach Costas Douzinas, *Αντίσταση και Φιλοσοφία στην Κρίση*, Athen 2011, Seite 193 ff. In deutscher Übersetzung: *Philosophie und Widerstand in der Krise – Griechenland und die Zukunft Europas*, Hamburg 2014. Im Zusammenhang mit dem hier besprochenen Widerstand gegen die Sparpolitik ist allerdings der Unterschied zwischen Klasse und Multitude sekundär: Beide stellen sich dagegen.

196. zitiert aus: Kostis Chatzimichalis, *Schuldenkrise und schleichende Landnahme*, Athen 2014, S. 14. Chatzimichalis überträgt diesen neuen Begriff der kapitalistischen Anthropologie (»verschuldeter

weist auf bisher ungeahnte Gefahren der Verformung von Menschen und Strukturen im Zuge der fortscheitenden Globalisierung hin.

Im Chaos, das sie begleitet, sind aber auch gewaltige Chancen enthalten, das Blatt zu wenden. »Europa benutzte Griechenland als Versuchskaninchen, um die Bedingungen der Umstrukturierung des Spätkapitalismus zu testen«, schreibt der Philosoph Costas Douzinas im Zusammenhang mit dem »Aufstand« auf dem Syntagma-Platz. »Das, was die europäischen und die griechischen Eliten nicht verstanden hatten, war, dass das Versuchskaninchen das Labor besetzen und die blinden Wissenschaftler hinausjagen würde, um ein völlig anderes Experiment zu beginnen: die Verwandlung des Kaninchens von einem Objekt zum Subjekt und von einem Instrument zum Akteur der Politik«.[197]

Durch die Kapitulation von Tsipras am 13. Juli 2015 ist dieser Prozess einer Umwandlung ausgesetzt worden. Völlig gestoppt ist er allerdings noch lange nicht.

Mensch«) auf die Menschheit (»verschuldete Gesellschaft«). Nach Costas Douzinas liegen die Motive für die Erzeugung solcher Kategorien im »Wunsch nach Schulden«, dessen Beweggrund zwar unklar, sein Endergebnis aber umso klarer ist: die »griechische Tragödie«. Costas Douzinas, a.a.O, S. 40.
197. Douzinas, a.a.O. S.43.

Kapitel 8
Syriza

Oder: Linke Politik in den Zeiten der Cholera

In den Morgenstunden des 13. Juli 2015 war es in Brüssel so weit: Alexis Tsipras hatte kapituliert. Er unterzeichnete ein drittes Memorandum für Griechenland, mit dem die Unterwerfung seines Landes unter das Diktat der Gläubiger für weitere drei Jahre festgeschrieben wurde. Im Gegenzug wurden ihm zusätzliche 86 Milliarden Euro an Krediten für die Bedienung der griechischen Staatsschulden zugesagt.

Die Nachricht wurde der Weltöffentlichkeit zunächst in einem Tweet des belgischen Ministerpräsidenten Charles Michel übermittelt. Der enthielt ein einziges Wort: Agreement.[198]
Es folgten Hunderttausende Blitzproteste, die in dem berühmt gewordenen Hashtag kulminierten: #thisisacoup – Das ist ein Putsch![199]
Viele Prominente, darunter die US-amerikanischen Nobelpreisträger Paul Krugman und Josef Stiglitz, meldeten sich mit vergleichbaren Kommentaren zu Wort.

Paul Krugman: »Killing the European Project. Vindictive folly. This goes beyond harsh into pure vindictiveness, complete destruction of national sovereignty, and no hope of relief – Das europäische Projekt wird getötet. Rachsüchtiger Wahnwitz. Dies ist ein Akt der puren Rachsucht, die vollständige Zerstörung der nationalen Souveränität, und keine Hoffnung auf Entlastung.«[200]

Joseph Stiglitz: »It's been a disaster. Clearly Germany has done a serious blow, undermining Europe – Es war ein Desaster. Deutschland hat offensichtlich einen schwerwiegenden Schlag gelandet und dabei Europa untergraben.«[201]

Das Desaster hatte einen Namen: Wolfgang Schäuble. Er wurde vom serbisch-amerikanischen Ökonomen Branko Milanovic namentlich genannt:

Branko Milanović: »Madness. In order to ›punish‹ Tsipras, Schäuble is going to destroy 55 years of European integration – Wahnsinn. Um Tsipras zu ›bestrafen‹ ist Schäuble dabei, 55 Jahre europäischer Integration zu zerstören.«[202]

Der ökonomische Putsch war durch den politischen komplettiert worden.

---

198. Vereinbarung, nach: https://twitter.com/CharlesMichel/status/620482680023588864
199. https://twitter.com/hashtag/thisisacoup?src=hash
200. http://krugman.blogs.nytimes.com/2015/07/12/killing-the-european-project/?smid=tw-NytimesKrugman&seid=auto&_r=0
201. http://bit.ly/1HyOZrV #Greece #LackOfSolidarity
202. https://twitter.com/brankomilan/status/620343815350710272

Er hatte Glück im Unglück. Alexis Tsipras ist nach seiner Kapitulation am 13. Juli 2015 von den deutschen Medien weitgehend verschont geblieben. Dennoch fanden sie auch danach immer wieder Anlass, ihn mit Spott und Hohn zu übergießen. »Tsipras, der oberste Troikaner« (*Die Zeit*), »Mann ohne Tiefgang« (*Die Tageszeitung*), »Der Zick-Zack-Tsipras« (*http://post-von-horn.de/*) – das sind nur einige der Verbalinjurien, mit denen sie ihn bedachten. Vae victis, wehe den Besiegten: Wer bereits auf dem Boden liegt, wird noch heftiger getreten.

Diese Art der Vorführung hätte Tsipras sicher vermeiden können, wäre er am 13. Juli 2015 zurückgetreten. Es wäre eine aktive Antwort auf die Erpressung der Gläubiger gewesen. Sie hätte ihm erlaubt, sein politisches Kapital und sein Prestige zu retten. Indem er Regierungschef blieb, verspielte er beides.

Der Weg in die Opposition hätte ihm ermöglicht, auf eine zweite Chance hinzuarbeiten; denn eine taktische Niederlage kann üblicherweise viel leichter verschmerzt werden als ein strategischer Zusammenbruch. Und auch die hämischen Kommentare der deutschen Medien hätten dann sicherlich ganz anders geklungen – wie das sprichwörtliche Hundegebell hinter der Karawane, die weiter zieht.

Es bleibt dahingestellt, ob Tsipras von vornherein auf verlorenen Posten stand. Sicher hatten ihn viele Stimmen, noch bevor er Regierungschef wurde, vor einem möglichen Scheitern gewarnt. Zu denen gehörte auch Costas Lapavitsas, der Ökonom der »Linken Plattform«, der zweitstärksten Tendenz innerhalb von Syriza. Bezugnehmend auf den »widersprüchlichen Umstand«, dass Syriza gegen die Memoranden sei, gleichzeitig aber in der Währungsunion bleiben möchte, schrieb er bereits Anfang 2014: »Falls Syriza die Regierungszügel in die Hand nimmt, werden die Widersprüche ihrer Haltung zutage treten. Syriza wird dann vor einer harten Wahl stehen: Entweder bedingungslos vor den Gläubigern und den höchsten Schichten der griechischen Gesellschaft zu kapitulieren oder aber eine radikale Politik zu verfolgen, die auch die Vision des Austritts aus der Währungsunion enthält«.[203]

Tsipras war sich, wie mehrere Äußerungen zeigen, wohl dieses Widerspruches bewusst. Er setzte jedoch auf harte Verhandlungen, eine schnellere Veränderung der Kräfteverhältnisse innerhalb der EU zu seinen Gunsten, und nicht zuletzt auf das Prinzip Hoffnung. Nichts davon sollte ihm später, in der Stunde der Wahrheit, wirklich helfen. Dabei hatte er bis zum Äußersten für seine Sache gekämpft. Erst in den letzten Wochen vor der Kapitulation, zermürbt vom

---

203. Costas Lapavitsas, *Λέξη προς λέξη* (Wort für Wort), Athen 2014, S. 14.

langen ungleichen Kampf, wurde er fatalistisch und steuerte auf einen minimalistischen Kompromiss zu. Die Geschichte seiner Niederlage kann auch als die Geschichte dieser langen Zermürbung gelesen werden.

Tsipras wählen, Merkel quälen

Das Unheil war ihr nicht in die Wiege gelegt. Im Gegenteil: Syriza hatte in der Zeit zwischen 2010 und Mitte 2015 ihr goldenes Zeitalter erlebt. Ihre Anziehungskraft wuchs enorm, ihre Parolen drangen nach und nach in alle Schichten der Bevölkerung vor. Das zeigte sich klar an den Wahlergebnissen: Bei den Parlamentswahlen von 2009 erhielt sie 4,6 Prozent der Stimmen; doch schon bei den Wahlen von Mai 2012 stieg ihr Anteil auf 16,7 Prozent und bei deren Wiederholung im darauffolgenden Juni 2012 gar auf 26,9 Prozent. Damals hatte sie den Wahlsieg, der sie in die Regierung katapultiert hätte, um knappe drei Prozent verpasst. Der Weg zum tatsächlichen Triumph am 25. Januar 2015 war dann gewissermaßen ein »Spaziergang«: Syriza hatte in der Zwischenzeit täglich mehr Zuspruch erhalten, und Tsipras' Sprüche wurden zuletzt quasi als heilige Offenbarungen gefeiert. »Egal was er sagte, es wurde für bare Münze genommen«, erinnert sich der Journalist Lambros Stavropoulos.

Die Grundlage für diesen Erfolg war zweifellos die richtige Diagnose des Charakters unserer Zeit. Der weltweite Triumph des Neoliberalismus macht sich in Europa in der durch den Stabilitätspakt verankerten Sparpolitik bemerkbar; die Memoranden sind eine besonders drastische Ausformung davon. Im Gegensatz zur Kommunistischen Partei Griechenlands, der KKE, die »immer schon alles gewusst hatte«, jedoch leider aufgrund ihrer vorgefassten Meinung die »feinen Unterschiede« im Entwicklungsablauf nicht erfassen konnte, hat Tsipras genau diese herausgearbeitet und sie zur Basis seiner Politik gemacht. So wurde er an der Spitze von Syriza zum bedeutendsten Widersacher des Establishments, indem er die entscheidenden politischen Themen setzte und Seele und Motor der Mobilisierungen gegen die Memoranden wurde.

Tsipras' Formel hieß: Mnimonio-Antimnimonio, für oder gegen das Memorandum. Die anderen Parteien wurden danach beurteilt, die Massenmobilisierungen darauf ausgerichtet und auch die Wählerinnen und Wähler sollten ihr Urteil auf dieser Basis fällen. Das wirkte. Schon innerhalb weniger Wochen nach der Einführung des ersten Memorandums, im Mai 2010, war die Bevölkerung in zwei Lager gespalten: in Befürworter und Gegner des Memorandums. Bald zählte die übergroße Mehrheit zu den Gegnern, darunter auch die meisten Anhänger der sozialistischen Pasok, aber auch nicht wenige der konservativen Nea Dimokratia, die alle das Vertrauen zu ihrer Parteien verloren hatten.

Zum politischen Geschick von Tsipras kam das kommunikative hinzu. »Er ist der einzige Politiker, der gleich gut auf der Straße wie in den politischen Salons agiert«, sagt sein engster Mitarbeiter Nikos Pappas. Außerdem hob er sich durch seinen jugendlichen Charme und sein unorthodoxes Verhalten hervor – keine Krawatte, kein Gehabe, keine Allüren. »Tsipras ist nicht nur der interessanteste, sondern auch der schönste Politiker Europas« – mit diesen Worten stellte ihn Gregor Gysi der Linksfraktion im Bundestag vor.

All das machte ihn nicht nur in Griechenland, sondern in ganz Europa zur Lichtgestalt und zum Hoffnungsträger. Bei den Europawahlen im Mai 2014 schickte ihn die Europäische Linke als ihren Kandidaten für den Posten des Kommissionspräsidenten ins Rennen. Eine italienische zivilgesellschaftliche Gruppe kandidierte als »Tsipras-Liste« (»L'Altra Europa con Tsipras«). »Tsipras wählen, Merkel quälen«, hieß auch die Parole der deutschen Linken. »Radikale Sieger – so ist Griechenland unregierbar«, echote es im Gegenzug in der *Welt*, als Syriza mit 26 Prozent der Stimmen zum ersten Mal stärkste Partei in Griechenland wurde.

Tsipras – das Kommunikationswunder, ein Kandidat auf der Höhe der Zeit: Das war damals allerorts in Europa zu hören. Doch gerade der Glaube, als Ministerpräsident die Verhandlungen mit den Gläubigern mit Charme, Intelligenz und Chuzpe führen und gewinnen zu können, sollte ihm zum Verhängnis werden.

Denn es waren ihm schon damals Fehler unterlaufen, die seine spätere Position als Regierungschef stark untergruben. Der wichtigste war das Fehlen eines detaillierten Regierungsprogramms. »Das im September 2014 verabschiedete Programm von Thessaloniki war im Kern ein Plan zur Bekämpfung der humanitären Krise, keineswegs aber ein umfassendes Programm, welches das Land durch die komplizierten Verhandlungen, geschweige denn aus der Krise herausführen hätte können«, schreibt Giorgos Chondros.[204] Eine bessere Vorbereitung, fügt er hinzu, hätte die Kapitulation zwar nicht verhindert, sicher aber das Ansehen der Linken gerettet.

Ein weiterer Fehler war, dass er die Auswirkungen der xenophoben Politik seines Vorgängers unterschätzte. Die konservative Regierung von Antonis Samaras hatte ab Mitte 2012 die Vorreiterrolle in der Stimmungsmache gegen die Flüchtlinge in Europa gespielt. Seine Parole: »Unsere Städte von den ausländi-

---

204. Giorgos Chondros, *Die Wahrheit über Griechenland, die Eurokrise und die Zukunft Europas*, Frankfurt/Main 2015, S. 184.

schen Invasoren zurückerobern!« war ausschlaggebend für seinen Wahlsieg am 12. Juni 2012 gewesen. Unzählige Wählerinnen und Wähler, die durch die steigende Zahl von Flüchtenden verschreckt waren, hatten deswegen für ihn gestimmt. Unter dem Vorwand der Bekämpfung der Ausländerkriminalität ließ der damalige Minister »für den Schutz der Bürger«, Nikolaos Dendias, unter dem Code-Name »Filoxenos Dias« (gastfreundlicher Zeus) in Athen und anderen griechischen Städten die Polizei täglich regelrechte Jagden auf Flüchtlinge unternehmen. Diese monströse Fremdenfeindlichkeit wurde später von Viktor Orbán in Ungarn und seinesgleichen in anderen europäischen Staaten eins zu eins übernommen.

Samaras und Dendias wollten so viele Ausländer wie möglich abschieben und politisches Kapital daraus schlagen. Der Staatsapparat wurde in wesentlichen Bereichen fremdenfeindlich ausgerichtet, Ausländer waren praktisch Freiwild. Erste Internierungslager wurden gebaut, in denen Flüchtlinge bis zu 18 Monate lang praktisch als Gefangene gehalten werden konnten.

Tsipras hielt diese Politik für ein Ablenkungsmanöver von Samaras, um dessen Wählerschwund aufzuhalten.[205] Er hatte offensichtlich nicht erkannt, dass die institutionelle Fremdenfeindlichkeit nicht nur per se abscheulich ist, sondern auch die Rechte der einheimischen Bevölkerung untergräbt. Polizei und Justiz waren wiederholt gegen einzelne Personen und Gruppen vorgegangen, die öffentlich für die Rechte der Flüchtlinge eingetreten waren. Zudem hatte die staatliche Xenophobie die Annäherung zwischen der Polizei und der nazistischen Goldenen Morgenröte derartig befördert, dass sie bald wie kommunizierende Röhren wirkten.[206]

Gleichzeitig unterschätzte Tsipras die Bedeutung, die eine humane Flüchtlingspolitik zur Festigung seiner eigenen Stellung haben könnte. Einmal an der Regierung, warf er zwar die xenophoben Maßnahmen seines Vorgängers über Bord und ordnete eine humane Behandlung der Flüchtlinge an. Als er aber Ende 2015 die Drohung von der Europäischen Kommission erhielt, dass sein Land aus dem Schengen-Abkommen ausgeschlossen würde, wenn er die Hilfe von Frontex zum »Schutz« der griechisch-türkischen Meeresgrenzen in der Ägäis nicht akzeptiere, musste er zum zweiten Mal kapitulieren. Er hatte weder die Konzeption noch die Ressourcen, vielleicht nicht einmal die Einsicht, um für eine alternative Flüchtlingspolitik auf europäischer Ebene zu kämpfen.

---

205. Interview in *To Vima* vom 7. Oktober 2012.
206. Dimitris Christopoulos, a.a.O., S. 83

Junge Partei mit viel Vergangenheit

Sie kam von weit her.[207] Syriza hat eine lange und bewegte Vorgeschichte, die sich, wie auch bei den anderen linken Parteien, aus allen möglichen emanzipatorischen Bewegungen der Vergangenheit speist – letztlich vom Altertum bis zur Moderne. Wenn wir uns auf die jüngeren Wurzeln von Syriza beschränken, dann liegen diese in der Kommunistischen Partei Griechenlands (KKE), die 1918 gegründet wurde, und deren diversen Abspaltungen, die mit der stalinistischen Orthodoxie brachen.[208] 1989 bildete sich *Synaspismos*, das »Wahlbündnis der Linken und des Fortschritts«, an dem auch die KKE beteiligt war. Nachdem diese zwei Jahre später das Bündnis wieder verließ, wurde Synaspismos unter Beibehaltung des Namens neu gegründet. Erst 2003 haben seine Gründer dem Namen eine neue Bedeutung verliehen. Von nun an war unter Synaspismos »Bündnis der Linken, der Bewegungen und der Ökologie« zu verstehen. Die neue Organisation hatte eine klare antistalinistische Ausrichtung und zählte nun zu den Parteien der sogenannten postmaterialistischen Neuen Linken, sprich: der links von der Sozialdemokratie angesiedelten Linken.

Die nächste große Änderung erfolgte 2004, als Synaspismos dem »Bündnis der radikalen Linken« (Syriza) beitrat. In dieser Ansammlung linker Gruppierungen war Synaspismos die wichtigste Komponente. Bis 2013, als sich das Bündnis auflöste, um sich zu einer einheitlichen Partei gleichen Namens zu verwandeln, konnte man bis zu 18 kleine oder größere Gruppierungen zählen, die organisatorisch nebeneinander bestanden, aber politisch zusammenwirkten. Allerdings sind nicht alle in der neuen Syriza-Partei voll aufgegangen; einige, wie die trotzkistische »Internationalistische Arbeiter-Linke«, haben ihre eigenen organisatorischen Strukturen beibehalten. Und auch neugebildete Gruppierungen, wie die »Linke Plattform« unter Panagiotis Lafazanis, dem wichtigsten Widersacher von Tsipras, arbeiteten weitgehend als Fraktionen in der Partei.

Dies war statutarisch allerdings nicht gedeckt. Zwar anerkennt Syriza »die Möglichkeit der Existenz von Tendenzen«, also von innerparteilichen Gruppen, die in der internen Diskussion von der Parteimehrheit abweichende Positionen vertreten.[209] Doch von Fraktionen, die über getrennte organisatorische

---

207. »Wir kommen von weit her, und weit, sehr weit werden wir kommen.«, Zitat des italienischen KP-Chefs Palmiro Togliatti (Rom, 1944).
208. Einen guten Überblick über die Ursprünge und die Entwicklung der Syriza gibt das Buch von Giorgos Chondros: *Die Wahrheit über Griechenland, die Eurokrise und die Zukunft Europas*, Frankfurt/Main 2015, S. 176 ff.
209. Parteistatuten § 2 Abs. 3.

Strukturen verfügen, ist in den Statuten nicht die Rede. Sie wurden trotzdem stillschweigend geduldet, solange sich die »Omada« des Vorsitzenden, also die führende Gruppe rund um Alexis Tsipras, nicht von ihnen bedroht fühlte. Erst im August 2015 sollte sich dies radikal ändern, als die Linke Plattform Tsipras' Vereinbarung mit den Gläubigern im Parlament nicht unterstützte und nach wochenlangen Auseinandersetzungen (auch auf Druck der Mehrheitsgruppe rund um Tsipras) Syriza verließ, um eine eigene Partei, die Laiki Enotita (LAE, Volkseinheit) zu gründen.[210]

Seitdem wird in der Syriza-Führung offen vom Ausschluss der Fraktionen gesprochen. Mit Blick auf das Scheitern der LAE bei den Neuwahlen am 20. September (sie verpasste mit 2,9 Prozent den Einzug ins Parlament) erklärte Tsipras, dass die »Parallelexistenz einer Partei innerhalb der Partei zu einem Ende gekommen ist – und zwar auf ruhmlose Art«.[211] Im Klartext heißt das wohl, dass Fraktionstätigkeiten in Zukunft durchwegs unterbunden werden. Aber selbst die kritischen Tendenzen innerhalb der Syriza stehen seitdem unter Beschuss. Sie seien zum Problem geworden, erläuterte am selben Tag der stellvertretende Ministerpräsident, die graue Eminenz von Syriza, Giannis Dragasakis, »weil sie die gemeinsamen Prinzipien verletzen – was zu einem Defizit in der innerparteilichen Demokratie führte«. Nun mag es ja für das klaglose »Funktionieren« einer Partei praktisch sein, unterschiedliche Strömungen zu unterbinden. Ob dies die innerparteiliche Demokratie fördert, ist allerdings zu hinterfragen. Jedenfalls braucht man nicht besonders hellseherisch zu sein, um zur Einsicht zu gelangen, dass auch das Tendenzrecht Gefahr läuft, beschnitten, wenn nicht sogar abgeschafft zu werden.

Personell hat sich Syriza in den letzten Jahren nicht radikal erneuert. Zahlreiche Aktivistinnen und Aktivisten der sozialen Bewegungen waren ihr beigetre-

---

210. Die Volkseinheit (Laiki Enotita, LAE) konstituierte sich am 21. August 2015 nach dem Austritt von 25 Abgeordneten aus Syriza als eigene Parlamentsfraktion. Damals war sie die drittstärkste Fraktion im Parlament und hatte sogar vom Staatspräsidenten Prokopis Pavlopoulos – gemäß der Verfassung – den Auftrag zur Regierungsbildung bekommen, nachdem weder Syriza noch die Nea Dimokratia eine Regierung zustande bringen konnten. Am 24. August 2015 konstituierte sie sich offiziell zu einer Partei, welche, nach dem organisatorischen Vorbild von Syriza aus der Zeit vor 2012, aus »Komponenten« besteht. Anfang 2016 waren es 19 Komponenten, mit der »Linken Plattform« als der weitaus wichtigsten. Kaum vier Wochen später, am 20. September, nahm die Volkseinheit an den vorzeitigen Parlamentswahlen teil, verfehlte aber mit 2,9 Prozent der Stimmen knapp den Einzug ins Parlament – die Hürde für den Vouli-Einzug beträgt drei Prozent. Zwar hat sie sich seither besser organisiert, käme aber nach Meinungsumfragen Anfang 2016 immer noch nicht ins Parlament. LAE tritt gegen die Memoranden, für die Einstellung der Zahlungen an die Gläubiger, die Streichung der Schulden sowie für den Austritt des Landes aus der Währungsunion ein.
211. Zeitung *ΕφΣυν* (EFSYN) vom 12. August 2015.

ten, konnten allerdings kein nennenswertes Gegengewicht zu den traditionellen Mitgliedern bilden. Das sichtbarste Zeichen der eher »zarten« Erneuerung ist Tsipras selbst, der 2008 mit 33 Jahren zum Vorsitzenden der Partei und 2015 mit 40 Jahren zum Ministerpräsidenten gewählt wurde. Er sorgte seinerseits dafür, dass weitere neue Gesichter an die Schaltstellen von Partei und Regierung kamen.

Der »Muff« der langjährigen Isolation der Linken ist nicht leicht auszutreiben. Das liegt auch an der relativ geringen Gesamtzahl der Parteimitglieder: Selbst auf dem Höhepunkt des Syriza-Erfolges, kurz vor der Spaltung im August 2015, lag sie bei 32.000 – ein Klacks im Vergleich zu den 700.000 Mitgliedern der sozialistischen Pasok in den 1980er Jahren. Durch die Spaltung verlor Syriza 4000 Mitglieder, während Tausende andere, ohne auszutreten, ins »innere Exil« gingen. Am härtesten traf die Spaltung den Nachwuchs, da zwei Drittel der 2500 Mitglieder zählenden Parteijugend nach der Kapitulation fluchtartig die Partei verließen. Dies ließ die traditionelle Hackordnung aufleben. Die alte Garde der legendären »Antistasis« (Widerstand) gegen die Nazi-Okkupation mit Manolis Glezos[212] als Gallionsfigur ist zwar – allein schon aus biologischen Gründen – kaum noch präsent. Aber die »Generation des Polytechnikums« von 1973, die zum Fanal des Widerstands gegen die Obristen-Diktatur geworden war und zumindest im Hintergrund Regie führte, meldet sich wieder mehr zu Wort. Das lässt Syriza nicht nur optisch ziemlich altmodisch erscheinen.

Widersprüchlich ist auch die Funktionsweise der Partei. Die zeichnet sich einerseits durch eine lebendige und demokratische Diskussionskultur in den Parteigremien aus, die aber oft folgenlos bleibt, weil sie nicht in die Praxis umgesetzt wird; und andererseits durch eine immer größere Zentralisierung der Entscheidungen in den Händen der Gruppe um Tsipras. Solange die Partei in Opposition war, wurde dies halbwegs hingenommen. Als Syriza aber an die Regierung kam, änderten sich die Verhältnisse: Innerhalb weniger Wochen hat Tsipras das Zentralkomitee der Partei beiseitegeschoben. Vergeblich warnten wichtige Parteikader, dass die Regierung »nicht die erwarteten Ergebnisse erzielen kann«, wenn sie auf die »innige Teilnahme« von vielen Personen aus der Partei an der konzeptionellen Arbeit in den Ministerien verzichtete. Die Warnungen blieben ungehört.[213] Die Entscheidungen fielen nunmehr fast ausschließlich in einer klei-

---

212. Glezos trat zwar wegen der Kapitulation von Tsipras aus Syriza aus, zählt aber nach wie vor zu einer ihrer wichtigsten Leitfiguren.
213. Christos Liaskos und Co.: Το κόμμα και τα μάτια μας (Die Partei wie unsere Augäpfel hüten), in *Red-Notebook* vom 2. Februar 2015.

nen Runde von Vertrauten in der »morgendlichen Kaffeerunde« sowie in den Ministersitzungen im Mégaro Maxímou, dem Sitz des Ministerpräsidenten. Regierung und Partei bilden inzwischen praktisch eine Einheit und Tsipras wird von vielen seiner Genossen der Autokratie bezichtigt.

Bedenkt man also, dass die Regierung unter Tsipras das dritte Memorandum (notgedrungen) mit allen bekannten Folgen, darunter dem massiven Verlust ihrer Popularität, akzeptierte, und dass der Parteiapparat inzwischen zum passiven Beobachter verurteilt wurde, kann man nicht sehr sicher sein, ob die Partei, die nach Togliatti von »weither« kommt, in Zukunft auch »sehr, sehr weit kommen wird«.

Der Sündenfall

Syrizas Regierungspolitik war auch in ihrer ersten Phase (Ende Januar bis Anfang Juli 2015) nicht frei von Fehlern. Ganz im Gegenteil, ihre Fehlerbilanz ist rekordverdächtig.

Den ersten, der den Rang eines Sündenfalls hatte, beging sie schon unmittelbar nach den Wahlen, als sie eine Regierungskoalition mit der rechten Anel-Partei einging. Syriza brauchte unbedingt einen Koalitionspartner, weil sie die absolute Mehrheit der Mandate um zwei Sitze verfehlt hatte. Ein Zusammengehen mit den Parteien der vorherigen Regierungskoalition, der Pasok und der Nea Dimokratia, hatte Tsipras von vornherein ausgeschlossen – deren Verstrickung in die Politik der Memoranden, sagte er, mache sie koalitionsunfähig. Es blieben ihm also nur noch zwei potenzielle Koalitionspartner übrig, die »Anel« (Unabhängige Griechen) und die neugegründete Partei »To Potami« (Der Fluss), eine Ansammlung von liberalen und linksliberalen Persönlichkeiten. Die Haltung von Potami gegenüber den Memoranden war nicht eindeutig. Tsipras machte kurzen Prozess, indem er sich in den frühen Stunden des 26. Januar für Anel entschied. Diese Nachricht kam nicht unerwartet. In Athen war es seit langem ein offenes Geheimnis, dass die beiden Parteien auf ein Regierungsbündnis zusteuerten. Überraschend war nur die enorme Geschwindigkeit, mit der es zustande kam. Zu langen Verhandlungen über das Regierungsprogramm war es jedenfalls nicht gekommen. Ein schriftliches Dokument dazu gab es auch nicht, zumindest wurde es der Öffentlichkeit nie vorgestellt. Der ganze Deal dürfte nach gegenseitigen Glückwünschen mit einem Handschlag der zwei Parteiführer besiegelt worden sein. Das Ergebnis: Tsipras bekam die ganze Regierungsmacht, Kammenos, der Führer von Anel, das Verteidigungsministerium, von dem er, nach eigenem Bekunden, schon als Kind träumte. An diesem ungleichen Kräfteverhältnis innerhalb der Regierung hat sich danach nicht viel geändert.

Die Nachricht schockierte dennoch. Denn ungleicher können zwei Parteien nicht sein: Anel, die als Abspaltung aus der konservativen Nea Dimokratia hervorgegangen war, ist eine chauvinistische, antisemitische und homophobe Partei, Syriza ihr genauer Antipode. Ihre einzige Gemeinsamkeit – die allerdings ausschlaggebend war – bestand in der Ablehnung der Memoranden. Die liberale Öffentlichkeit in Griechenland war über diese Koalition entsetzt. Und auch viele liberale und linke Politiker aus ganz Europa sprachen von einer »widernatürlichen« und für Syriza »gefährlichen Liaison«. Am schärfsten waren die Reaktionen aus Deutschland. Der europapolitische Sprecher der Grünen im Bundestag, Manuel Sarrazin, bezeichnete den Vorgang als »Schlag ins Gesicht aller Freunde Griechenlands«. Und der Vizepräsident der deutschen Sozialdemokraten, Ralf Stegner, befand: »Syriza beschädigt fortschrittliche Ideen und die Linke in Europa, indem sie ein Bündnis mit Antisemiten und Menschenfeinden eingeht. [...] Dadurch werden Rechtspopulisten in ganz Europa aufgewertet«.

Demgegenüber hatte die Linke im deutschsprachigen Raum – wenn auch mit Bauchschmerzen – versucht, die unheilige Allianz zu rechtfertigen. »Offenbar gibt es keinen anderen Partner, mit dem Syriza ihre Kernforderungen hätte umsetzen können«, sagte die stellvertretende Fraktionsvorsitzende der Partei Die Linke Sahra Wagenknecht. Die österreichische Gruppe »Griechenland entscheidet« urteilte ähnlich. Es habe »für Syriza keine gute Koalitionsoption« gegeben, meinte sie. Die Entscheidung für Anel ziele »darauf ab, kurzfristig die wichtigsten Forderungen umzusetzen.« Syriza habe von den »drei schlechte Optionen: Neuwahlen, eine Koalition mit To Potami oder Anel« die letztere gewählt. Anel lehnte »die Troika-Programme aus nationalistischen Gründen ab«.[214]

Die zweite kalte Dusche folgte gleich darauf. Einen Tag nach der Mitteilung des Koalitionsbündnisses mit Anel stellte sich heraus, dass von den insgesamt 41 Mitgliedern des neuen Kabinetts nur sechs weiblich waren und von denen wiederum keine einzige zur Ministerin bestellt wurde (es gab fünf stellvertretende Ministerinnen und eine Vizeministerin). Dies beschäftigte allerdings die breite griechische Öffentlichkeit nicht allzusehr. Heftige Reaktionen waren nur von feministischer Seite zu hören. »Die Unterrepräsentation der Frauen in der Regierung spiegelt die Geschlechterhierarchie in der griechischen Gesellschaft

---

214. http://mosaik-blog.at/hoffnung-statt-zynismus-vier-thesen-zur-griechenland-wahl/

wider«, sagte die Soziologin Athina Athanasiou. »Die Geschlechterpolitik wird leider auch innerhalb der Linken als sekundäre Frage, als Luxus oder folkloristische Sache betrachtet. […] Die Regierung der Linken müsste ein Beispiel dafür geben, dass jede Diskriminierung wegen des Geschlechtes, der Nationalität, der sexuellen Ausrichtung oder der körperlichen Unversehrtheit nicht kompatibel ist mit der Vision der Linken für eine radikale Demokratie«.

Auch in Deutschland haben vor allem Feministinnen protestiert. Am besten machte das die feministische Zeitschrift *Emma*, welche Tsipras zum »Pascha des Monats« auserkor. Unter seinem »Pascha-Foto« hieß es: »Er ist jung. Er ist links. Er ist umschwärmt. Seine Lebensgefährtin ist Elektroingenieurin, die beiden kennen sich seit der Schulzeit und haben zusammen zwei Söhne. Woran also liegt es, dass Alexis Tsipras, 40, der neue Ministerpräsident von Griechenland, nicht eine einzige Frau in seinem hastig berufenen Kabinett hat? Nicht eine einzige! Will er damit die griechischen Männerseelen streicheln? Diese Männer, für die die deutsche Kanzlerin der Hauptfeind ist und die Merkel auf Demos auch schon mal ein Hitler-Bärtchen anhängen?«[215]

Bei der zweiten Kabinettsbildung, gleich nach dem zweiten Wahlsieg am 20. September, wiederholte sich der Vorgang. Unter den diesmal 46 Regierungsmitgliedern gibt es wiederum keine einzige Ministerin (vier stellvertretende Ministerinnen, drei Vizeministerinnen). Diesmal erhielt Tsipras jedoch keine Pascha-Weihe mehr. »Emma« hält ihn offensichtlich nicht mehr für satisfaktionsfähig.

Hoffnung im Dauerstress

Die nationalen und internationalen Eliten waren vom Wahlsieg der Syriza alarmiert und unternahmen alles, um das Projekt zu Fall zu bringen. So war die Rebellion von Anfang an fragil, die Hoffnung im Dauerstress.

Das Alltagsleben war jedenfalls nicht leichter geworden. Im Gegenteil: Die Finanzblockade der Gläubiger hatte die Wirtschaftslage weiter verschlechtert. Alle stöhnten darunter – die Banken unter den faulen Krediten, die Unternehmen unter der mangelnden Liquidität, die Bevölkerung unter der enorm hohen Arbeitslosigkeit. Schlimmer noch: Eine Verbesserung der Situation war aufgrund der nie enden wollenden Verhandlungen der Regierung mit den Gläubigern nicht in Sicht.

Zudem hatte die Regierung Tsipras kaum Eingriffsmöglichkeiten. Sie hatte

---

215. *Emma* vom 24. Februar 2015.

weder die finanziellen Mittel im Inland noch die politische Unterstützung aus dem Ausland, um rasch eine Besserung der Situation herbeizuführen. Außerdem verbrauchte sie, wie schon erwähnt, den größten Teil ihrer Energie in endlosen Verhandlungen.

Wenn Tsipras nicht mit den Gläubigern verhandelte, taktierte er innenpolitisch. Das war oft notwendig, weil die Position seiner Regierung weder im Staat noch in der Gesellschaft gefestigt war und weil er sich zudem angesichts der Schlacht mit den Geldgebern den Rücken frei halten musste. Das ist ihm auch zum großen Teil gelungen – allerdings um einen sehr hohen Preis.

Ein Beispiel dafür liefert sein Versuch, den sogenannten »tiefen« Staat, dessen vier »Stände« – das Militär, die Polizei, die Justiz und die Kirche – überwiegend konservativ bis reaktionär sind, zu neutralisieren. Ein besonders krasses Beispiel dafür ist die Polizei, deren Personal bei den Parlamentswahlen der letzten drei Jahre zu etwa 60 Prozent für die nazistische Partei Goldene Morgenröte stimmte.[216] Ähnliches gilt auch für einen wichtigen Teil des Militärs, das er provisorisch durch die Ernennung von Kammenos zum Verteidigungsminister zu neutralisieren versuchte. Kammenos überflog, wie berichtet, wenige Stunden nach seiner Vereidigung in einem Kampfflugzeug die vor der türkischen Küste liegenden griechischen Imia-Eilande, er schlug umgehend scharfe nationalistische Töne nach dem Geschmack der Militär- und Polizeiführung an und versprach ihnen, einen guten Teil der Gehalts- und Einkommenskürzungen, die sie im Zuge der Sparpolitik erlitten hatten, bald rückgängig zu machen. Ähnliche Versprechen gab die Regierung auch den Angehörigen der Justiz und der Kirche.

Zweitens ging es um die griechische Oligarchie. Den Zusammenstoß mit ihr schob Tsipras auf die lange Bank. Der Plan für eine erhebliche Erhöhung der Steuersätze für Reiche wurde mit der offiziellen Begründung zurückgenommen: »Die Troika gibt uns keine freie Hand«. Das war zweifellos richtig. Gleichzeitig aber wollte Tsipras auch hier keine neue Front eröffnen.

Fragwürdig war auch die Art, mit der er versuchte, einen Keil in die große Oppositionspartei zu treiben. Das Ziel war offenbar, die Kluft zwischen dem Führer des rechten, manchmal sogar rechtsextremen Flügels der Nea Dimokratia unter dem ehemaligen Ministerpräsidenten Antonis Samaras (2012 bis 2015) und dem gemäßigten Flügel der sogenannten »Laiki Dexiá« (Volksrechte) um Kostas Ka-

---

216. Dies wurde durch Untersuchungen in zwei Athener Wahlbezirken (Ampelokipoi und Kaisariani), in denen rund 5000 Polizisten und deren Familien einigermaßen konzentriert wohnen, für unterschiedliche Parlamentswahlen seit 2012 belegt. *To Vima* titelte: »Jeder zweite Polizist hat für die Goldene Morgenröte gestimmt«. *To Vima* vom 11. Mai 2015.

ramanlis, der zwischen 2004 und 2009 Ministerpräsident war, zu erweitern. Dazu schlug Tsipras nur wenige Tage nach seinem Wahlerfolg vom 25. Januar den Verfassungsrechtler Prokopis Pavlopoulos, einen der engsten Mitarbeiter von Karamanlis, für den Posten des Staatspräsidenten vor. Pavlopoulos, der während der Amtszeit von Karamanlis mehrmals Minister gewesen war, akzeptierte. Am 18. Februar wurde er als Kandidat der Syriza-Anel-Fraktionen von einer breiten parlamentarischen Mehrheit zum Staatschef gewählt. Pavlopoulos ist indes ein Berufspolitiker, dessen demokratische Gesinnung höchst unumstritten ist. Ihm haftet aber der Ruf an, ein Großmeister der Vetternwirtschaft zu sein. Er konnte sich zu Recht rühmen, während seiner Amtszeit als Innenminister mehr Parteianhänger im Staatsapparat mit Amt und Würden versehen zu haben als alle seine anderen Ministerkollegen zusammen.

Das Ergebnis solcher Manöver war, dass Tsipras weder im Inland noch gegenüber den Geldgebern eine kohärente Politik entwickeln konnte. Sie schwankte zwischen rebellischem Trotz und pragmatischem Nachgeben. Sie hatte insofern geringe operative Kraft.

Bei einem derartigen schwachen »Plan A« war dann auch nicht an andere Optionen, wie einen ernstzunehmenden »Plan B« oder den immer wieder beschworenen »Bruch« mit den Gläubigern zu denken. Der starke Kampfgeist und das geschickte Taktieren konnten diese Mängel nicht ersetzen; Tsipras war für den bevorstehenden Schlussangriff der Gegner eher suboptimal aufgestellt.

Die Einsamkeit des Alexis Tsipras

Mégaro Maxímou, der Sitz des Ministerpräsidenten in Athen, ist an sich kein Platz von Traurigkeit. Üblicherweise herrscht dort ein kleines Chaos, besonders in den unteren Etagen des Hauses, wo die mehrheitlich jungen Mitarbeiterinnen und Mitarbeiter von Tsipras untergebracht sind. Emotionen spielen hier keine geringe Rolle. Am 3. Juli 2015 aber war die Atmosphäre stark gedrückt. Die Ergebnisse der Umfragen zum Ausgang des Referendums, das zwei Tage später stattfinden sollte, waren nicht eindeutig. Alles deutete auf eine sehr knappe Entscheidung hin. Der Erfolg des Ochi, für das Syriza und insbesondere Tsipras mit mehreren Ansprachen geworben hatten, sah wacklig aus. Das linke Experiment könnte somit auch als Ganzes in Gefahr geraten. Die Stimmung war mit Sorge und Spannung geladen.

Gegen 7 Uhr abends schlug sie allerdings um, als sich die Bürotür des Ministerpräsidenten öffnete und ein strahlender Tsipras, begleitet von seinen engsten

Beratern, herauskam. »Auch er war am Anfang nicht in bester Stimmung, aber wir haben ihn noch aufgeputscht«, sagte später einer von ihnen.[217] Es folgte ein Triumphzug zu Fuß zum etwa 300 Meter entfernten Syntagma-Platz. Hier warteten mehr als 500.000 Menschen auf ihn. Die zahlreichen Fernsehkameras entlang dieses Weges zeigen minutiös, wie er unterwegs von tausenden Menschen umsäumt und mit den Rufen »Ochi« und »Alexis« frenetisch begrüßt wurde. Am Syntagma-Platz angelangt, hielt er die Rede, die den grandiosen Umschwung zum »Ochi« besiegelte. Zwei Tage später stimmte die Bevölkerung mit 61,3 Prozent für das »Nein«. Tsipras Triumph schien perfekt.

Dies sollte auch die Botschaft an die Gläubiger sein, von denen er zu Recht annahm, diese würden seinen unmittelbaren Sturz betreiben. Das Votum der Wählerinnen und Wähler war nun der Beweis, dass er im eigenen Land Herr der Lage geblieben war und dass er es mit den Gläubigern, nun von einer verstärkten Position aus, wieder aufnehmen wollte.

Einen Tag später wollte er allerdings nicht mehr viel davon wissen. Bei einer Sitzung zum Thema »Wie weiter«, an der unter dem Vorsitz des Staatspräsidenten Pavlopoulos die Vorsitzenden aller Parlamentsparteien (mit Ausnahme der nazistischen Goldenen Morgenröte) teilnahmen, ließ er das Ergebnis des Referendums vollständig umdeuten und praktisch zu Makulatur erklären. Bereits im ersten Absatz des gemeinsamen Kommuniqués wird die Brisanz des Votums völlig entschärft. Dort heißt es: »Das soeben erfolgte Urteil des griechischen Volkes enthält nicht den Auftrag für einen Bruch, sondern für die Fortsetzung und die Verstärkung der Bemühungen für die Erzielung einer sozial gerechten und finanziell nachhaltigen Vereinbarung«.[218] Die Punkte, die in der Folge aufgelistet werden, bestehen in einem unverbindlichen Wunschkatalog, der die Rückkehr zur desolaten Verhandlungsposition aus der Zeit vor dem Referendum bedeutete. Alle anwesenden Parteivorsitzenden mit einer Ausnahme unterschrieben das Kommuniqué. Der Vorsitzende der Kommunistischen Partei KKE, Dimitris Koutsoumpas, meldet seinen absoluten Dissens an.[219]

Damit war also das »Nein« des Referendums zum »Ja« umgedeutet, dem Auftrag zur Konfrontation mit den Gläubigern im Rahmen der weiteren Verhandlungen war der Zahn gezogen worden. Seitdem rätselt die Welt über Tsipras' »Loo-

---

217. So der Bericht eines Insiders, der anonym bleiben will.
218. www.news.in.gr, 6. Juli 2015.
219. www.news.in.gr, 6. Juli 2015. An der Sitzung nahmen folgende Parteivorsitzende teil: Alexis Tsipras (Syriza), Vangelis Meimarakis (Nea Dimokratia), Stavros Theodorakis (To Potami), Dimitris Koutsoumpas (KKE – KP Griechenlands), Fofi Gennimata (Pasok), Panos Kammenos (Unabhängige Griechen).

ping«, seinen Kurswechsel um 180 Grad. Der Erklärungsversuche gibt es viele, sie geben aber kein vollständiges Bild der Situation. Jannis Varoufakis, der als Finanzminister Mitglied des Regierungsausschusses war, sagte in einem Interview im griechischen TV-Sender *Skai*, dass er gleich nach der Verkündung des Ergebnisses des Referendums den Regierungssitz besuchte und dort eine Begegnung der besonderen Art hatte: Statt eines triumphierenden fand er einen völlig niedergeschlagenen Tsipras vor. Eine Zusammenfassung seiner Schilderung:

J.V.: Als ich in Maxímou [dem Regierungssitz, d. Verf.] ankam […] spürte ich eine negativ elektrisierte Atmosphäre, nicht mir gegenüber, aber auch mir gegenüber. Es gab ein Missverhältnis zwischen dem Klima auf der Straße und jenem in Maximou.

Journalist: Also Angst, Beunruhigung?

J.V.: Ich kann es nicht genau sagen. Es gab eine […] unangenehme Atmosphäre. Als ich später den Ministerpräsidenten sah – wir waren dann zu zweit – befand er sich in einem emotionalen, psychologischen Zustand, der total unterschiedlich von jenem außerhalb des Gebäudes war. Er gab mir seine Entscheidung bekannt, zu kapitulieren und das anzunehmen, was man uns dafür geben würde.

Journalist: Das hat er Ihnen ganz klar gesagt?

J.V.: Ich werde nicht seine Worte wiederholen. […] Wichtig ist, dass er mir ganz klar seine Absicht mitteilte, am nächsten Tag eine Sitzung [mit den Vorsitzenden der anderen Parteien; d. Verf.][220] *einzuberufen, um die Dynamik des Referendums in eine Einigung [mit den Gläubigern, d. Verf.] umzuwandeln.*[221]

Varoufakis geht in der Folge auf die Motive ein, die Tsipras – wie er sie ihm dargelegt hatte – zu dieser verhängnisvollen Entscheidung führte.

J.V.: Ich hatte das Gefühl, dass er mich überzeugen wollte, dass es keine alternative Lösung gibt, da uns auch Genossen innerhalb der Regierung verlassen hätten, welche eine ökumenische Regierung [nationale Konzentrationsregierung, d. Verf.] bilden wollten, die das »Όχι« (Nein) des Referendums in »Ναι« (Ja) umwandeln wolle. Es gab ein Gefühl der Angst, der Selbstaufgabe […]

---

220. www.news.in.gr, 6. Juli 2015.
221. Die Zeitung *Kathimerini* von 19. Januar 2016 veröffentlicht den ganzen Text des Interviews.

Journalist: Nach Ihrem Urteil war er gebrochen, fürchtete er, das Opfer eines Komplotts zu sein?

J.V.: Ich will nicht in den Kopf eines anderen gehen. […] Ich werde Ihnen aber etwas sagen, was er mir selbst erzählte. […] Es ging um einen großen Fisch, einen Schwertfisch, der am Angelhaken angebissen hat, aber zu stark ist, als dass ihn der Fischer ans Land ziehen könne. Mal zieht man an der Angelschnur, mal lässt man ihn in Ruhe, mal zieht man wieder, lässt wieder nach […] bis sich der Fisch, völlig ermattet, ans Land ziehen lässt.

Journalist: Tsipras, nehme ich an, ist in diesem Fall der Fisch. […]

Bei diesem dramatischen Gespräch wurde auch über die Zukunft von Varoufakis gesprochen. »Er (Tsipras) hat mich ersucht, in der Regierung zu bleiben, wenn auch auf einem anderen Posten.« Varoufakis lehnte ab. Am nächsten Tag gab er seinen Rücktritt offiziell bekannt. In seiner Erklärung hieß es, »das Dokument des Gipfeltreffens hat nichts mit Wirtschaft zu tun und auch nichts mit Reformen, die Griechenland aus der Gosse führen könnten. Es ist lediglich ein Manifest einer politischen Demütigung. Selbst wenn jemand unsere Regierung verabscheut, muss er erkennen, dass diese Liste mit den Forderungen der Eurogruppe eine gravierende ›Abweichung‹ von Anstand und Rationalität repräsentiert.«[222]

So eindringlich die Schilderung von Varoufakis über den Zustand von Tsipras in der Nacht des 5. Juli gewesen war, so beschreibt sie doch nicht die begleitenden Ereignisse der vorangegangenen Wochen, die zu dem Zusammenbruch geführt hatten. Das führt Panagiotis Lafazanis genauer aus, der Mitglied des Politischen Ausschusses war und so eine exzellente Kenntnis der internen Vorgänge im Mégaro Maximou hatte. Dabei ergänzt seine Darstellung gewissermaßen das, was Varoufakis über die Situation in der Nacht vom 5. auf den 6. Juli berichtete. In einen Interview im TV-Sender *Mega* teilte Lafazanis mit, dass Tsipras bereits Wochen vor dem Referendum ein Verhandlungspapier im Regierungsausschuss[223] zur Abstimmung stellte, dessen Inhalt praktisch schon einem dritten Memorandum gleichkam.[224] Nach seinen Angaben stimmte er, Lafazanis, als

---

222. Siehe Giorgos Chondros, a.a.O., S. 188.
223. Der Politische Ausschuss bestand aus den sechs bis sieben wichtigsten Regierungs- und Parteifunktionären (darunter auch Tsipras und der stellvertretende Ministerpräsident Jannis Dragasakis) und bildete den inneren Zirkel der Regierungsmacht. Er hatte die wichtigsten politischen Entscheidungen getroffen.
224. www.megatv.com, 13. September 2015.

einziger gegen das Papier. Mit dieser Position sei Tsipras am 26. Juni 2015 nach Brüssel gefahren. Dort beendete er jedoch die Verhandlungen abrupt, als er feststellte, dass die »Partner« ihre Position verhärteten und nicht bereit waren, ihm auch nur im Geringsten entgegen zu kommen. Darauf hätte er sofort nach seiner Rückkehr in Athen das Referendum angesetzt. Allerdings konnte auch Lafazanis keine Erklärung für den beispiellosen »Umfaller« von Tsipras bieten, der einen Tag nach dem triumphalen Referendum erfolgte.

Eine andere Version bietet der bereits erwähnte Insider. Dieser meint, dass Tsipras vor allem die Angst vor einem »Putsch« durch die Gläubiger, mit dem er entmachtet werden sollte, umgetrieben hätte. Das Referendum sei also sein letzter Rettungsversuch gewesen. Dabei hätte er aber selbst nicht an einen sicheren Erfolg geglaubt und in Erwägung gezogen, bei einem negativen Ergebnis zurückzutreten. Das Ergebnis von 61,3 Prozent hätte ihn, wie alle anderen auch, völlig überrascht. Aufgrund der Formulierung des Referendums hätte er zudem nicht einmal eindeutig interpretieren können, ob seine Anhänger nun ein Votum gegen oder für den Euro abgegeben hatten. Eindeutig wäre nur gewesen, dass die Mehrheit der Wähler die Auflagen der Gläubiger ablehnten. Gleichzeitig habe er aber bemerkt, dass das letztlich auch gleichgültig war: Der Zug sei bereits abgefahren, weil die Gläubiger inzwischen völlig unnachgiebig geworden waren. Sie hätten das demokratische Recht der Griechen, ein Referendum über die ihnen zugemuteten Auflagen abzuhalten, nur schmallippig anerkannt. Tatsächlich empfanden sie das Referendum offenbar als eine Frechheit, was die zahlreichen drastischen Wortmeldungen in den Stunden und Tagen nach dem Referendum zeigen (siehe Kapitel 10).

Tsipras, erzählte er weiter, sei am 12. Juli zum Gipfel nach Brüssel mit nur einem minimalistischen Vorsatz gefahren – nämlich genau jenen früheren Plan der Gläubiger anzunehmen, der beim Referendum abgelehnt worden war. Doch die erbosten Gläubiger hätten ihm selbst das verwehrt. Als Tsipras in den Morgenstunden des 13. Juli festgestellt habe, nur mehr erpresst zu werden, sei er kurz zuvor gewesen, die Verhandlungen definitiv abzubrechen und nach Hause zurückzufliegen. Er sei dann von Donald Tusk »fast mit Gewalt« zurückgehalten worden: Die US-amerikanische Regierung wollte demnach Griechenland unbedingt in der Eurozone behalten, weil sie sonst mit zu großen geopolitischen Verwerfungen zu ihren Ungunsten rechnete. Sie hätte daher Druck auf die Europäische Ratspräsidentschaft ausgeübt, Griechenland zu halten.

Am Ende sei Tsipras mit einigen kleinen Zugeständnissen abgespeist worden, wie z. B. niedrigere Haushaltsüberschüsse für die nächsten drei Jahre. Diese hätte er gleich danach in einer Pressekonferenz als große Verhandlungserfolge präsentiert. Somit hätte er die Basis für die positive Umdeutung seiner Niederlage gelegt, die ihm auch den Erhalt seines Ministerpräsidentenpostens sicherte.

Tsipras Niederlage ist natürlich nicht nur auf Wankelmut zurückzuführen. Er selbst räumt ein, entscheidende Fehler begangen zu haben. So habe er bei der Bevölkerung Erwartungen geweckt, die so nicht einzuhalten waren. Sodann habe er die falsche Annahme geteilt, dass die Gläubiger, ähnlich wie 2012, aus Angst vor dem Zusammenbruch der Eurozone den Grexit nicht riskiert hätten. Dabei habe er übersehen, dass sich die Gläubiger inzwischen gegen eine solche Eventualität gut abgesichert hatten; 2015 hätte der Grexit in der EU zwar Schäden, aber voraussichtlich nicht mehr den früher befürchteten Totalschaden angerichtet.[225]

Die Niederlage von Tsipras ist auch vor dem Hintergrund seiner internationalen Isolation zu sehen. Er war zu einsam, um das Projekt »Zerschlagung der Sparpolitik« in Griechenland geschweige denn in der ganzen EU voranbringen zu können. Er hatte das Pech, linke Politik in Zeiten der Cholera, der Hochphase des Neoliberalismus, zu machen. Dies wurde ihm mit allen Mitteln verwehrt.

Jannis Varoufakis: Der Plan Z

Man könnte Jannis Varoufakis alles Mögliche zuschreiben – nur nicht, dass er das Zeug für einen guten Spion habe. Denn er kann unmöglich Geheimnisse für sich behalten, nicht einmal seine eigenen. Dies hat er einmal mehr am 16. Juli 2015 bewiesen, als er in einem politischen Club in London gewissermaßen als ein Anti-James Bond agierte und das bestgehütete Staatsgeheimnis Griechenlands verriet: den *Plan Z* für die Verteidigung des Landes im Falle eines erzwungenen Grexits. Bereits im Dezember 2014, also noch *bevor* Syriza die Regierung übernahm, hatte er im Auftrag von Tsipras begonnen, unter höchster Verschwiegenheit mit Hilfe von fünf »eingeschworenen« Mitarbeitern ein Ausstiegsszenario zu entwickeln[226]. Vor hunderten konservativen Zuhörern – vorwiegend Investoren und Besitzern von Hedge Fonds – gab er im Plauderton die Details des Planes preis: Dass dieser die Schaffung einer digitalen Parallelwährung zum Euro vorsah; dass diese Währung »über Nacht zur Drachme hätte umgewandelt werden können«; dass seine Mitarbeiter die Website des eigenen Finanzministeri-

---

225. Ob der Grexit wirklich beabsichtigt war, ist eine offene Frage. Vieles deutet darauf hin, dass Schäuble ihn nicht wirklich vorantrieb, sondern nur als Druckmittel benutzte, wohl wissend, dass seine bloße Erwähnung in Athen Panik auslöste.
226. *Kathimerini* vom 26. Juli 2015.

ums bereits »gehackt« hätten, um ein paralleles, digitales Steuersystem vorzubereiten, das bargellose Transaktionen zwischen den Steuerzahlenden und der Steuerbehörde ermögliche; und dass dieser Plan sofort in die Praxis umgesetzt werden könnte, sobald die Gläubiger das Zeichen für den Grexit geben würden.

Griechenland stand auf einmal Kopf. Niemand konnte sich richtig vorstellen, dass die Regierung ganz im Geheimen derartig »abwegige« Pläne umsetzen wollte. Varoufakis hörte zwar nicht auf zu erklären, dass er zu diesem außerordentlichen Verfahren Zuflucht suchen musste, weil er seinen von der Troika durch und durch kontrollierten hohen Ministerialbeamten nicht vertrauen konnte und daher die Schaffung dieses geheimen Parallelsystems, das für den Tag X bestimmt war, unumgänglich gewesen sei. Auch versuchte er – weitgehend vergeblich – zu erklären, dass er dieses System nur im Interesse der Bevölkerung entwickelt hätte, dass es außerdem nur auf dem Papier gestanden und dass er schließlich von Tsipras zu keinem Zeitpunkt grünes Licht für dessen Umsetzung bekommen hätte. Er zog sich den Vorwurf zu, ein »Verschwörer« gewesen zu sein, der eigenmächtig und vorsätzlich den Austritt aus dem Euro vorangetrieben habe. Von seinen politischen Gegnern wurde er sogar des Hochverrats bezichtigt.

Tsipras allerdings verteidigte seinen Ex-Finanzminister: »Ich hatte dem Finanzminister in der Tat den Auftrag gegeben, eine Gruppe zu bilden, die einen Abwehrplan für den Fall eines Notstands ausarbeiten sollte«, sagte er Ende Juli im Parlament. »Ich wäre politisch naiv und unverantwortlich gewesen, hätte ich das nicht getan«. Gleichzeitig betonte er auch, dass dieser Plan nicht den Grexit als Ziel hatte, den seine Regierung auf keinen Fall wollte, sondern ganz im Gegenteil, dass er als Reaktion auf einen drohenden Grexit gedacht war, wie dieser von seinen Gegnern – allen voran von Wolfgang Schäuble – betrieben worden sei.

Die gewaltige Aufregung um diese Enthüllungen hatte sich nach einigen Tagen gelegt, da die immer heftiger werdenden Auseinandersetzungen innerhalb von Syriza, die letztlich zur endgültigen Spaltung ihrer Parlamentsfraktion Ende August und schließlich zu neuen Parlamentswahlen am 20. September 2015 führten, alle Aufmerksamkeit auf sich zogen. Die Auseinandersetzungen wurden äußerst emotional geführt, waren doch die Kontrahentinnen und Kontrahenten schon seit Jahren politisch und oft auch persönlich miteinander verbunden. Es ging um die Macht, aber auch um persönliche Beziehungen, die bereits zu zerbrechen begannen.

Angriff gilt als die beste Verteidigung: Auf diese bewährte Taktik setzte Tsipras, um seine innerparteilichen Gegner zu überrumpeln. Bezugnehmend auf die erwähnte Spaltung der Parlamentsfraktion und die Bildung einer neuen Linkspartei, die Volkseinheit (ELA), sagte er am 14. September 2015 in einem Interview im öffentlichen Rundfunk *ERT*: »Nach allem, was ich in den letzten sechs Monaten durchgemacht habe, vermag ich persönlich niemandem die Meinung zugestehen, dass er einem stärkeren Gewissenskonflikt ausgesetzt sei als ich, was unsere gemeinsamen Prinzipien, Werte, Standpunkte und ideologischen Bezüge betrifft«. Seine Gegner waren nicht weniger zimperlich. Sie bezichtigten ihn des Verrats an der Linken und am Land.[227]

Die Wahlen vom 20. September 2015

Für eine kurze Zeit hatte es den Anschein gegeben, als befände sich Syriza in einer existenziellen Zerreißprobe: Mitte Juli stimmten 109 der 201 Mitglieder des Zentralkomitees von Syriza gegen die Annahme des Verhandlungsergebnisses des letzten Eurozonen-Gipfels und damit faktisch gegen ein drittes Memorandum. Ein kurzfristig anzusetzender Sonderparteitag sollte eine Entscheidung herbeiführen. Es war schwer abschätzbar, welchen Ausgang ein solcher Parteitags genommen hätte. An der Basis brodelte es.

Doch dann, in der Nacht vom 30. auf den 31. Juli, gelang es Tsipras und dem engen Zirkel um ihn herum, diese Mehrheit im Führungsorgan von Syriza wieder zu kippen. Nun beschloss eine deutliche ZK-Mehrheit, erst im September einen Sonderparteitag durchzuführen. Gleichzeitig wurden die Parteiführung und damit die Regierung unter Tsipras beauftragt, ein neues »Hilfspaket« auf der Grundlage eben jener letzten Vereinbarung des Eurozonen-Gipfels auszuhandeln. Wobei es hier nicht mehr viel zu verhandeln gab. Zu diesem Zeitpunkt deutete sich bereits an, dass Tsipras ein weiteres Mal die Flucht nach vorn suchen und kurzfristig anberaumte Wahlen ansetzen würde.

Die Wahlen am 20. September 2015 fanden dann unter höchst spezifischen Umständen statt. Nach der Dramatik, der Rebellion und den gewaltigen Hoffnungen, die es im Zeitraum 25. Januar bis Anfang Juli 2015 gegeben hatte, war die Stimmung nunmehr von Apathie, Perspektivlosigkeit und Bruderstreit geprägt. Das dritte Memorandum war unterzeichnet. Das griechische Parlament hatte auch erste einschneidende Vorabmaßnahmen zur Umsetzung dieses neuen Memorandums verabschiedet. Die Gläubiger zeigten sich zufrieden. Syriza hatte sich zwar gespalten. Doch die Abspaltung, die neue Partei Volkseinheit, hat-

---

227. Der Höhepunkt der Polemik gipfelte in einem Satz des ehemaligen Vorsitzenden von Synaspismos, zugleich der ehemalige Mentor von Tsipras, Alekos Alavanos, bei der ersten panhellenischen Konferenz der Volkseinheit am 23. November in Athen: »Die Regierung von Tsipras muss geteert und gefedert und verjagt werden«. www.pontiki.gr.

te nur knapp vier Wochen Zeit, um mit dem Aufbau einer eigenständigen Partei zu beginnen und gleichzeitig einen Wahlkampf zu führen. Sie konnte dabei keinerlei Aufbruchsstimmung verbreiten. Das lag sicher an der Gesamtsituation, aber auch an der Herangehensweise der Leute um Lafazanis: Die Volkseinheit wirkte wie ein aus der Zeit gefallender Aufguss von Syriza.

Das Wahlergebnis reflektierte die Situation. Es verdeutlichte, wenn auch noch nicht in ausreichendem Maß, dass es seit Januar zu erheblichen Veränderungen gekommen war.

Tabelle 8: Parlamentswahlen und Referendum im Jahr 2015

		Parlamentswahl 25. Januar 2015	Parlamentswahl 20. September 2015	Veränderungen Jan./Sept.-Wahlen	Referendum 5. Juli 2015
Wahlberechtigte		9.949.684	9.840.525	-109.159	9.286.380
Wahlbeteiligung	absolut	6.180872	5.431.850	-749.022	5.803.987
	in %	63,60 %	56,57%	-7,03	62,5%
Syriza	absolut	2.245.978	1.925.904	-320.074	Ochi- / Nein-Stimmen: 3.558.450 =61,31 %
	in %	36,34%	35,46%	-0,88	
Anel	absolut	293.683	200.423	-93.260	
	in %	4,75	3,69	-1,09	
Koalitionsparteien		2.539.661 = 41,09	2.126.327 = 39,15	-413.334 -1,94	
ND	absolut	1.718.694	1.526.205	-192.489	Nai-/Ja-Stimmen : 2.245.537 = 38,32 %
	in %	27,81%	28,1%	+0,29	
Pasok	absolut	289.469	341.390	+51.921	
	in %	4,68%	6,26%	+1,59	
To Potami	absolut	373.924	222.166	-151.758	
	in %	6,05%	4,09%	-1,96	
MoU-Parteien		2.382.087 = 38,54%	2.089.761 = 38,45 %	-292.326 -0,09	
Chrysi Avgi	absolut	388.387	379.581	-8.806	
	in %	6,28%	6,99%	+0,71	
KKE	absolut	338.188	301.632	-36.556	[Ungültige Stimmen: 538.610 = 5,80%]
	in %	5,47%	5,55%	+0,08	
LAE	absolut	-	155.242	(+155.242)	
	in %	-	2,86%	(+2,86)	
Antarsya	absolut	39.497	46.096	6599	
	in %	0,64%	0,85%	+0,09	

Zwischen den beiden Parlamentswahlen sank die Wahlbeteiligung erheblich – von 63,6 Prozent auf 56,6 Prozent. Dabei muss berücksichtigt werden, dass es in Griechenland keine Briefwahl gibt; die Wahlberechtigten müssen an dem Ort zur Wahl gehen, an dem sie geboren sind. 750.000 Wählerinnen und Wähler, die Ende Januar noch zur Wahl gingen, blieben am 20. September den Urnen fern. Syriza musste einen Verlust von 320.000 Stimmen hinnehmen. Das prozentual weitgehend gleich gebliebene Syriza-Wahlergebnis vom 20. September täuscht also hinsichtlich dieses erheblichen Verlustes an Zustimmung. Selbst wenn man die gut 155.000 Stimmen, die die Volkseinheit (LAE) erhielt, mit den Syriza-Stimmen addiert, bleibt ein Verlust von 160.000 Stimmen. Sogar die Kommunistische Partei hatte in ihrer isolierten linken Ecke absolut rund 10 Prozent ihrer Stimmen, die sie in der Januar-Wahl erhalten hatte, verloren. Gemessen an der Zahl der Wahlberechtigten hatte Syriza am 25. Januar einen 22,6-Prozent-Anteil erreicht; am 20. September waren es nur noch 19,6 Prozent.

So deutlich die Unterschiede zwischen diesen beiden Parlamentswahlen waren – sie sind nochmals größer, wenn man die Wahlen vom 20. September mit dem Referendum vom 5. Juli vergleicht. Die Zahlen für einen solchen Vergleich werden in der letzten Spalte der Tabelle wiedergegeben.

Beim Referendum hatte die Wahlbeteiligung mit 62,5 Prozent fast so hoch gelegen wie am 25. Januar. Das war äußerst überraschend, da das Plebiszit nur 10 Tage vorher angesetzt worden war, sodass Hunderttausende Wahlberechtigte kaum die Chance hatten, kurzfristig eine Reise an ihren Geburtsort zu organisieren. Es hatte 3.558.450 Nein-Stimmen gegeben. Das entsprach den bekannten 61,31 Prozent der Wahlberechtigten. Das waren aber eine volle Million Stimmen mehr als Syriza und Anel zusammen am 25. Januar erhalten hatten. Und sogar 1,4 Millionen Stimmen mehr als Syriza und Anel zusammen am 20. September erhielten.

Auf der anderen Seite hatte das Lager der Memorandums-Parteien ND, Pasok und To Potami beim Referendum 2,3 Millionen Stimmen mobilisieren können. Das entsprach – nur – fast exakt dem, was diese Parteien bei der Wahl vom 25. Januar 2015 hatten mobilisieren können. Es war etwas mehr als die Stimmenzahl, die diese Memorandums-Parteien dann am 20. September auf sich konzentrieren konnten. Die faschistische Goldene Morgenröte hatte offiziell dazu aufgerufen, mit »Nein« zu stimmen. Allerdings dürften aus diesem Lager auch viele mit »Ja« gestimmt haben. Die sehr hohe Zahl ungültiger Stimmen beim Referendum dürfte dann zu einem großen Teil der KKE-Wählerschaft zuzuschreiben sein.[228]

---

228. Bei den Januar- und September-Parlamentswahlen gab es jeweils knapp 150.000 ungültige Stimmen. Beim Referendum waren es dann, wie ausgewiesen, 538.610 ungültige Stimmen. Das Plus an

Auch nach der Abspaltung der Volkseinheit und nach den Wahlen vom September schwelt die Krise in der Rest-Syriza weiter. Die Tendenz »53+«, die nach dem Austritt der Linken Plattform zur stärksten Widersacherin der Tsipras-Gruppe aufrückte, warnt vor dem Einfließen der »Logik der Memoranden« in die Programmatik der Partei und fordert eine »Loslösung« von dieser Logik. Allerdings wirkt sie dabei wenig glaubwürdig, wenn sie die krude Position vertritt, eine solche Loslösung könne aufgrund der aktuellen Kräfteverhältnisse erst *nach* der Umsetzung der Memoranden erfolgen.

Zu erwarten ist, dass die angespannte Ruhe, die Anfang 2016 in der Partei herrscht, beim nächsten Parteitag in leidenschaftliche Auseinandersetzungen umschlägt. Syriza wird aufgrund der »Reformmaßnahmen« der Regierung immer unpopulärer. Ihr großer Vorsprung vor der Konkurrenz, den es bei den Parlamentswahlen des 20. Septembers 2015 noch gab, schwindet dahin; im Januar 2016 lag Nea Dimokratia bei einigen Meinungsumfragen bereits vorn. Dies könnte der Anfang vom Ende der Linken an der Regierung sein, und auch der Auftakt zu neuen Parteispaltungen.

Syriza als Speedy Gonzalez

Giovanni Agnelli hatte Recht: Es gibt eine Linke, die nützlicher ist als die Rechte. Es ist jene Linke, sagte der italienische Industrielle, die alles tun kann, was der Rechten verwehrt ist – sei es aus Mangel an Machtmitteln, sei es aus Angst vor den Konsequenzen ihres Tuns. Syriza ist seit Juli 2015 ein Paradeexemplar dieser Gattung Linke. Sie setzt »ihr« drittes Memorandum viel schneller und effektiver um, als es die vorangegangenen Regierungen von Pasok und Nea Dimokratia mit »ihren« beiden gemacht haben. Wenn der Syriza-Abgeordnete Christos Simorelis plötzlich die Vorzüge der Memoranden entdeckt und sagt: »Hätte es das Memorandum nicht gegeben, müssten wir es erfinden«[229], könnte man dem mit Fug und Recht entgegensetzen: »Hätte es Syriza nicht gegeben, müssten wir sie zum Zwecke der Durchsetzung der Memoranden erfinden«.

Die Gläubiger reiben sich jedenfalls die Augen: Ein derartiges Tempo kennen sie nicht einmal bei ihresgleichen. An der Qualität der Umsetzung mag es zwar noch hapern, es werde aber rechtzeitig, manchmal sogar vorzeitig geliefert. Den linken Ministern scheint jedenfalls die Entdeckung der Schnelligkeit gelungen zu sein: Innerhalb von nur fünf Monaten, von Mitte Juli bis Mitte Dezember 2015,

---

ungültigen Stimmen entspricht ziemlich genau der Zahl der »traditionellen« KKE-Stimmen.
229. *To Vima* vom 12. November 2015.

konnten sie mehr »Vorabmaßnahmen« und Reformen durchboxen, als ihre »laxen« – oder laut Vizeaußenminister Dimitris Mardas sogar »feigen« – Vorgänger von Nea Dimokratia und Pasok in den vorausgegangenen fünf Jahren zusammen.

Seitdem Syriza kapitulierte, ließ sie alle Hoffnung fahren. Andere haben dort das Sagen: Syriza muss die Reformen, die sie zugunsten der sozial schwachen Schichten setzte, mit jenen Gegenreformen konterkarieren, die ihr die Gläubiger diktieren. Eine Sisyphos-Arbeit ausschließlich auf Kosten der Bevölkerung. Und eine Schizophrenie ohne Beispiel: Beim ersten Generalstreik gegen die Syriza-Anel-Koalition am 12. November 2015 hat der Arbeiter-Flügel von Syriza die Bevölkerung aufgerufen, daran teilzunehmen. Die Regierungssprecherin Olga Gerovassili verteidigte diesen Aufruf mit den Worten: »Wie setzen ein Abkommen um, das Maßnahmen enthält, die wir für ungerecht finden. Wir haben nicht alle Maßnahmen adoptiert, die wir unterschrieben«.[230] »Syriza tut so, als ob sie gegen sich selbst streikt«, kommentierte höhnisch die Zeitung *Proto Thema*.

Auch die anderen Ziele, die Syriza dem Memorandum entgegensetzen wollte, kommen nicht voran. Das sogenannte mittelfristige Programm, das sich gegen die einheimische Oligarchie wendet, ist wenige Tage nach seiner Ankündigung, Mitte Dezember 2015, wieder in den Schubladen verschwunden – die Quadriga wollte ihm vorerst kein grünes Licht geben. Und was das zweite Ziel betrifft, das »langfristige Programm«, mit dem die kapitalistische Wirtschaftsweise in eine sozialistische überführt werden soll, darüber schweigt Syriza lieber.

Was bleibt, ist der Wunsch, das Memorandum so schnell wie möglich loszuwerden. Das erklärt die überhastete Umsetzung, führt aber zu einer erschreckenden Bilanz. Einige Beispiele:

- Juli 2015. Das Parlament beschließt das erste Gesetz für die sogenannten Vorabmaßnahmen, die als Voraussetzung für die Gewährung der ersten Tranche der neuen Gläubigerhilfe von 86 Milliarden Euro gilt. Sie enthalten die Erhöhung der Mehrwehrsteuer auf fast alle Konsumgüter und die Ausdehnung der vollen Mehrwertsteuersätze auf die Inseln, die – ähnlich wie Korsika im Fall Frankreich, die Kanaren im Fall Spanien oder die Azoren im Fall Portugal – wegen ihrer Randexistenz und der damit deutlich erhöhten Kosten für Versorgung und Infrastruktur bisher davon ausgenommen waren.
- August 2015. Das dritte Gesetz für die Vorabmaßnahmen. Es schafft die Frührenten ab und erhöht das Alter für den Renteneintritt auf 67 Jahre.

---

230. Zeitung Πρώτο Θέμα *(Erstes Thema)* vom 12. November 2015.

- Oktober 2015. Das griechische Pendant zum Europäischen Stabilitäts-Mechanismus ESM wird der Kontrolle der Gläubiger unterstellt. Dies öffnet den Weg für die Rekapitalisierung der Banken. Daraus folgt ein riesiges Verlustgeschäft für den griechischen Fiskus, der bis dahin der Mehrheitseigner der vier größten Banken des Landes gewesen war (Ethniki, Alpha, Piraios, Eurobank). Der Verkaufspreis der Banken wird von den »Märkten« auf 746,8 Millionen Euro festgesetzt, obwohl ihre Bilanzen 350 Milliarden (!) Euro aufweisen. So werden ihre Aktien an die internationalen Hedge Fonds buchstäblich verschenkt – oft 40 Mal und mehr unter Wert. Der griechische Staat verliert auf einen Schlag über 20 Milliarden Euro.[231]
- November 2015. Mit dem siebten Gesetz für die Vorabmaßnahmen fällt der bis dahin geltende absolute Schutz für den Hauptwohnsitz. Die Banken können ab sofort die Erstwohnungen von säumigen Kreditnehmern beschlagnahmen und sie zur Versteigerung bringen. Unmittelbar betroffen sind 42 Prozent der Wohnungsbesitzer, deren Wohnung mehr als 230.000 Euro wert ist, die immer weniger in der Lage sind, den monatlichen Schuldendienst zu leisten und dadurch in die Fänge der Banken geraten. Nur Familien mit einem sehr niedrigen Jahreseinkommen und solche, deren Wohnungen weniger als 170.000 Euro Wert haben, genießen noch einen gewissen Schutz.
- Durch ein anderes Gesetz wird zudem bestimmt, dass die Banken ab Februar 2016 ihre Forderungen an Hedge Fonds verkaufen dürfen. Das bedeutet, dass diese potenziell an mehr als die Hälfte der mit Darlehen und Hypotheken belasteten Immobilien Hand anlegen können. Bei den griechischen Immobiliendarlehen mit einem Gesamtumfang von 200 Milliarden Euro sind nach fünf Jahren der Krise und des Einbruchs der Wirtschaft Darlehen in der Höhe von etwa 107 Milliarden »kokkina«, sprich faul.
- Dezember 2015. Das Parlament beschließt den Haushalt für 2016, der neue Belastungen in Höhe von 5,7 Milliarden Euro für die Bevölkerung vorsieht (neue Steuern, Kürzung von Renten und sozialen Ausgaben, etc.)

Die Maßnahmen selbst und das Tempo ihrer Umsetzung, das an Speedy Gonzalez erinnert, sind tatsächlich zum Fürchten. Doch die von Syriza geführte Regierung ist bei Strafe des Untergangs gezwungen, gegen ihren Willen zu handeln.

---

231. Laut *Kathimerini* hat der Staat 20 Milliarden Euro verloren; (*Kathimerini* vom 28. November 2015), laut *To Vima* liegt der Verlust sogar bei 30 Milliarden Euro (*To Vima* vom 29. November 2015). Die Differenz resultiert aus den unterschiedlichen Bezugsjahren: *Kathimerini* vergleicht mit dem Jahr 2014, *To Vima* mit 2010/2011.

Es sind eben die Widersprüche, in denen diese Regierung verstrickt ist, die derartige Paradoxien erzeugen.

Die Bilanzen – oder: Der Grieche hat genug genervt

Die Bilanz der beiden Regierungen Tsipras fällt naturgemäß ungleich aus. Die erste konnte einige fortschrittliche Reformen beschließen, von denen sie allerdings aufgrund der Interventionen seitens der Gläubiger Abstriche machen musste. Sie hatte aber eine Dynamik, die weit über die tatsächlich ergriffenen Maßnahmen hinausging. Im Mittelpunkt stand das Bemühen, sich aus dem Würgegriff der Gläubiger zu befreien: sei es durch den Versuch einer Erschließung neuer Geldquellen (in Russland, in China[232], oder in den USA) oder sei es durch die Pläne, Gegenmaßnahmen gegen die Gläubiger wie die Einstellung von fälligen Kreditrückzahlungen an den Internationalen Währungsfonds und die Europäische Zentralbank oder die Verstaatlichung der Banken und die Einführung einer Parallel- bzw. einer neuen Währung zu ergreifen. Die Triebkraft solcher Gegenmaßnahmen war die »Linke Plattform« mit Panagiotis Lafazanis an ihrer Spitze. Da aber deren Vertreter nicht an den Schalthebeln der Macht saßen – abgesehen von Lafazanis selbst, der das Energieministerium leitete, waren alle anderen wichtigen Regierungsressorts von Vertrauten von Tsipras besetzt – konnten sie sich kaum durchsetzen. Tsipras und Varoufakis waren diesen Vorschlägen nicht abgeneigt – im Gegenteil, beide sprachen wiederholt davon, solche Gegenmaßnahmen zu ergreifen und zu riskieren, mit den »Partnern« zu »brechen«.[233]

Der Unterschied zwischen den beiden Gruppen: Jene um Tsipras konnte sich den Bruch mit den Gläubigern ausschließlich innerhalb der Eurozone vorstellen, wohingegen Lafazanis und seine Anhänger den Austritt aus der Währungsunion zumindest passiv vorantrieben.

Tsipras und Co. standen mehrmals davor, radikale Maßnahmen gegen die Gläubiger zu ergreifen – vor allem vor schwierigen Verhandlungen oder wenn sie größere Summen für die Bedienung der Schulden gegenüber der Europäi-

---

232. In seinem Interview in *Skai-TV* vom 19. Januar 2016 berichtet Varoufakis, dass die chinesische Führung im Frühjahr 2015 mit der griechischen Regierung eine informelle Abmachung für große Investitionen in Griechenland geschlossen hatte. Sie habe aber wenig später »nach einem Anruf aus Berlin« (vermutlich von Wolfgang Schäuble) davon wieder Abstand genommen.
233. Varoufakis erklärte bei der Diskussion um die Regierungserklärung (10. Februar 2015), dass er alles unternehmen werde, um den Bruch mit den Partnern zu vermeiden. »Aber wenn du ihn (den Bruch, die Verf.) von vornherein ausgeschlossen hast, kannst du nicht verhandeln«, ergänzte er. In: Fortunegreece.com (10. Februar 2015).

schen Zentralbank (EZB) und dem Internationalen Währungsfonds (IWF) aufbringen sollten. So war es etwa, als sie bei den Verhandlungen am 20. Februar 2015 zum Schluss kamen, dass die andere Seite mit ihnen nur ein Katz-und-Mausspiel betrieb und auf keinen Fall bereit war, ihnen auch nur im Geringsten entgegenzukommen. Den Angaben des bereits zitierten Insiders zufolge wollten sie die Bedienung der Schulden völlig einstellen und die griechischen Banken verstaatlichen. So hofften sie, genug Geld sparen zu können, um mehr Luft für die Verhandlungen mit den Gläubigern zu gewinnen. Diese Idee verwarfen sie aber, als die Finanzexperten der Regierung ihnen mitteilten, dass das so ersparte Geld höchstens für zwei bis drei Monate für die Bezahlung der Staatsbediensteten reichen würde und die Folge das finanzielle Chaos wäre. Ähnliches überlegten sie im Zusammenhang mit der Rückzahlung von größeren Summen an den IWF und die EZB, um solche Gedankenspiele ebenfalls wieder aus einem Gefühl der Ohnmacht heraus zu verwerfen.

Als die EZB nach der Ankündigung des Referendums keine weiteren ELA-Notkredite an die griechischen Banken gewährte und diese in der Folge schließen mussten und als die darauffolgenden Verhandlungen ebenfalls scheiterten, schlug Varoufakis, wie er später berichtete, vor, Teile von »Plan Z« zu aktivieren. In diesem Plan war unter anderem vorgesehen, die Schulden an die EZB von 27 Milliarden Euro zu restrukturieren und eine Parallelwährung zum Euro einzuführen, die vor allem die Bezahlung der Staatsbediensteten sichern sollte. Tsipras winkte auch diesmal ab: Eine derartige digitale Währung, ließ er wissen, würde die Staatsangestellten auf die Barrikaden treiben.

Einiges spricht dafür, dass sich Tsipras von der Drohung eines Rausschmisses Griechenlands aus der Eurozone ins Bockshorn jagen ließ. Doch hätte ein »Grexit« mit Sicherheit etwas anderes bedeutet als ein »Brexit«, ein möglicher Austritt Großbritanniens aus der EU: denn dieser würde, im absoluten Gegensatz zum Grexit, aus einer Position der Stärke erfolgen. Zudem hätte ein Grexit im Zuge eines tiefgreifenden Konflikts stattgefunden. Das hätte zur Intensivierung des neuen »Kalten Kriegs« geführt, der von Griechenland sicher nicht hätte gewonnen werden können.

Auch in der Außenpolitik macht sich der Einfluss der Memoranden bemerkbar. Wenn Außenminister Nikos Kotzias behauptet, die auswärtige Politik sei der Quadriga gegenüber immunisiert, so ist dies mit großer Vorsicht zu genießen. Das mag auf die Beziehungen zu einigen »exotischen« Ländern am anderen Ende der Welt zutreffen. Doch schon bei der Flüchtlingskrise wird klar, dass die griechische Außenpolitik wie ein Anhängsel der EU-Politik wirkt. Vor allem

Deutschland versucht, die Flüchtlinge fern von Zentraleuropa zu halten, indem es Pufferzonen in Libanon, Jordanien und der Türkei schafft. Griechenland schließt sich mit der Errichtung von Hot Spots notgedrungen an diese Grundhaltung an: Es schafft Zentren für die Registrierung von Flüchtlingen, die leicht zu riesigen Internierungslagern werden können. Gleichzeitig akzeptiert Athen den Ausbau von Frontex von einer polizeilichen zu einer quasi militärischen Truppe. Die »Europäische Agentur für die operative Zusammenarbeit an den Außengrenzen der Mitgliedstaaten der Europäischen Union« agiert an den Grenzen Griechenlands zu den anderen Balkanstaaten und zur Türkei. Sie soll demnächst das Recht erhalten, notfalls auch gegen den Willen der jeweiligen Staaten gegen die Flüchtlinge vorzugehen. Die griechische Regierung schweigt dazu trotz aller Bedenken, da eine Weigerung den Unmut und die Sanktionen der Gläubiger hervorrufen würde. Eine immunisierte, souveräne Außenpolitik sieht anders aus.

Auch innenpolitisch ist das Land nicht immunisiert. Aktuell liegt die größte Gefahr, die aus der finanziellen und politischen Unterwerfung entsteht, in der Unterhöhlung der staatlichen Institutionen. Das Parlament wurde zu einer Maschinerie degradiert, die ausschließlich die Maßnahmen der Gläubiger durchboxt; für eigene Reformen hat die Regierung weder Zeit noch die Erlaubnis der Quadriga. Parallel dazu »zerbröseln« wichtige Behörden im Sozial- und Bildungsbereich sowie im Verwaltungs- und Steuersystem oder sie werden überhaupt ganz aufgelöst. SDOE, die Behörde für die Bekämpfung der Steuerkriminalität, hat seit Oktober 2015 praktisch aufgehört zu existieren: 500 von den insgesamt 730 Kontrolleuren wurden in die Abteilung für die Steuereinahmen versetzt, während den übriggebliebenen 230 die Zuständigkeit der Kontrolle im Steuer- und Zollbereich genommen wurde. So verstauben in den Schubladen der Behörde 39.000 Fälle von Steuerkriminalität, von denen 12.500 im Jahr 2015 bereits verjährt sind, und der Rest in den nächsten zwei bis drei Jahren verjähren wird. Der daraus resultierende Verlust für den Staat ist immens: Es beträgt nach vorsichtigen Schätzungen einen zweistelligen Milliardenbetrag. Die ehemalige stellvertretende Finanzministerin Nadia Valavani spricht von einer Riesenwaschmaschine, in der alle großen Wirtschaftsskandale der letzten Jahre weißgewaschen werden – darunter auch jene im Rüstungs- und Schmuggelbereich. Die politische Seite von diesem »Skandal der Skandale« sei, sagt sie, dass die Gläubiger, die noch vor kurzem gegen die Unfähigkeit der griechischen Steuerbehörde wetterten, nun dem kriminell handelnden Teil der griechischen Oligarchie zu Hilfe kommen.[234]

---

234. Pressemitteilung von Nadia Valavani vom 4. November 2015.

Die massive Unterhöhlung der Institutionen nährt die Angst vor einer Implosion des Staates. Die deutsche Botschaft in Athen spricht in Bezug auf die Ohnmacht der Tsipras-Regierung von einem »steuerlosen Schiff«. Ein Militärputsch wird zwar als wenig wahrscheinlich eingeschätzt, ganz auszuschließen ist er jedoch nicht. Bereits Ende 2011, während der Regierungszeit von Giorgos Papandreou, soll es zumindest einen Putschplan von Militärs gegeben haben. Dieser wurde aber rechtzeitig vereitelt; er ging als »Putsch, der nicht stattfand« in die Geschichte ein.[235]

Nach Ansicht des Staatsrechtlers Dimitris Christopoulos aber ist es die Polizei mit ihren vielen Anhängern der nazistischen Goldenen Morgenröte, von der die größte Gefahr ausgeht. Er und seine Mitarbeiter haben in mehreren Schriften eindeutige Beweise dazu vorgelegt.[236]

Obwohl die Gläubiger die Zügel fest in der Hand haben und Syriza am Boden liegt, so bleibt sie doch, solange sie an der Regierung ist, eine potenzielle Gefahr für sie. Daher auch der fortgesetzte Ärger mit Alexis Tsipras. »Der Grieche hat genug genervt«, sagte der baden-württembergische Landesvorsitzende der Christdemokraten und Schwiegersohn von Wolfgang Schäuble, Thomas Strobl, einige Tage nach Tsipras' Kapitulation.[237] Statt zu maulen solle er endlich seine »Hausaufgaben« machen.

Er nervte früher, als er noch halbwegs Herr der Lage war. Und er nervt auch heute: Obwohl Vollstrecker des Memorandums, versucht er weiter zu retten, was zu retten ist. Indem er über Umwege parallel zum Memorandum bescheidene Programme gegen die Oligarchie betreibt, sucht er, so gut es geht, sich der Tragik seiner Rolle zu entziehen.

Tsipras ist ein Getriebener, kein Verräter. Und dasselbe gilt für seine Partei – die zwar links bleibt, aber die Abwicklung der Geschäfte der Gläubiger zu ihrem Geschäft macht.

Die Hurensöhne an der Macht

Griechenland kann zurzeit nicht viel hoffen. Das Land wird immer mehr direkt von Brüssel, Washington und Frankfurt regiert, aus deren Schoß die Troika und die Quadriga entsprangen. Die zynische Parole, die vor einigen Jahren an den Häuserwänden von Buenos Aires prangte, ist auch hier angebracht: »Las

---

235. Pavlos Papadopoulos, *To Vima* vom 30. September 2012.
236. Dimitris Christopoulos, a.a. O., S. 83 ff.
237. *Die Zeit* vom 14. Juli 2015.

putas al poder! Sus ijos ya están en el« (Die Huren an die Macht! Ihre Söhne sind schon dort!).[238]

Das Kräfteverhältnis in Europa ist denkbar ungünstig. Trotz der Risse, die Tsipras mit seiner ersten Regierung dem EU-Establishment zufügte und trotz der hoffnungsvollen Ansätze in Portugal und Spanien: die Herrschaft der neoliberalen Eliten bleibt ungebrochen. Das Hauptübel ist die Sparpolitik, welche durch den Stabilitäts- und Fiskalpakt fixiert wird und nicht abgeschüttelt werden kann; ihre Gegner, in erster Linie die Arbeiterbewegung und die zivilgesellschaftlichen Bewegungen, sind zu schwach dazu. Umso weniger kann das Memorandum abgeschafft werden, da die große Mehrheit der Bevölkerung in den anderen EU-Ländern nicht unmittelbar davon betroffen und von daher nicht bereit ist, dagegen auf die Straße zu gehen. Ihre Abschaffung wird wahrscheinlicher im Rahmen des gemeinsamen Kampfes gegen den Stabilitätspakt, nicht am Rande davon, gelingen.

Griechenlands Uhren laufen momentan anders; sie messen den Gang der Unterwerfung; die Befreiung ist noch nicht in Sicht. Es ist die Zeit, um Antonio Gramsci abzuwandeln, die Ungeheuer gebiert, ein Zustand der Atem- und Aussichtslosigkeit. In einer solchen Zeit befindet sich heute Syriza.

Diese Partei ist in der Tat ein tragischer Fall. Sie ist eine linke Partei, die rechte Politik macht. Sie ruiniert das Land und glaubt dabei, den Schaden durch das Aufräumen der Scherben zu begrenzen.

Syriza soll an ihren Taten gemessen werden. Diese sind durch das Memorandum geprägt. Ihr übriges Tun, wie die Erstellung eines Parallelprogramms und der Kampf um den Schutz der wirtschaftlich schwächeren Schichten, ist zwar sehr wichtig, bildet aber kein ausreichendes Gegengewicht zu den Memoranden.

Syriza ist nicht schuldlos in eine tödliche Falle geraten. Ihre Situation erinnert an jene der griechischen Kommunisten im Jahre 1945. Diese hatte nach der Befreiung des Landes, im Namen des Friedens, ihre Waffen den Briten überlassen – um gleich danach von ihnen massakriert zu werden.[239]

Auch Syriza hat ihre politischen Waffen dem Feind übergeben. Und auch sie läuft nun Gefahr, »durch die Klinge des Messers zu enden«.[240]

---

238. Θέσεις 133 (Thesen 133), Athen, Oktober-Dezember 2015, S. 13.
239. Im Abkommen von Varkiza am 12. Februar 1945 einigten sich die griechische Regierung und die vorwiegend kommunistische Partisanenorganisation EAM auf einen Waffenstillstand. Nachdem die Partisanen ihre Waffen abgegeben hatten, wurden sie, inzwischen wehrlos, unbarmherzig verfolgt und in den Untergrund gezwungen. Das war der Anfang des Bürgerkriegs, der 1949 mit der vollständigen Niederlage der EAM endete.
240. Angelos Elefantis, Η επαγγελία της αδύνατης επανάστασης (Die Ankündigung der unmöglichen Revolution), Athen 1979, S. 364.

Kapitel 9
Ein ganzes Land im Ausverkauf

Oder: Herr Schäuble und die Wiederkehr der Treuhand

Das Entstaatlichungsprogramm des Landes ist heute das größte Verwertungsprogramm weltweit. Das Hauptziel ist die Attraktion von bedeutenden internationalen Kapitalzuflüssen, die zum Neustart der griechischen Wirtschaft und zum Wachstum beitragen. Die Öffnung von Marktbereichen, zu der es mit den Entstaatlichungen kommt, trägt zur Schaffung von neuen Arbeitsstellen bei. Gleichzeitig stärkt die Forcierung des Entstaatlichungsprogramms die Glaubwürdigkeit des Landes im Ausland.

Homepage des Fonds für die Verwertung des privaten Vermögens des Staates, TAIPED.

Auf den Schreibtischen und in den Regalen im siebten Stock stapeln sich Grundstücksakten, Briefe, Beglaubigungen, Angebote. ETAD ist Teil der Privatisierungsbehörde [TAIPED], die mit ihrem Plan, Griechenland zu versilbern, bislang nur zäh vorankommt. Die ersten Projekte sind zwar angeleiert, aber nach dem Willen der Gläubiger muss es schneller gehen. Bald übernimmt die deutsche Fraport AG den Betrieb von 14 Regionalflughäfen. Türkische und arabische Investoren haben soeben für 400 Millionen Euro ein Luxusresort bei Athen gekauft. Chinesische und dänische Firmen interessieren sich für die Hafenpiers in Piräus und Thessaloniki, Italiener und Belgier für Anteile an der Erdgasgesellschaft. Die halbe Welt hofft auf Schnäppchen. Das ehemalige Flughafengelände Hellenikon in Athen steht zum Verkauf, die Telefongesellschaft, Teile eines Stromanbieters. Es ist der große Ausverkauf. Alles muss raus. [...]

Christoph Scheuermann Anfang 2016 im Magazin *Der Spiegel*[241]

Die Privatisierung der griechischen Flughäfen wurde von Deutschland zur Bedingung für das sogenannte Rettungspaket gemacht – zugunsten des maßgeblich in deutschem Staatsbesitz befindlichen Fraport-Konzerns. Es ist beschämend, dass die (hessische) Landesregierung und die vier anderen Fraktionen im Hessischen Landtag diesen Deal unterstützen.«

Janine Wissler, Vorsitzende der Fraktion DIE LINKE im Hessischen Landtag[242]

---

241. Christoph Scheuermann, »Alles muss raus. Der Staat soll versilbern, was sich zu Geld machen lässt«, in: Der Spiegel 02/2016
242. Zitiert nach *junge Welt* vom 9. Januar 2016.

Wolfgang Schäuble war in bester Laune. Das Gespräch mit drei Auslandsjournalisten – einem holländischen, einem italienischen und einem griechischen – in einem kleinen Zimmer des Finanzministeriums in der Berliner Wilhelmstraße verlief offenbar nach seinem Geschmack.[243] Im Mittelpunkt des Gesprächs standen die Krise der Eurozone, die überschuldeten Länder und vor allem die Sorgen um Griechenland. Der deutsche Bundesfinanzminister schien auch für kritische Fragen offen – zumindest bis zu dem Moment, in dem der griechische Journalist Zweifel über den Erfolg des laufenden Privatisierungsprogramms in Griechenland äußerte, mit dessen Erlös ein beachtlicher Teil der griechischen Schulden ausgeglichen werden sollten: Das Ziel, durch den Verkauf von Staatseigentum 50 Milliarden Euro zu lukrieren, sei einfach utopisch. Die staatlichen Unternehmen hätten einen Nominalwert von höchstens sechs bis acht Milliarden Euro. Und die staatlichen Immobilien, deren Wert zwar um ein Vielfaches höher als 50 Milliarden sei, lockten keinen Hund hinter dem Ofen hervor: Kaum ein Investor scheint einem Land zu vertrauen, das ökonomisch vor dem Bankrott und politisch vor dem Chaos stünde.

Mit einem Schlag war die gute Stimmung von Wolfgang Schäuble verflogen. »Es tut mir leid, aber ich kann mich nur auf das beziehen, was die griechische Regierung« – das war zu dieser Zeit noch diejenige unter Ministerpräsident Papandreou – »der Eurogruppe an privatisierungsfähigen Assets übermittelt hat«, sagte er, indem er eines der vor sich liegenden Dossiers hochhob und auf den Tisch schlug. »Die Dokumente sind verfügbar. Das war nicht sechs Milliarden wert gewesen, sondern [es geht da um] viel, viel höhere Summen. Ich habe damals gesagt, es ist ein Irrtum zu glauben, dass man einfach nur Grundstücke bewertet. Die Frage war, findet man einen Investor, der bereit ist, Geld zu investieren. Das sind ganz andere Voraussetzungen, und deswegen ist die Privatisierung schwieriger. Aber wenn Sie jetzt sagen, in Griechenland gibt es überhaupt nichts zu privatisieren, dann ist das das Gegenteil von dem, was die griechische Regierung immer gesagt hat. Und wenn Sie mir erlauben, mit Respekt vor den demokratischen Institutionen vertraue ich darauf, was die griechische Regierung sagt«.

Zum Zeitpunkt dieses Gespräches waren erst etwa acht Monate seit der Gründung der TAIPED vergangen, jener Gesellschaft, welche die Abwicklung von öffentlichem in privates Eigentum durchführen sollte.[244] Sie hatte es bis dahin nicht

---

243. Die beteiligten Journalisten waren Marc Peepekorn (Holland), Andreas Tarqini (Italien) und Nikos Chilas (Griechenland).
244. Ταμείο Αξιοποίησης Ιδιωτικής Περιουσίας του Δημοσίου, Fonds für die Verwertung des privaten Vermögens der Öffentlichen Hand.

sehr weit gebracht; ihre Verkaufserlöse beschränkten sich noch auf ein Dutzend Millionen Euro. In den nächsten zwei Jahren hat der im Volksmund genannte »Fonds für den Ausverkauf Griechenlands« aber hunderte wertvolle Objekte ausgewählt, die er den potenziellen Investoren anbot. Zum Verdruss der Beamten haben aber nur wenige zugeschlagen. Nur der Verkauf von einigen lukrativen Leckerbissen wie die Gesellschaft für Fußballspielwetten OPAP konnte in die Wege geleitet werden. Ende 2014 war vielen klar, dass die Abwicklung nicht so recht in Schwung kam; Ende Januar 2015 wurde sie durch die neue Koalitionsregierung Syriza-Anel vorübergehend eingestellt. Schäubles Vorhaben, das gesamte Familiensilber Griechenlands zu Geld zu machen, war vorerst geplatzt.

Niemand sollte allerdings den Groll des Bundesfinanzministers unterschätzen. Er wird dafür gerühmt, das Gedächtnis eines Elefanten zu haben, und ebenso nachtragend zu sein. Das bestätigte sich am 13. Juli 2015 einmal mehr, als Alexis Tsipras in Brüssel vor den Gläubigern kapitulierte. Die Kapitulation enthielt auch die Gründung eines neuen, noch namenslosen Fonds, der endlich einbringen sollte, was TAIPED nicht einzubringen geschafft hatte: die gewünschten 50 Milliarden Euro. Zwar waren die Vertragsbedingungen diesmal für Athen vordergründig viel günstiger ausgefallen – es müssen nunmehr nur mehr ein Viertel jenes Betrags, der bei der Verwertung öffentlichen Vermögens erzielt wird, für die Bedienung der öffentlichen Schulden aufgewendet werden. Schäubles Triumph war dennoch vollkommen: Es waren ihm »seine« 50 Milliarden Euro zuerkannt worden und er hat nochmals bewiesen, dass er der Herr des Geschehens blieb.

Privatisierung durch Landnahme

Der 1. Juli 2011 hatte in Athen mit ominösen Zeichen begonnen. Die Sonne war schwarz, die Vögel fielen tot zur Erde, die Leute hasteten verwirrt durch die Straßen. Niemand konnte das Unheimliche deuten. Das änderte sich allmählich, als die Gründung der TAIPED durchsickerte, die in der amtlichen »Regierungszeitung« eben bekannt gegeben worden war.[245] Dann begannen viele zu ahnen, dass eine monströse Organisation im Begriff war, aus Griechenland ein anderes, ein ausverkauftes Land zu machen.

Es war der »colpo grosso«, der große Anschlag auf die griechische Gesellschaft. Wie dieser vor sich gehen sollte, hatte eine weitere Aussage von Wolfgang Schäuble im bereits erwähnten Interview gezeigt. »Warum haben Sie neu-

---

245. Gesetz 3896/2011.

lich Griechenland mit der DDR verglichen?«, war er gefragt worden. Die zwei Länder unterschieden sich ja wie Tag und Nacht. »Nein«, winkte Schäuble ab. »Ich habe gesagt, wenn man sich die Liste von privatisierungsfähigen Objekten anschaut, also der Assets im Besitz des griechischen Staates, dann ist der Anteil des Staates an der Wirtschaft fast so hoch zu Zeiten der DDR – nicht dass Griechenland so ist wie die DDR. Wenn Griechenland wettbewerbsfähig werden will, braucht es nicht nur mehr Geld, sondern auch Strukturreformen. Und die wirtschaftlichen Entscheidungen sollte nicht die öffentliche Verwaltung treffen, sondern die Wirtschaft selbst im Wettbewerb. Das ist unsere Erfahrung. Das ist der Punkt«.

Der Punkt war aber auch, dass das DDR-Privatisierungsmodell als Vorlage für die Entstaatlichung in Griechenland herhalten sollte. Ausgerechnet die »Treuhand«, die für die skandalöse Abwicklung des gesellschaftlichen Vermögens der ehemaligen DDR berüchtigt ist, sollte für den Verkauf griechischen Staatseigentums Pate stehen.[246] In Griechenland hatten allerdings bereits seit den 1990er Jahren mehrere massive Privatisierungswellen stattgefunden, insbesondere unter der Regierung von Kostas Simitis (1996–2004), sodass nicht mehr viele staatliche Betriebe übrig geblieben waren. Eine weitere Entstaatlichung konnte daher hauptsächlich durch den Verkauf von Immobilien erfolgen: Das Land musste buchstäblich filetiert werden – auch wenn diese Filets letztlich die Form von Wertpapieren und somit virtuellen Charakter annehmen.[247]

Die Landnahme in Griechenland erfolgt ohne großen Widerstand. Die Gründe dafür sieht der griechische Geograph Kostis Chatzimichalis in der Schulden-

---

246. Die »Treuhandanstalt«, kurz: Treuhand, wurde 1990 in der DDR zu dem Zweck gegründet, die »Volkseigenen Betriebe« der DDR zu privatisieren. In den vier Jahren ihres Bestehens hat sie 12.354 Unternehmen entstaatlicht. Davon wurden 6.946 privatisiert, 1.588 reprivatisiert, 310 kommunalisiert und gut 3.700 abgewickelt, also in einen mehr oder weniger ungeordneten Konkurs überführt. Der Gesamtwert des Staatseigentums war 1990 mit 600 Milliarden D-Mark – nicht DDR-Mark! – berechnet worden. Die Treuhand schloss allerdings ihre Bilanz 1994 mit einem Verlust von 256,4 Milliarden D-Mark. Skandale, Unter-Wert-Verkäufe sowie unzählige Betrügereien, die von den bundesdeutschen Behörden kaum verfolgt wurden, hatten zu diesem unglaublichen Verlust geführt. Dazu kam, dass der Staat sich oft riesigen Verluste einzelner Unternehmen übernahm, die dann dennoch oft für einen Pappenstiel verkauft wurden. »Das gesamte Industriekapital der DDR wurde mit einem Schlag vernichtet«, bilanzierte später der Grünen-Politiker und Ex-Bürgerrechtler Werner Schulz. »Im Grunde genommen ist es eigentlich das größte Betrugskapitel in der Wirtschaftsgeschichte Deutschlands«. Einerseits übertrifft es jeden Zynismus, dass diese Treuhand als Vorbild für die griechische TAIPED herhalten muss. Andererseits kommt darin auch eine gewisse Ehrlichkeit und Chuzpe zum Ausdruck: Man sagt einigermaßen offen, dass man das Gaunerstück der DDR-Treuhand 1990–1994 in den kommenden Jahren in Griechenland wiederholen will.
247. Hedge Fonds kaufen Land, das sie in Wertpapiere umwandeln, mit denen sie dann auf den internationalen Märkten spekulieren.

krise.[248] Diese bestimmt das Geschehen maßgeblich. Erstens tragen die Schulden zur Schwächung des Schuldnerstaates, zur Verarmung der Bevölkerung und zur Verringerung des Verkaufswertes des Landes bei – letzterer war in Griechenland im Zeitraum zwischen 2009 und 2013 um 30 bis 40 Prozent gesunken. Zweitens bieten die öffentlichen Schulden den Gläubigerverbänden (Troika, Quadriga, Task Force etc.) die »legitime« Möglichkeit, in das Land des Schuldners einzudringen, um einerseits deren Rückzahlung auf Kosten der Bevölkerung durchzusetzen und andererseits den Modus der Rückzahlung zu bestimmen – im Falle Griechenlands vorwiegend durch »schleichende Landnahme«.[249] Drittens schließlich, so Chatzimichalis, schafft »der Sonderstatus, der den verschuldeten Staaten auferlegt wird, eine günstige Umgebung für Spekulanten [...], womit sich, wie dies der Fall Griechenlands zeigt, die rechtliche, verfassungsmäßige Ordnung verändert«.[250]

Die Landnahme ist freilich nicht nur ein griechisches Phänomen, sie ist weltweit wieder en vogue. Der wichtigste Grund dafür ist ökonomischer Natur – Ressourcen wie fruchtbarer Boden werden knapper, somit winken fette Gewinne. Ob auch ein Unbehagen der Anleger gegenüber einer unkontrollierten Überhandnahme des virtuellen Finanzkapitals dabei eine Rolle spielt, ist zweitrangig. Sicher ist jedenfalls, wie Chatzimichalis feststellt, dass »das Kapital zur Erde zurückkehrt«.

Die Landnahme in Griechenland folgt also einem aktuellen Trend – mit dem Unterschied, dass sich das Land nicht auf in einem »freien« Markt, sondern im Korsett der Memoranden befindet. Die Landnahme wird schlicht und einfach von den Gläubigern erzwungen, TAIPED ist das Mittel zum Zweck. Sie organisiert, in Ermangelung anderer nennenswerter Ressourcen, die Rückzahlung der griechischen Schulden durch einen, wie ihre Kritiker zu Recht meinen, widerrechtlichen Landkauf. Allerdings hält sich, wie erwähnt, die Nachfrage in Grenzen. Aus Angst vor der unsicheren Zukunft Griechenlands verschmähen die Anleger oft die werthaltigsten Happen. Eine Ausnahme bilden die Glücksritter der Hedge Fonds, die bisher für ihr »Engagement« tatsächlich fürstliche Entlohnung erhalten: Ihre jährlichen Gewinne bei Griechenland-Engagements werden auf 30 bis 40 Prozent geschätzt.

248. Kostis Chatzimichalis, *Κρίση χρέους και υφαρπαγή γης (Schuldenkrise und schleichende Landnahme)*, ΚΨΜ Verlag, S. 18.
249. Chatzimichalis definiert die »schleichende Landnahme« als die Erschleichung von Land, die einer Usurpation durch Gewalt und Arglist gleichkommt. Dies charakterisiere gerade die Art des heutigen massenhaften Ausverkaufs des öffentlichen Reichtums, a.a.O., S. 17.
250. Chatzimichalis, a.a.O., S. 19.

TAIPED: Im Schatten der Treuhand

Die Privatisierungskampagne hatte Mitte 2011 mit einem bescheidenen Programm begonnen. Sie enthielt eine kleine Anzahl von Verkaufsschlagern – einige gewinnbringende staatliche Unternehmen, Liegenschaften im In- und Ausland, das eine oder andere touristische Objekt. Viele Regierungsmitglieder glaubten offenbar noch, die Krise ohne allzu viel Aderlass bewältigen zu können. Den Gläubigern ging es aber nicht schnell genug. »Verkauft doch eure Inseln, ihr Pleite-Griechen … und die Akropolis gleich mit«, titelte Ende 2012 ihr populistisches Sprachrohr, die *Bild*-Zeitung.[251] Die Griechen sollten gemeinsam mit ihrem Familiensilber auch ihre antike Seele mit verkaufen. TAIPED hatte verstanden. Das Angebot wurde eiligst erweitert und für die Investoren deutlich attraktiver gemacht.

TAIPED verstand es auch, mit den Gläubigern, ihren eigentlichen Auftraggebern, gut umzugehen. So wurde z. B. bei den Sitzungen des Verwaltungsrates nur noch Englisch gesprochen, um den anwesenden Kontrolleuren der Gläubiger die Arbeit zu erleichtern. Gegenüber dem griechischen Parlament hingegen waren die TAIPED-Granden ungnädig. Bis Ende 2014 weigerten sie sich, den Parlamentariern die Protokolle ihrer Sitzungen zur Verfügung zu stellen. Das stand wiederum im völligen Gegensatz zu ihrem Verhalten gegenüber den potenziellen Investoren, denen sie, dank einer speziell dafür geschaffenen gesetzlichen Regelung, vertrauliche Informationen zuspielen durften. So viel zur Behauptung, im Zuge der Griechenland-Intervention der Troika werde Korruption bekämpft.

TAIPED teilte die Verkaufsobjekte in acht Kategorien ein: touristische Anlagen, Stadtimmobilien, Einkaufszentren, Wohnanlagen, Unternehmen, Infrastruktur sowie Mischformen. Die »Verwertung« konnte in unterschiedlichen Formen erfolgen, sei es als Pacht, als Joint Venture oder durch den direkten Verkauf der Objekte. Letzterer war, wie die Tätigkeitsberichte der Gesellschaft zeigen, in dieser Phase die favorisierte Form. Der direkte Verkauf hatte den Vorteil, unmittelbar viel Geld in die Kassen der TAIPED zu spülen. Nicht aber in jene des griechischen Fiskus: Die Verkaufserlöse waren ausschließlich für die Bedienung der Schulden bestimmt. Sie mussten innerhalb von zehn Tagen nach dem Verkauf auf ein Sonderkonto der Gläubiger fließen.

Die Homepage der TAIPED mutet wie eine Wundertüte für Investoren an: Ein Album voll mit hochkarätigen Objekten, die bereits verwertet sind oder noch ih-

---

251. *Bild* vom 27. April 2010.

rer Verwertung harren. Es handelt sich zumeist um Immobilien, deren tatsächlicher Wert um ein Vielfaches höher liegt als der von den Investoren angebotene und von der TAIPED akzeptierte Preis. Dazu gehört das Areal des ehemaligen Athener Flughafens (Ellinikon), das größte zur Zeit freie Areal in einer europäischen Hauptstadt; der Hafen von Piräus, nach jenem von Marseille der zweitgrößte im Mittelmeerraum; die Bahngesellschaft Trainose; fast alle im Staatsbesitz noch verbliebenen Industrie- und Dienstleistungsunternehmen (darunter die Öl-, Gas- , Wasser- und Elektrizitätsgesellschaften); hunderte Gebäudekomplexe, Landstriche mit Naturschutzgebieten, Bergmassive und Strände im Tourismusbereich sowie tausende kleinere und größere Grundstücke.

Die Aufgabe von TAIPED liegt eigentlich darin, den sogenannten »privaten Staatsbesitz« zu verwerten; das heißt, jenen Besitz, der nicht unabdingbar mit der Erfüllung von Hoheitsaufgaben des Staates verknüpft sind. Staatliche Hoheitsaufgaben waren früher breiter gefasst, wie die griechische Soziologin Alexia Konstantinidou nachweist, Bereiche wie öffentliche Schulen, Gesundheits- und Sozialeinrichtungen oder Haftanstalten zählten neben Amtsgebäuden und dergleichen dazu.[252] Seit der Neoliberalismus in den 1990er Jahren auch in der EU-Politik Einzug gefunden hat, änderte sich dies. Viele dieser Aufgaben wurden dem »privaten staatlichen Bereich« zugewiesen. Nun spiegelt sich dies auch im Portfolio der TAIPED wider, das sogar Gebäude von Ministerien und anderer rein staatlicher Behörden beinhaltet.

Skandale pflasterten ihren Weg: TAIPED ahmte mit großem Erfolg die Untaten der deutschen Treuhand nach. Drei Mitglieder des Verwaltungsrates, darunter der ehemalige Vorsitzende Konstantinos Maniatopoulos, und die Mitglieder seines Sachverständigenrats werden inzwischen von der Justiz wegen Unterschlagung beziehungsweise wegen Unterschlagung und Untreue verfolgt. Laut Anklage haben sie durch Pflichtverletzung beim Verkauf von 28 Gebäuden im Jahre 2014 dem Fonds Verluste in Höhe von rund 600 Millionen Euro zugefügt. [253]

Nadja Valavani beschreibt in ihrem Buch »Der Raub Griechenlands« Dutzende krasse Skandalfälle.[254] Hier drei Beispiele:

1. Der Verkauf des ehemaligen Athener Flughafen Ellinikon ist nach Angaben eines der potenziellen Investoren das »größte an der Küste gelegenes Grund-

---

252. Alexia Konstantinidou, *Der Fall Destroika*, TVXS, http://tvxs.gr/news/ellada/o-rolos-kai-ta-oriatoy-taiped (22. März 2015).
253. *To Vima* vom 4. November 2015.
254. Nadia Valavani: *Η αρπαγή της Ελλάδας (Der Raub Griechenlands)*, Athen 2015.

stück Europas«. Das 620 Hektar große Areal umfasst neben dem Flughafen auch den kilometerlangen Strand von Agios Kosmas, einem der nobelsten Bezirke an der Bucht von Argosaronikos. Das Interesse an seinem Kauf war dennoch auch hier beinahe Null. Dies gab der Gesellschaft Lambda Development der Reeder-Familie Latsis Gelegenheit, ein Schnäppchen zu machen (siehe Kapitel 4). Der Preis von 130 Euro pro Quadratmeter, den die Käuferin bezahlt, ist 8,5 Mal niedriger als der ortsübliche Preis – das heißt, sie zahlt nur 12 Prozent des Quadratmeterpreises, der für Grundstücke in dieser Lage üblicherweise hinzulegen ist![255]

Lambda Development will auf diesem Gelände ein Casino und riesige Hochhäuser samt Shopping Malls wie in Dubai bauen und die Anlage zu einem »Ghetto für Reiche« verwandeln.[256] Diverse Bürgerinitiativen und auch die angrenzenden Gemeinden hatten hingegen gefordert, hier einen riesigen Park anzulegen, welcher der Bevölkerung als Naherholungsgebiet dienen sollte, und der auch das Mikroklima des Athener Großraums positiv beeinflussen würde. Dieses Vorhaben wurde mit der Verschleuderung des Grundstückes zunichte gemacht.

2. Auch das Wasserversorgungsunternehmen von Thessaloniki (EYATh) soll verkauft werden. Der wichtigste Interessent ist der französische Konzern Suez, eines der weltweit größten Unternehmen im Bereich Wasserversorgung. Der Mischkonzern kontrolliert bereits die Wasserwerke in anderen Großstädten Europas und verfügt auch über einen 5-Prozent-Aktienanteil an den Wasserwerken von Athen. Die EYATh hatte bisher viel Profit abgeworfen, ihre Gewinne werden für die nächsten fünf Jahre auf 100 Millionen Euro geschätzt. So hoch bzw. so niedrig wird auch der geplante Verkaufspreis angesetzt. Was heißt: Alle Gewinne ab dem sechsten Jahr sind für den künftigen Besitzer Reingewinn.

Zum Leidwesen von Suez wehrte sich die Bevölkerung von Thessaloniki bisher erfolgreich gegen den Ausverkauf ihrer Wasserversorgung: Bei einer selbst organisierten, informellen Volksbefragung am 18. Mai 2014 sprachen sich 98 Prozent der Abstimmenden gegen die Privatisierung aus. Es gibt noch keine endgültige Entscheidung. Doch die Gläubiger bestehen sehr konkret gerade auf dieser Privatisierung.

Der Angriff auf die Wasserwerke beschränkt sich nicht auf Thessaloniki. Wie die *Wiener Zeitung* vom 18. Februar 2013 schrieb, ist Griechenland

---

255. Nach Berechnungen von Nadia Valavani, welche die inzwischen weiter stark gefallenen Preise im Immobilienmarkt zugrunde legt, zahlt Latsis »nur« fünf Mal weniger als üblich (a.a.O., S. 267).
256. Nadia Valavani a.a.O., S. 259ff.

heute der Vorreiter der Privatisierung der Wasserversorgung in ganz Europa. Auch die Wasserwerke von Athen und anderen griechischen Städten sollen entsprechend der Vorgaben in den Memoranden veräußert werden. Das lebensnotwendige Wasser wird auf diese Weise zum teuren Konsumgut.
3. Die staatlichen Bahngesellschaften Trainose (Züge und Transport) und EESSTY (Schienennetz) sollen ebenfalls verkauft werden. Ihr gesamter Besitz war bereits 2013 der TAIPED übergeben worden. Diese sucht seit damals eifrig nach internationalen Käufern, sei es in Russland, Frankreich oder China. Die internationale Ausschreibung läuft bereits seit Jahren. Vor allem China will die griechische Bahninfrastruktur dafür nutzen, Güter nach Europa zu transportieren, die über den bereits in seinem Teilbesitz stehenden Hafen von Piräus abgewickelt werden. Dass die Interessen der griechischen Bevölkerung und lokalen Wirtschaft dabei keinerlei Berücksichtigung finden, versteht sich von selbst. Ein Treppenwitz der Geschichte: Alle drei Interessenten für diese »Entstaatlichung« sind ihrerseits staatliche Gesellschaften – die Privatisierungspolitik der EU wird dadurch ad absurdum geführt. Oder auch: Sie wird auf diese Weise auf den Punkt gebracht. Denn man könnte den Vorgang auch als kalte Enteignung bezeichnen – weg vom »einheimischen« Staat, hin zum fremdstaatlichen Eigentum, wobei dieser fremde Staat oft zugleich Gläubiger ist.

Die Gesellschaft Trainose, die für den Transport zuständig ist, soll als Einheit veräußert werden, das Schienennetz hingegen kann an beliebig viele Interessenten gehen. Hier wird das britische Privatisierungsmodell verfolgt, das bereits in England zu einer dramatischen Verschlechterung der Dienste geführt hatte – Griechenland ist eines der wenigen Länder in Europa, das, dank dem Memorandum, diesem schlechten Beispiel folgen soll.

Skandalös ist auch der ausgeschriebene Kaufpreis für Trainose: Nicht mehr als 35 bis 45 Millionen Euro sollen Interessenten bezahlen müssen. »Man schämt sich, diesen Schleuderpreis überhaupt zu nennen«, schreibt Valavani.[257/258]

257. Nadia Valavani, a.a.O., S. 190.
258. In Großbritannien wurde die staatliche integrierte Bahngesellschaft British Rail Mitte 1993 zerschlagen (»integriert« meint: Betrieb und Infrastruktur bilden eine Einheit). Der Betrieb ging an 29 Eisenbahnbetreiber (train operating units – TOUs), die Infrastruktur an eine einheitliche private Gesellschaft (Railtrack plc). Sechs Jahre später war die Infrastruktur ruiniert und Railtrack pleite; die privaten Anteilseigner hatten umgerechnet rund 10 Milliarden Euro an Gewinnen herausgezogen und in die Infrastruktur so gut wie nichts investiert. Der Staat musste neuerlich einspringen; er ist seit 2002 notgedrungen wieder Eigentümer der Infrastruktur. Der britische Schienenverkehr kostet heute die öffentliche Hand mehr als doppelt so viel wie vor der Privatisierung. Das britische Beispiel

Die Bilanz der Abwicklung war bisher allerdings widersprüchlich. Es wird zwar fast alles zum Verkauf angeboten, was der Staat noch bieten kann; die Nachfrage blieb aber bescheiden, die Anzahl der entstaatlichten Objekte (43 Grundstücke in fünf Jahren!) ebenso, vor allem aber die erzielten Erlöse. Ihr Gesamtbetrag für die Periode 2011–2015 belief sich auf 2,9 Milliarden Euro. Für 2016 sind 2,5 Milliarden geplant.[259] Ihre Gesamtsumme ist aber Lichtjahre entfernt von den 50 Milliarden Euro, die bis 2020 eingenommen werden sollen.

Schäuble hat also genug Grund zu grollen: Die Entstaatlichung lief tatsächlich nicht nach seinem Plan.

Der gescheiterte Ausstieg

Mit dem Regierungswechsel am 25. Januar 2015 änderte sich auch der Umgang mit der Privatisierung, die neue Regierung verfügte die Einstellung weiterer Entstaatlichungen. Sie wollte mit den Gläubigern über die Gründung eines neuen Fonds verhandeln. Nach ihrer Vorstellung sollte dieser, statt Staatseigentum einfach zu verkaufen, die Beteiligung des Staates an der Verwertung sicherstellen, und zwar insbesondere durch Joint Ventures. Der Staat sollte dabei bei den einzelnen Privatisierungsprojekten mit mindestens 34 Prozent beteiligt bleiben, was ihm die strategische Mehrheit im Verwaltungsausschuss sichern sollte. In den für die »nationalen Interessen« zentralen Bereichen wie Energie, Wasser und Bodenschätze, sollte der Staat mit 50 Prozent Anteilen bei den entsprechenden Gesellschaften vertreten sein. Zum Verkauf sollten nur noch »harmlose« Objekte, wie kleine Unternehmen und Grundstücke, angeboten werden.

Man schien jedenfalls entschlossen, eine neue Politik der Verwertung von Staatseigentum zu entwickeln. Dies betonte auch Nadja Valavani, die damalige stellvertretende Finanzministerin, bei der Diskussion ihrer programmatischen Erklärung im Parlament Anfang Februar 2015. »Ich möchte allen versichern, und insbesondere dem Kampfauschuss für den ehemaligen Flughafen Ellinikon,

---

demonstriert in der Praxis, dass im Bereich des Schienenverkehrs Betrieb und Infrastruktur als Einheit zu sehen sind, was hinsichtlich Synergie und Sicherheit und Komfort den bestmöglichen Schienenverkehr garantiert. Positiv wird dies mit den Schweizerischen Bundesbahnen (SBB) demonstriert, die ebenso funktionieren und als beste Eisenbahn der Welt gelten. Beim griechischen Modell kommt erschwerend hinzu, dass es viele private Eigentümer der Infrastruktur geben soll. Faktisch droht damit die Umwandlung des Schienenverkehrs in eine Immobilien-Entwicklungsgesellschaft. Zu den verschiedenen Beispielen mit Bahnprivatisierungen siehe: Bernhard Knierim und Winfried Wolf, *Bitte umsteigen! 20 Jahre Bahnreform*, Stuttgart 2014, S. 117ff.

259. Die jährliche Entwicklung der Erlöse: 2011–2012: 845 Mio Euro, 2013: 1040 Mio Euro, 2014: 393 Mio Euro, 2015: 259 Mio Euro. Quelle: *Capital* vom 23. November 2015.

dass niemand von uns die Kämpfe vergisst, die wir in den vergangenen Jahren gemeinsam geführt haben«, sagte sie. Die neue Regierung werde der Ausplünderung des griechischen Staates ein Ende setzen.

Die Gläubiger hingegen wollten zunächst keine Veränderung bei den Privatisierungen. Bald aber lenkten sie zögerlich ein. Die Verhandlungen über einen neuen Fonds zogen sich während der gesamten Dauer der ersten Regierung Tsipras hin – allerdings ohne sichtbares Ergebnis.

Erst beim Gipfeltreffen am 13. Juli 2015 wurden, unter dem Eindruck der Kapitulation von Tsipras, folgende Auflagen vereinbart: Die Entstaatlichung muss fortgeführt werden, ihr Schwergewicht soll aber künftig nicht mehr auf den Verkauf der staatlichen Objekte, sondern auf deren »Verwertung« liegen. Der angepeilte Erlös von 50 Milliarden muss nicht mehr innerhalb der ursprünglich vereinbarten acht Jahre, sondern innerhalb von 30 Jahren erzielt werden. Dies soll Athen mehr Zeit geben, die Verwertung ihres Staatseigentums optimaler »zu gestalten«. Vom Erlös sollen 50 Prozent für die Rekapitalisierung der griechischen Banken und 25 Prozent für die Rückzahlung der Schulden aufgewendet werden, die restlichen 25 Prozent gehen an den Staat, damit dieser Maßnahmen zur Ankurbelung der Wirtschaft setzen kann. Wobei Wert auf die Prioritäten gelegt wurde: Gläubiger-Forderungen und Banken-Rekapitalisierung müssen als erstes erfolgen. Erst dann soll der griechische Staat zum Zug kommen – falls überhaupt so hohe Erlöse erzielt werden sollten und der Ausverkauf gewissermaßen ein totaler werden würde.

Alexis Tsipras konnte diese Vereinbarung als Erfolg darstellen, da nicht, wie zuvor, der gesamte Erlös an das Sonderkonto der Gläubiger abgeführt werden musste; auch der Sitz des neuen Fonds werde nicht, wie von den Gläubigern zunächst verlangt, in Luxemburg, sondern in Griechenland sein.

Es folgte ein monatelanges Tauziehen über die konkrete Neugestaltung des Fonds. Die Gläubiger begannen, die Vereinbarung wieder in Frage zu stellen, indem sie verlangten, dass die Erlöse aus dem Verkauf der staatlichen Besitzwerte mindestens bis 2018 weiterhin zu 100 Prozent auf ihr Konto gehen müssen. Sie argumentierten damit, dass sie bis 2015 viel weniger aus den Privatisierungen erhalten hatten als ursprünglich vereinbart worden war. Als der griechische Finanzminister Euklid Tsakalotos sich dagegen wehrte, drohte Wolfgang Schäuble mit der Phrase: »Der Krug geht so lange zum Brunnen, bis er bricht«. Die Griechen sollten sich nicht noch einmal mit ihm anlegen.

Beim Eurogroup-Treffen am 11. Dezember 2015 wurden schließlich die Details konkretisiert. Wie Tsakalotos mitteilte, wird TAIPED ab 2016 zur Gänze in den neuen Fonds überführt. Der noch namenlose Fonds soll aber darüber hinaus auch den griechischen Stabilitätsmechanismus THS (das ist der Fonds zur Stabilisierung des griechischen Bankensystems) und die ETAD, die bisher eigenständige Tochtergesellschaft der TAIPED, die 78.000 Immobilien verwertet, umfassen und verwalten. Wahrscheinlich kommen auch die diversen Schürfrechte des griechischen Staates, auch im Mittelmeer, in diesen Fonds. Die Gewinne aus der Ausbeutung der Bodenschätze sollen dann in Form von Wertpapieren direkt auf den Markt gebracht werden. Diese Thematik ist noch völlig offen und angesichts der damit verbundenen Werte – und der Gefahr großer Umweltzerstörungen in der Ägäis und entlang der griechischen Küstenlinien – äußerst brisant.

Dennoch verliefen die Gespräche zwischen Gläubigern und Regierung zäher als erwartet. Der griechische Wirtschaftsjournalist Achileas Chekimoglou vermutet, dass die griechischen Banken die Veräußerung von Immobilien und Unternehmungen zu bremsen versuchen, um einen Preissturz zu vermeiden: Denn die Banken verfügen über ein Überangebot davon. Einerseits sind sie als Investmentbanken an Unternehmen beteiligt. Und andererseits fallen ihnen in zunehmendem Umfang Immobilien zu, weil die früheren Eigentümer ihre Kredite nicht mehr bezahlen können und weil es inzwischen das neue Gesetz gibt, das zehntausende Zwangsräumungen wahrscheinlich macht und neue leere Immobilien auf den Markt werfen wird.

Der exemplarische Fraport-Deal

Weitgehend zeitgleich mit der neuen Abmachung in Sachen Privatisierung und der grundsätzlichen Übereinkunft über die Bildung des neuen Treuhand-Fonds kam es zum bislang größten Deal: Die deutsche Flughafenbetreibergesellschaft Fraport erhielt den Zuschlag bei 14 regionalen griechischen Flughäfen, darunter bei den Airports auf den beliebtesten Ferieninseln.[260] Fraport ist ein internationaler Flughafenbetreiber. Er kontrolliert neben dem »eigenen« Airport in Frankfurt am Main auch die Flughäfen in Ljubljana, Antalya, Lima, Varga und Varna und ist Minderheitsaktionär beim Athener Airport.

Untersucht man den Fraport-Deal, so lassen sich hier exemplarisch »sieben Todsünden der Quadriga-Privatisierungspolitik« auflisten.

---

260. Es handelt sich um die folgenden Flughäfen: auf dem Festland um Thessaloniki, Aktio und Kavala und um die Flughäfen auf den Inseln: Kreta (Chania), Korfu (Kerkyra), Kefalonia, Kos, Mykonos, Mytilini, Rhodos, Samos, Santorini, Skiathos und Zakynthos.

1. *Honigsüß sprechen, unerbittlich handeln!*
Formal ist der Fraport-Deal keine Privatisierung. Das im Handelsregister eingetragene Eigentum bei den 14 in Frage stehenden Airports bleibt, wie es ist: Diese gehören (auf dem Papier) der griechischen öffentlichen Hand. Es wurde »nur« ein Konzessionsvertrag abgeschlossen. Dieser lautet im Kern: Fraport ist für die Dauer des Vertrags der ausschließliche Betreiber der 14 Airports. Als »Dauer« wurden vereinbart: 40 Jahre.[261] Das entspricht zufällig der Lebensdauer einer Beton-Start- und Landesbahn. Es übertrifft die vereinbarte Dauer der Privatisierungsbehörde TAIPED um ein Jahrzehnt. Bis Ende 2055 werden also laut Vertrag (und Gesetz, wenn alle noch ausstehenden juristischen Hürden in Griechenland genommen sind) diese Flughäfen von dem Unternehmen mit Sitz in Frankfurt am Main betrieben.

Bis Ende 2055 sind alle Rechte der »eigentlichen Eigentümer« schlicht ausgesetzt.

»Eigentum verpflichtet« – heißt es bei Gelegenheit. Worauf oft ergänzt wird: »... zu nichts«. Das private Eigentum an Produktionsmitteln, das in der Regel als höchstes Gut im Kapitalismus gilt und entsprechend in Verträgen und Verfassungen geschützt wird, kann bei Verträgen wie dem hier vorliegenden auch komplett ausgehebelt werden. Das Sagen hat – über mehr als eine Generation hinweg – der Nutzer, nicht der Eigentümer. Es war im Übrigen die erste Syriza-Regierung, die im ersten Halbjahr 2015 davon sprach, man wolle in Zukunft nicht mehr privatisieren, sondern in verstärktem Maß Konzessionen verkaufen. Allerdings war dabei nicht an derart absurd lange Laufzeiten gedacht worden.

2. *Sich bei den Diamanten bedienen!*
Fraport übernahm bei dem Deal die *lukrativsten* Flughäfen Griechenlands. Alle sind gewinnbringend oder zumindest binnen kurzer Zeit gewinnbringend zu betreiben. Vor allem befinden sich unter ihnen die Airports auf den besonders beliebten und viel frequentierten Inseln Kreta, Rhodos, Santorin und Mykonos sowie Thessaloniki, der drittgrößte Airport des Landes.

261. Das dahinter stehende Geschäftsmodell sieht wie folgt aus: In den ersten Jahren der Konzessionszeit erfolgen dort, wo erforderlich, größere Investitionen. In den letzten Jahren der Konzessionsperiode wird entweder nicht mehr investiert und auf Verschleiß gefahren oder es gibt eine vorzeitige Vertragsverlängerung, erneut für einen größeren Zeitraum. Kommt es zu keinem neuen Vertrag, dann erhält der griechische Staat nach Ablauf der Vertragszeit zwar die Flughafen-Infrastrukturen zurück, diese befinden sich jedoch in einem erbärmlichen Zustand; große staatliche Investitionen sind in der Folge erforderlich. Worauf es zu neuen Privatisierungsmodellen kommen kann. Das Geschäftsmodell verdeutlicht, dass Privatisierungen in doppelter Weise ein Verlustgeschäft sind: Die öffentliche Hand verliert damit erstens Einfluss und zweitens Geld.

Das unternehmerische Risiko dieses Investments liegt bei Null; im Grunde erhielt Fraport auf diese Weise eine Gelddruckmaschine überstellt.

3. *Den Einheimischen Glasperlen überlassen!*
Mit seinen mehr als 3000 Inseln, von denen 87 bewohnt sind, sind innergriechische Flugverbindungen ein wichtiger Bestandteil der Infrastruktur Griechenlands. Es liegt auf der Hand, dass diese eine *Gesamtstruktur* darstellen. Ein großer Teil von ihnen ist unrentabel und wird mittels einer Quersubventionierung von den gewinnbringenden Airports am Leben erhalten. Fraport weigerte sich, alle Airports in den Konzessionsvertrag aufzunehmen. Damit verbleiben nach dem Deal rund 30 Flughäfen beim griechischen Staat, die nicht nur wertlos, sondern darüber hinaus deutlich defizitär sind. Der Staat wird diese Flughäfen kaum schließen können, da die meisten von ihnen für die Infrastruktur des Gemeinwesens und für elementare Funktionen (Anlieferung von Gütern des täglichen Bedarfs, Tageszeitungen, von wichtigen Medikamenten, für Krankentransporte in Notfällen usw.) existentiell sind. Damit schafft der Fraport-Deal beim griechischen Staat einen zusätzlichen Defizitbringer. Dieser wird logischerweise dazu beitragen, dass die Strukturkrise in Griechenland sich weiter vertieft.

Selbst die Tatsache, dass auf Kreta der größere Airport Heraklion – zugleich der zweitgrößte Flughafen Griechenlands – beim griechischen Staat verblieb und Fraport »nur« den kleineren Flughafen Chania übernimmt, ist kein Trost. Vielmehr handelt es sich hier um das, was im Griechischen als »nicht geschenktes Geschenk« bezeichnet wird: In Wirklichkeit ist Heraklion ein Auslaufmodell.[262]

4. *Gib und Dir wird gegeben werden!*
Fraport bezahlt bei dem Deal einen einmaligen Betrag von 1,2 Milliarden Euro für die Betreiberkonzession. Das Unternehmen stimmte des Weiteren einer Konzessionsabgabe in Höhe von 22,9 Millionen Euro jährlich zu. Insider gehen davon aus, dass sich dieser Betrag bereits nach wenigen Jahren amor-

---

[262] Zum Fraport-Paket gehört der kretische Airport Chania, der pro Jahr rund 2 Millionen Fluggäste zählt. Er wird derzeit mit EU-Geldern in Höhe von 100 Millionen Euro deutlich ausgebaut. Der wesentlich größere Flughafen Heraklion, der sich weiterhin in direktem griechischem Staatseigentum befindet, hat derzeit ein Fluggastaufkommen von 6 Millionen. Allerdings wird Heraklion wohl in Bälde durch einen neuen Airport bei dem Ort Kastelli ersetzt werden, der mit chinesischem Kapital erbaut wird und der nach der Fertigstellung für 35 Jahre von dem internationalen Baukonsortium betrieben werden wird und sich dann also auch nicht mehr in griechischem öffentlichem Eigentum befindet.

tisiert haben würde. Sollte es jedoch eines längeren Zeitraums bedürfen, bis dieses Investment sich rentiert (und 40 Jahre sind aus Sicht des Kapitals eine kleine Ewigkeit!), so spielt das auch keine größere negative Rolle, weil hier das Prinzip »linke Tasche – rechte Tasche« gilt: Die Gelder fließen schließlich nicht an den griechischen Staat, sondern an TAIPED. Und von dort binnen weniger Tage zurück an die Gläubiger, was unter anderem heißt: an deutsche Kreditgeber.

Darüber hinaus hat sich das Unternehmen mit Sitz in Frankfurt am Main verpflichtet, bis zum Jahr 2020 rund 330 Millionen Euro in die Airports zu investieren. Umgelegt pro Airport und Jahr ergeben sich rund 4 Millionen Euro. Berücksichtigt man die größeren Investitionen, die beim Flughafen Makedonia in Thessaloniki geplant sind, so verbleiben 1 bis 2 Millionen Euro für jeden der übrigen Regional-Airports pro Jahr.[263]

Diese minimale Verpflichtung zum Investieren deutet darauf hin, dass Fraport gut informiert ist über die Profitabilität der Flughäfen und dass man in Frankfurt davon ausgeht, dass es mittels der laufenden Einnahmen ausreichend Liquidität für Investitionen gibt.

5. *Verdeckt unterwerfen!*
Fraport ist nur der Form nach ein privates Unternehmen. Faktisch befindet es sich mehrheitlich in staatlichem bzw. öffentlichem deutschem Eigentum. Hauptaktionäre sind das Bundesland Hessen mit 31,3 Prozent (das Land wird von CDU und Grünen regiert), die Stadt und Bankenmetropole Frankfurt am Main mit einem 20-Prozent-Anteil und die Lufthansa mit einem 8,5 Prozent-Anteil. Die übrigen Anteile befinden sich überwiegend in Streubesitz.

Das aber heißt: Aus griechischem Staatseigentum wird Eigentum unter deutscher öffentlicher Kontrolle. Es mag überzogen sein, wenn man diesen Vorgang mit Kolonisierung gleichsetzt, weil so eine *spezifische* Periode im Kapitalismus und Imperialismus bezeichnet wird. Gewisse Parallelen sind jedoch nicht von der Hand zu weisen. Vasilis Alevizopoulos, Vorsitzender der Gewerkschaft der Angestellten in der griechischen zivilen Luftfahrt OSYPA, erklärte nach einem Treffen mit Fraport-Chef Stefan Schulte: »Die Vertreter der deutschen Betreiberfirma treten als Besatzer und nicht als Investoren auf.«[264]

---

263. Der Flughafen in Thessaloniki soll so ausgebaut werden, dass er auch für Transatlantik-Flüge geeignet ist (wofür in Griechenland ausschließlich der Athener Flughafen »Eleftherios Venizelos« in Frage kam). Insgesamt soll die Kapazität dieses Flughafens verdoppelt werden.
264. Zitiert in *junge Welt* vom 9. Januar 2016.

6. *Suche eine Hauptschlagader und der Bluttransfer wird gelingen!*
Griechenland hat (wenn wir das Kreditgeschäft und das Immobilien-Business großzügig ausklammern) *zwei* wichtige, hochprofitable Branchen, die für das international tätige Kapital von Interesse sind: die Schifffahrt und den Tourismus. Mit dem Fraport-Deal werden an gleich 14 Stellen Saugnäpfe an der Tourismus-Branche angesetzt. Dies kann sich zu einer Goldader für die »Kolonisatoren« – hier identisch mit den »Gläubigern« – entwickeln. Zumal Griechenlands zentraler Airport Athen sich ebenfalls unter starkem deutschen Einfluss befindet (siehe unten).

Das Fraport-Geschäft zielt in seiner Gesamtheit darauf ab, einen strategischen Einfluss auf das griechische Tourismus-Geschäft zu erlangen, das im Land selbst noch stark durch Familienbetriebe und Mittelstand geprägt ist. Wobei eine Kombination, bei der das kontrollierende Kapital an entscheidenden Punkten für den Gewinntransfer sorgt, die internen Strukturen des unterworfenen Gebiets jedoch nach althergebrachter Weise erhalten bleiben (und dann in diesem Bereich beispielsweise familiäre interne Ausbeutung und Selbstausbeutung in großem Umfang stattfinden), für einen solchen Prozess der Unterwerfung typisch ist.

7. *Überlasse die Regentschaft vor Ort den Einheimischen und gewähre dem besiegten Häuptling seine kleine Zeremonie!*
So wie sich die Troika seit Frühjahr 2010 und bis zum 25. Januar 2015 in Griechenland willfährige Regierungen – im Wesentlichen gestellt von Pasok und Nea Dimokratia bzw. von diesen beiden zusammen – hielt, so wünscht sich die Quadriga inzwischen eine von Syriza dominierte Regierung, die ihre Interessen vor Ort einigermaßen geräuschlos umsetzt. Das wird, wie von uns dargestellt, nicht immer reibungslos und geräuscharm funktionieren. Das Beispiel des Fraport-Deals demonstriert jedoch, wie schwach unter den Bedingungen der vorausgegangenen Kapitulation der Widerstand inzwischen ausfällt. Noch im Juli 2015 hatte sich der für die griechischen Airports zuständige Syriza-Infrastrukturminister Christos Spirtzis im WDR mit den Worten gemeldet: »Bei dieser Privatisierung soll der Staat 14 gewinnbringende Flughäfen verkaufen, und die anderen dreißig Airports, die keinen Gewinn bringen und die subventioniert werden müssen, sollen beim Staat verbleiben. Ein solches Modell […] passt eher zu einer Kolonie als zu einem EU-Mitgliedsland.« Spirtzis ist auch in der Regierung Tsipras II Infrastrukturminister. Ende 2015 musste er dem zuvor scharf kritisierten Fraport-Deal seine ausdrückliche Zustimmung erteilen.

Es war dann der Chef der Privatisierungsbehörde TAIPED, Stergios Pitsiorlas, der das traurige Dilemma und den demütigenden Kotau des Syriza-Ministers wie folgt auf den Punkt brachte: »Es ist absolut logisch, dass es auch innerhalb der Linken (Syriza, d. Verf.) unterschiedliche Ansichten gibt. Ich achte die Haltung des Ministers, der den Vertrag mit großem Schmerz unterzeichnet hat und der trotz seiner abweichenden Meinung das Voranschreiten dieser Entscheidung nicht behinderte.«[265]

***

Das fatale Bild, das sich mit den hier skizzierten »sieben Todsünden der Quadriga-Privatisierungspolitik« darstellt, wird durch die Tatsache abgerundet, dass der wichtigste Flughafen des Landes, der Airport von Athen, sich nur zu 55 Prozent in griechischem direkten Staatseigentum befindet. Fraport hält einen Minderheitsanteil. Ein anderer Flughafenbetreiber, die deutsch-kanadische Gesellschaft Avialliance, ehemals Hochtief AirPort GmbH, kontrolliert mehr als 40 Prozent der Anteile dieses zentralen griechischen Flughafens.[266] Drei der neun Direktoriumsmitglieder sind inzwischen Deutsche, ein weiterer Franzose. Es ist gut vorstellbar, dass auch die griechischen Mehrheitsanteile am Athener Airport in den Treuhandtopf wandern und dass auf diese Weise auch dieser Flughafen unter Kontrolle der Gläubiger, dann wohl mehrheitlich unter deutschen Einfluss, gerät.

Auffallend ist schließlich auch der Umstrukturierungsprozess im Bereich der griechischen Luftfahrt: Die traditionelle griechische staatliche Fluggesellschaft Olympic Airlines wurde bereits in den 1990er Jahren durch Einschreiten der EU gegen staatliche Subventionen an den Rand gedrängt und fast in den Konkurs getrieben. Inzwischen wird die griechische Luftfahrt durch die private Gesellschaft Aegean dominiert, die 2013 die Restbestandteile von Olympic übernahm. Die Tochter Olympic Air ist inzwischen überwiegend für den innergriechischen Flugverkehr zuständig, Aegean für das internationale Luftfahrtbusiness.

Aegean wiederum schloss sich dem stark von Lufthansa bestimmten Luftfahrtverbund Star Alliance an. Darüber hinaus gibt es seit einem Jahrzehnt eine enge Zusammenarbeit zwischen Lufthansa und Aegean; Aegean springt für Lufthansa bei »Kapazitätsengpässen« ein; Lufthansa wiederum schult alle Aegan-Flugzeugbesatzungen.

---

265. Zitiert bei: *Griechenland-Blog* vom 20. Dezember 2015 (www.griechenland-blog.gr/2015/12/fraport-übernimmt-flughaefen (19. Januar 2016).
266. Avialliance kontrolliert mehrheitlich den Flughafen Budapest, den Airport Tirana zu 47 Prozent und hält Anteile am Flughafen Hamburg (49%) und Düsseldorf (30%).

Das Unternehmen Lufthansa hat in jüngerer Zeit unter anderem in den Nachbarländern mit den Übernahmen der entscheidenden Fluggesellschaften Swiss und Austrian dokumentiert, dass es – hier im Übrigen ähnlich wie die Konzerne Deutsche Post mit der Tochter DHL und Deutsche Bahn mit der Tochter Schenker – als eine Verlängerung der deutschen expansiven Wirtschaftspolitik fungiert.

Die Umstrukturierungen im Bereich der griechischen Branchen Tourismus, Flughäfen und Luftfahrt könnten sich in Zukunft weiter konkretisieren – im Interesse der deutschen Wirtschaftspolitik und als Resultat der Treuhandanstalt.

Der nicht enden wollende Aderlass

Die Gründung des Privatisierungsfonds und der neuen Treuhand sind kein Allheilmittel. Die Konflikte werden mit einiger Sicherheit weitergehen und womöglich eskalieren. Allein schon der Umstand, dass der Fonds günstige Zeitpunkte für Verwertungen abwarten wird, während die Gläubiger ungeduldig Erlöse einfordern werden, wird zu einem andauernden Streit führen.

Schlimmer als das: Im Gründungsgesetz der TAIPED ist, wie der Verfassungsrechtler Georgios Kassimatis betont, festgelegt, dass das staatliche Eigentum so lange an den Fonds gebunden sein wird und der Fonds solange Zugriff auf die öffentlichen Vermögen haben wird, solange es Schulden gibt. Da jedoch die griechischen Staatsschulden weder aktuell tragfähig sind, noch dies in der Zukunft sein werden, ist kein Ende des Bestandes dieser Veräußerungsgesellschaft abzusehen. »Die Bindung des öffentlichen Vermögens des Schuldnerstaates zeigt, dass nicht auf die Absicherung des Schuldners abgezielt wird, sondern auf die vollkommene Gängelung des Staates,« schlussfolgert Kassimatis.[267] Es gehe darum, dass »die Schulden für immer bestehen müssen und zwar auf einer Höhe, die sie nicht als tragfähig, sondern als ›verabscheuungswürdig‹ charakterisieren. Derartig hohe Schulden also, die niemals zurückgezahlt werden können und die das Volk dauernd im Armutszustand halten werden.«

So gesehen erscheint Schäubles Beharren auf der 50-Milliarden-Euro-Summe in einem anderen Licht. Der Zweck ist nicht nur die Erzielung eines wie auch immer hohen Erlöses, sondern auch die dauerhafte Unterwerfung des Schuldnerstaates. Die Landnahme mit Hilfe der TAIPED ist das Hauptmittel dazu.

Gleichwohl ist Schäubles Plan alles andere als abgesichert. Nicht nur, weil es

---

267. Georgios Kassimatis, *Η δέσμευση της δημόσιας περιουσίας με τις δανειακές συμβάσεις και το ΤΑΙΠΕΔ (Die Bindung des öffentlichen Besitzes durch die Kreditabkommen und die TAIPED)*. Stiftung Maragopoulou, 2014, S. 83, 84. Zitiert nach Chatzimichalis, a.a.O.

unmöglich ist, über einen Zeitraum von 30 Jahren zu planen. Sondern auch, weil Griechenland unter diesen Umständen von einer Pleite in die nächste schlittern wird. »Das große Fressen«, könnte leicht zum Bumerang werden.

Selbst wenn dieser Prozess des Ausblutens nur kurz dauern sollte: Gebäude und Unternehmen, die für die griechische Bevölkerung lebenswichtig sind, gehen auf diese Weise unwiederbringlich verloren. Sie gelangen in die Hände von skrupellosen Spekulanten und vagabundierenden Investoren.

Die Landnahme zieht der griechischen Bevölkerung den Boden unter den Füßen weg. Sie führt buchstäblich zum Verlust des eigenen Landes.

Kapitel 10
Kräfteverhältnisse und Realpolitik

Oder: Über einen Scherbenhaufen und die Solidarität

Lassen wir uns mal auf das folgende Gedankenspiel ein: Am Tag nach dem Referendum stellt sich Tsipras hin und erklärt seinen Leuten: »Passt auf, ich fahre jetzt nach Brüssel. Und ich werde alles tun, um euer Oxi dort durchzusetzen. Wenn ich zurückkomme, lege ich die Ergebnisse vor und – falls diese Ergebnisse dem Referendum widersprechen – einen Alternativplan.«
Wenn das Volk dann abgestimmt hätte, über ein neues Austeritätsprogramm oder für einen gut vorbereiteten Grexit – was wäre da wohl herausgekommen? Hätte sich Tsipras dann an das Volk gewandt und gesagt: »Ihr müsst wissen, dass die nächsten Monate oder auch zwei Jahre unendlich schwierig werden, aber wir bauen jetzt unseren Binnenmarkt wieder auf und nehmen unser Schicksal in die eigenen Hände!« – was denkst Du, wäre da passiert? Ich denke, wir hätten eine Explosion massenhafter Selbstorganisation erlebt. [...]
Fakt ist: Die Griechen haben Sparmaßnahmen, die weitaus weniger schlimm waren als das jetzige [dritte] Memorandum, mit 61,2 Prozent abgelehnt. Und sie taten das im vollen Wissen, dass bereits dieses Nein einen Grexit bedeuten könnte. Denn das hatte ihnen ja Schäuble bereits detailliert erklärt und die griechischen Mainstreammedien haben das vor dem Referendum zu einer riesigen Drohkulisse aufgebaut. Die Leute haben trotzdem mit Oxi gestimmt. [...] Tsipras aber war subjektiv überzeugt, keine andere Wahl [als die Zustimmung zum dritten Memorandum] zu haben. Tsipras hat nie daran geglaubt, dass ein wirklicher Systembruch möglich sei. Das hat ihn am Ende maximal erpressbar gemacht, weil die Gegenseite das natürlich wusste. Schäuble hat folglich die Drohung mit einem forcierten Grexit kunstvoll aufgebaut. [...] Versteh' mich nicht falsch: Alexis Tsipras ist durch und durch ein Gewächs der radikalen Linken. [...] Er hat in Genua 2001 im Tränengasnebel gestanden. Und er hat ein Leben lang daran gearbeitet, die Linke in Griechenland aufzubauen. Insofern ist er auch kein Feind, sondern eher vergleichbar mit einem Freund, der unter den Angriffen des Feindes blutend zusammengebrochen ist.

Aus einem Interview mit Prinz Chaos II alias Florian Ernst Kirner, Liedermacher, Kabarettist und Blogger. Er verfasste 2013 zusammen mit Konstantin Wecker den »Aufruf zur Revolte«. Erstmals wiedergegeben bei: www.le-bohemien.net

Ein Jahr nach dem begeisternden Syriza-Wahlsieg vom 25. Januar 2015 stehen diejenigen, die diesen Aufbruch mit Sympathie und Solidarität begleiteten, scheinbar vor einem Scherbenhaufen. Die Gegenseite obsiegte.

Der Hoffnungsträger Syriza wird dazu gezwungen – und lässt sich dazu zwingen –, eine Politik umzusetzen, die den entscheidenden offiziellen Zielen, die sich diese Bewegung auf die Fahnen schrieb, widerspricht: neue Kredite (wenn auch gestreckt), neues Memorandum (wenn auch mit ein paar Konzessionen), erneut eine Kontrollbehörde (wenn auch von »Troika« auf »Quadriga« umgetauft).

War damit der »große Versuch« des ersten halben Jahres 2015 in Griechenland falsch? Sind mit der Niederlage alle Hoffnungen illusionär? Wir gelangen zu einer anderen Auffassung – durchaus unter Berücksichtigung der Erfahrungen mit dem Aufbruch in Griechenland.

Die Kräfteverhältnisse in Griechenland und in der EU

Ohne Zweifel waren die Kräfteverhältnisse für den Aufbruch in Griechenland höchst ungünstig. Und zwar in vielerlei Hinsicht. Sie stellten sich im Land ungünstig dar – real stimmten schließlich »nur« 35 Prozent der Wahlberechtigten für Syriza; der Bündnispartner ANEL ist im Fall einer Konfrontation mit den Gläubigern nur begrenzt belastbar, und nur mit den Anel-Stimmen gab es eine parlamentarische Mehrheit. Die anderen im Parlament vertretenen Parteien waren, mit Ausnahme der Kommunistischen Partei, rechte oder liberale Parteien, die grundsätzlich Teil des Systems sind.

Die Kräfteverhältnisse waren sodann europaweit ungünstig: Es gab 2015 kein einziges Euroraum-Land, das die Syriza-Regierung unterstützt hätte. Insbesondere wurden in der entscheidenden Zeit der Konfrontation, im ersten Halbjahr 2015, die Regierungen in fast allen anderen Eurozonen-Peripherieländern (Spanien, Portugal, Irland und Zypern) von rechten oder zumindest liberalen und konservativen Parteien getragen. Das sozialdemokratisch regierte Italien bildet eine Ausnahme; allerdings war Matteo Renzi weder als Person stark, noch war es seine – von Berlusconi abhängige – Regierung.

Jannis Varoufakis charakterisierte die Staatengruppe der Peripherieländer treffend: »Von Anfang an machten gerade diese Länder es sehr klar, dass sie die energischsten Feinde unserer Regierung waren. […] Und der Grund dafür war, dass unser Erfolg für sie der schlimmste Alptraum war: Hätten wir es geschafft, für Griechenland einen besseren Deal auszuhandeln, dann hätte sie das politisch erledigt. Sie müssten ihrem eigenen Volk antworten, warum sie nicht so verhandelt hätten, wie wir es taten.«[268]

Frankreich und Italien wären vom ökonomischen und politischen Gewicht her diejenigen Länder gewesen, die der Berliner Regierung hätten Paroli bieten können. Was es zumindest im Fall Frankreichs in früheren Zeiten auch mal gab – als dort George Pompidou oder François Mitterand Staatspräsidenten waren (und als es noch kein allzu großes Ungleichgewicht zwischen Frankreich und Deutschland gab[269]). Doch François Hollande ist, was er ist: ein Leichtmatrose, ohne jeglichen politischen Halt, der sein bisschen politische Stabilität primär über die deutsche Regierung bezieht. Und um Matteo Renzi beurteilen zu können, muss man sich verdeutlichen, dass dessen politische Manöver und Scheinerfolge auf geheimen oder auch offenen Deals mit der mafiösen Partei seines Vorgängers Berlusconi beruhen.

Das Kräfteverhältnis war für Athen auch rein ökonomisch außerordentlich ungünstig. Geradezu schwelgerisch – und zutiefst überheblich – verdeutlichte das deutsche *Handelsblatt* diese Relationen wie folgt: Die 60 größten Unternehmen in Griechenland seien mit 44 Milliarden Euro gerade mal so viel wert wie der deutsche Autozulieferer Continental. Oder: »Die 60 größten börsennotierten Unternehmen Griechenlands setzten im gesamten Jahr 2014 57 Milliarden Euro um. Dafür braucht VW gerade mal ein Quartal.«[270]

Doch all diese Fakten zum realen Kräfteverhältnis waren bekannt. Man konnte sie auf altmodische Art mit einem Blick in Statistische Jahrbücher oder eher zeitgemäß mit einem Blick ins Internet zur Kenntnis nehmen. Darüber hinaus hatte man von Athen aus eine gute Sicht in Richtung Nikosia; und man konnte 2013/14 in den Berichten und Nachrichten in griechischer Landessprache verfolgen, wie brutal die Eurogruppe dort gegen die Inselrepublik Zypern vorging

---

268. Interview mit Jannis Varoufakis in: *New Statesman* vom 13. Juli 2015; hier nach der deutschen Fassung in: *Neues Deutschland* vom 17. Juli 2015.
269. Es gab in jüngerer Zeit erhebliche Veränderungen im Kräfteverhältnis zwischen der BRD und Frankreich. 1980 hatten beide Länder einen relativ gleich großen Anteil am BIP der damaligen EG: Westdeutschland kam auf 22,1%, Frankreich auf 19%. 2014 kommt Deutschland auf einen 21-Prozent-Anteil am (massiv vergrößerten) EU-BIP, Frankreich auf 16%. Innerhalb der Herzkammer der EU, der Eurozone, konzentriert inzwischen Deutschland 28,5 % des Euroraum-BIP auf sich; Frankreich 21,5 %. Angaben nach Eurostat. Ausführlich zum jahrzehntelangen Wettkampf BRD-Frankreich siehe Winfried Wolf, »Das streitbare Duopol«, in: *Frankfurter Rundschau* vom 4. Juni 2004.
270. *Handelsblatt* vom 2. Juli 2015. Die Zeitung hätte sicher ein paar Wochen später einen anderen Vergleichskonzern gewählt. Niemand konnte sich Mitte 2015 vorstellen, dass bereits im Herbst dieses Jahres der VW-Konzern von einer massiven Krise erschüttert werden würde und dass Anfang 2016 die US-Justiz den VW-Konzern mit derart hohen Strafen bedroht, dass dies in einer existenziellen Krise dieses Kolosses münden kann. Ausführlich zu VW siehe: *Lunapark21*, Heft 32, 2015.

und wie offen – fast bereits in Richtung Athen gewandt – der damals neue, zynisch-smarte Eurogruppen-Chef Jeroen Dijsselbloem sagte: »This is a template« – so machen wir's demnächst beim nächsten unbotmäßigen Kandidaten. Und im Grunde wusste das Team Tsipras-Varoufakis auch, wie die Kräfteverhältnisse aussahen. Und dass mit dem Äußersten zu rechnen war. Sonst hätten sie nicht heimlich ihren »Plan Z« entwickelt (siehe Kapitel 8).

Trotz all dieser negativen Rahmenbedingungen hatte die griechische Regierung, wie in Kapitel 2 beschrieben, ein halbes Jahr lang in Europa die Verhältnisse zum Tanzen gebracht, Millionen Herzen höher schlagen lassen und die Machtpolitiker in Berlin, Brüssel und Frankfurt am Main unter Druck gesetzt. Was, wie Gesine Schwan anmerkte, auch mit der neuen Polit-Kultur zu tun hatte: »Ich glaube, bei dem Misstrauen gegenüber der griechischen Regierung haben auch enorme kulturelle Unterschiede eine Rolle gespielt. Allein, wenn ich mir überlege, welche Ressentiments es ausgelöst hat, dass Varoufakis mit dem Motorrad zum Dienst fährt.«[271]

Ein Referendum, dessen Ergebnis beiden Seiten unpassend erschien

Das Referendum vom 5. Juli 2015 bildete einen Höhepunkt. Die Hintergründe, warum Alexis Tsipras plötzlich zu diesem Volksentscheid aufrief, wurden in Kapitel 8 dargestellt. Als die Entscheidung zur Abhaltung eines solchen Referendums jedoch gefallen war, gab es einige interessante Beobachtungen. Es war nämlich die Gegenseite, die alles auf ein in ihrem Sinn erfolgreiches Referendum gesetzt hatte. Zunächst erhoffte man sich Chaos; die *Frankfurter Allgemeine Zeitung* schrieb: »Es ist nicht klar, ob die Regierung Tsipras wenigstens das Referendum ordentlich organisieren kann.«[272] Da war sie wieder, die deutsche Überheblichkeit; dieser Grundtenor: »Der Grieche« kriegt das ohnehin nicht auf die Reihe – binnen zehn Tagen ein landesweites Referendum zu organisieren. Bald darauf setzte man auf den Sieg des Ja oder auf einen äußerst knappen Ausgang. »Determined Merkel turns the screw – eine entschlossene Merkel zieht die Schrauben an«, hieß es am Finanzplatz London.[273] Als Tsipras selbst in den Tagen vor dem Referendum abwiegelte und hektisch neue Kompromissangebote nach Brüssel und Berlin sandte, erklärte eine Eiserne Kanzlerin vor dem Deutschen Bundestag kühl: »Vor dem

---

271. Interview mit Gesine Schwan in: *Berliner Zeitung* vom 30. Juni 2015.
272. *Frankfurter Allgemeine Zeitung* vom 30. Juni 2015.
273. *Financial Times* vom 2. Juli 2015.

Referendum kann über kein Hilfsprogramm mehr verhandelt werden.«[274] Man wollte die Auseinandersetzung. Man war sich weitgehend über den Ausgang zugunsten von Kapital & Euro sicher – zumal vor dem bedrückenden Hintergrund der geschlossenen Banken und der nur stotternden Bankautomaten. Auch in liberalen Gazetten erschienen jetzt Beiträge von Menschen, die man bislang als vernunftbegabt angesehen hatte, die nun jedoch ersichtlich mit Schaum vor dem Mund ein demokratisches Verfahren als kriminellen Akt charakterisierten. »Erpressung ist fast schon ein zu schwaches Wort für das, was [...] der griechische Ministerpräsident derzeit den Europäern zumutet. [...] Alexis Tsipras befindet sich offenbar im Krieg mit Europa.« So meldete sich Brigitte Fehrle in der *Berliner Zeitung* am 29. Juni. Am Tag des Referendums selbst machte die führende französische Tageszeitung *Le Monde*, bei der allerdings ein deutscher Milliardär das Sagen hat, mit der Titelschlagzeile auf: »L'avenir de l'Europe se joue à Athènes – Die Zukunft Europas entscheidet sich in Athen«.[275] Am Morgen nach dem Referendum brachte dann die griechisches Tages-»Zeitung der Redakteure« (EFSYN) auf dem Titel das Foto eines zu Tode erschrockenen Eurogruppenchefs Dijsselbloem und dazu nur die Zahlen-Zeichen-Folge »61,2%«, was wie ein Geheimcode zur Entschlüsselung des Entsetzens der Eurokraten wirkte.

Dieses Ergebnis war von niemandem erwartet worden. Jetzt gab es sogar – das erste Mal in Griechenland und noch dazu exakt dokumentiert – eine klare Mehrheit gegen eine Memorandumspolitik. In keinem einzigen Wahlbezirk, die Inseln eingeschlossen, fand sich eine Mehrheit für ein »Ja«. Dieses Ergebnis zeitigte rund 24 Stunden lang durchaus Wirkung. In einer gemeinsamen Erklärung von Angela Merkel und François Hollande, datiert auf den 6. Juli 2015, heißt es explizit: »Wir respektieren diese Entscheidung als ein Votum eines souveränen Landes.«[276] Bundesaußenminister Frank-Walter Steinmeier, der gerade in Teheran weilte, gab eine Erklärung ab, in der es bereits relativierend – die deutsche Sozialdemokratie agierte in der Griechenland-Krise oft als echter Scharf-

---

274. Bundestagsrede vom 1. Juli; hier nach: *Berliner Zeitung* vom 2. Juli 2015.
275. *Le Monde* vom 5. Juli 2015. Nicolas Berggruen hält Mehrheit an *Le Monde* und ist Mitglied im Aufsichtsrat dieser Zeitung. Er hält auch maßgebliche Anteile an der Gesellschaft Prisa, die wiederum die Tageszeitung *El País* kontrolliert. Berggruen ist Gründer von (und maßgeblicher Inspirator bei) unterschiedlichen Polit-Think-Tanks (Nicolas Berggruen Institute on Governance; NBI 21st Century Council und Council on the Future of Europe).
276. Nach: Website www.bundesregierung.de. »Vor dem Sondergipfel in Brüssel – Merkel und Hollande stimmen sich ab«. Es hieß dort nicht: »Wir haben Respekt vor ...« Die Verbform »Wir respektieren ...« heißt nach dem deutschen Duden unzweideutig »wir akzeptieren« oder »wir billigen ...« Das französische Verb »respecter« ist noch deutlicher und meint auch: »(ein Gesetz, eine Abstimmung usw.) einhalten«.

macher – heißt: »Die Entscheidung des Referendums haben wir *zunächst einmal zu respektieren*.«[277] Dieses »zunächst einmal« währte dann nur einen Tag. Binnen weniger Stunden hatte man in Brüssel und Berlin die Signale aus Athen – unter anderem mit dem Abgang von Jannis Varoufakis als Finanzminister, mit der gemeinsamen Erklärung von Syriza, Anel, ND, Pasok und To Potami vom 6. Juli (siehe Kapitel 8) und mit den neuen devoten Angeboten von Alexis Tsipras an die Adressen in Berlin und Brüssel – analysiert und richtig interpretiert. Man einigte sich auf die Formel, die der Vizekanzler, der in diesen Tagen wie ein Scharfrichter auftrat, vortrug. Gabriel: »Mit der Absage an die Spielregeln der Eurozone, wie sie im mehrheitlichen Nein zum Ausdruck kommt, sind Verhandlungen über milliardenschwere Programme kaum vorstellbar. *Der Ball liegt jetzt in Athen*«.[278] Im Grunde war diese Sicht des SPD-Parteichefs völlig absurd; mit ihr wurden die Tatsachen auf den Kopf gestellt. Die EU hatte Ende Juni die Grundlagen für ein drittes Memorandum formuliert. Darüber wurde am 5. Juli in Griechenland abgestimmt. Die Antwort der Bevölkerung war ein deutliches Nein zu einem solchen Memorandum. Doch nun sollte »der Ball« – wo – liegen?

Logik hin oder her – es klappte: Binnen weniger Tage konnten die Antidemokraten und Eurokraten, wie beschrieben, mit der Kapitulationserklärung und bald darauf auch noch mit einem dritten Memorandum eine überaus reichliche Ernte einfahren.

Was war passiert? Faktisch haben die griechische Regierung und damit auch Syriza nicht ernsthaft versucht, den Erfolg des Referendums in die Waagschale zu werfen und die europäische Öffentlichkeit zu mobilisieren. Varoufakis berichtete, wie er am Abend des Referendums in den Maximo, den Sitz des Ministerpräsidenten, kam. Er sei mit einem »Wow, this is great« zur Tür hereingekommen. Doch rund um Tsipras habe »eisige Stimmung« geherrscht: Dieses Ergebnis sei weder erwartet noch erwünscht gewesen.[279] Die Position, die es in der Syriza-Führung durchaus auch gab, mit dem Abstimmungssieg im Rücken zu kämpfen, gegebenenfalls für einen Plan B, wurde insbesondere von Alexis Tsipras abgelehnt. In den Worten von Varoufakis: »Noch in der Nacht hat die Regierung beschlossen, dass der Wille des Volkes, das schallende ›Nein‹, den energischen Plan nicht energetisieren sollte.«[280]

---

277. Ebenda. Hervorgehoben von uns.
278. Nach: www.n24.de »Referendum in Griechenland – Nein-Votum setzt EU-Krisendiplomatie in Gang«, Nachrichten vom 7. Juli 2015.
279. Nach: *Russia Today* vom 25. Juli 2015.
280. Interview mit *New Statesman*; hier nach *Neues Deutschland* vom 17. Juli 2015. Der Satz, wonach der »energische Plan« hätte »energetisiert« werden sollen, bezog sich auf den »Plan B«.

Und so betrug die Zeitspanne zwischen der europaweiten Verblüffung über das Zwei-Drittel-»Oxi« (vermischt mit viel Anerkennung und überwiegendem Respekt), und einem europaweiten Erstaunen (vermischt mit einigem Entsetzen) über die 100-Prozent-Kapitulation von Syriza nur wenige Tage.[281] Und weil das so war, wird das eigentlich wichtigste Ereignis in der halbjährigen Konfrontation zwischen Syriza und den Eurokraten gerade auch von den Syriza-Vertretern kleingeredet oder nur am Rande erwähnt. Giorgos Chondros gibt in seinem Buch zwar auf sieben Seiten den Verhandlungsdialog zwischen den Athenern und den Bewohnern der Kykladeninsel Milos aus dem Jahr 416 vor Christus und dem Peloponnesischen Krieg wieder, weil die »Wirklichkeit in Griechenland […] eng verknüpft« sei »mit dem philosophischen Diskurs der griechischen Antike.« Für das Ergebnis des Referendums und für die Reaktionen auf dieses Ergebnis hat der Autor jedoch nur vier Zeilen übrig. In dem Buch gibt es ein Vorwort, das, höchst prominent, von Efklidis Tsakalotos, dem damaligen und heutigen griechischen Finanzminister, verfasst ist. In diesem knapp dreiseitigen Text gibt es viele Bezüge auf den »Klassenkampf«, auf »die Arbeiterklassen in Europa«; nötig sei, so der Verfasser, die Erkenntnis, dass es in Griechenland eine »klassenspezifische Gegenrevolution« gegeben habe. Doch der Autor erwähnt das Referendum mit keinem Wort. Des Volkes Stimme war offensichtlich zu »klassenunspezifisch«; sie wird behandelt wie die sprichwörtlich heiße Kartoffel.[282]

Austeritätspolitik – diktiert von Berlin

Der Sieger in der Auseinandersetzung steht also fest. Es sind die Eurokraten in Brüssel, vor allem aber die Regierung in Berlin und die deutschen Konzerne und Banken. Doch für welches Ziel wurde dieser Sieg eingefahren? Für ein drittes Memorandum, wie der terminus technicus heißt. Gemeint ist damit, wie beschrieben, eine nochmals schärfere Sparpolitik oder noch mehr Austerität.

Und ausgerechnet aus Deutschland kommt diese Rezeptur. In Deutschland wurde am lebenden Objekt gezeigt, wohin diese Wirtschaftspolitik führt, als sie unter dem letzten einigermaßen demokratisch gewählten Reichskanzler Heinrich Brüning, mitten in der Weltwirtschaftskrise, zur Anwendung kam. Bereits am Beginn

---

281. Berücksichtigt man die rund 5 Prozent KKE-Stimmenanteile (die Kommunistische Partei hatte einerseits ihr »Nein« zu jedem neuen Memorandum erklärt, andererseits dazu aufgerufen, ungültig zu stimmen), so haben zwei Drittel der Wählerinnen und Wähler mit »Nein« gestimmt.
282. Giorgos Chondros, a. a. O., S. 170 (Referendum); Vorworte Seite 7ff und Seite 10ff; Verhandlungsdialog aus dem Peloponnesischen Krieg auf S. 212-219.

der griechischen Krise 2010 machten zwei namhafte deutsche Wirtschaftsjournalisten auf die politischen Gefahren aufmerksam, die mit dieser Art Politik verbunden sind. Nikolaus Piper schrieb: »Griechenlands Ministerpräsident Giorgios Papandreou befindet sich in einer durchaus ähnlichen Situation wie Heinrich Brüning [...] In das kollektive Gedächtnis der Deutschen ist Brüning als der Politiker eingegangen, dessen rigorose Sparpolitik die Weltwirtschaftskrise verschärfte und der damit Adolf Hitler den Weg zur Macht ebnete.«[283.] Wolfgang Münchau, der bereits damals neben seiner Tätigkeit für die *Financial Times Deutschland* auch für die britische *Financial Times* schrieb (wo er heute noch engagiert ist), argumentierte, mit dem – damals ersten – Sparprogramm würden »das Wirtschaftswachstum einbrechen, Steuereinnahmen sinken, Arbeitslosigkeit und Sozialausgaben [...] steigen. Allein um diesen Effekt auszugleichen, wird es weitere Sparmaßnahmen geben müssen. [...] Dieser Teufelskreis wird sich mehrere Jahre drehen, bis man in Griechenland hohe strukturelle Überschüsse erzielt. Wie ein Sprung aus einem Hochhaus ist auch dieser Anpassungsprozess irgendwann zu Ende. In zehn Jahren ist man durch. Nur wird keine Demokratie der Welt bereit sein, den politischen Preis dafür zu zahlen. Die älteste Demokratie schon gar nicht.«[284]

Piper hatte 2010 argumentiert, das »Schlimmste der Finanzkrise« sei »vorbei«. Die kleine griechische Ökonomie sei in andere stärkere Ökonomien, so in die der Eurozone, eingebunden, was stabilisierend wirken und die negativen Folgen der Austeritätspolitik abschwächen würde. Insofern sei die Parallele mit Brüning zu relativieren. Münchau und Piper hatten im Übrigen die Gefahr, dass Austerität Demokratie zerstören und sich aus derselben eine Diktatur entwickeln könnte, vor allem *auf Griechenland* bezogen. Beunruhigend in diesem Zusammenhang sind die im Folgenden ausgebreiteten Erkenntnisse über die fehlende, aber immer wieder behauptete ökonomische Stabilität der Eurozone.

Wirtschaftliche Instabilität und Demokratieabbau

Tatsächlich ist bereits die bestehende Lage in Kerneuropa alles andere als stabil. Das bescheidene Wirtschaftswachstum, das es 2015 in Deutschland (mit 1,7 %) und in Österreich (mit 0,7 %) gab und die relativ niedrige, in Deutschland weiter sinkende, in Österreich jedoch längst wieder steigende Arbeitslosenquote verleiten leicht dazu, die grundlegende Labilität der EU-Ökonomie zu überse-

---

283. Nikolaus Piper, »Der Tragödie nächster Akt«, in: *Süddeutsche Zeitung* vom 8. April 2010.
284. Wolfgang Münchau, »Finanzpolitik mit Tesafilm«, in: *Financial Times Deutschland* vom 14. April 2010.

hen. Die soziale und wirtschaftliche Dramatik in Griechenland ist ohne Zweifel enorm. Doch sie ist, so zynisch das klingen mag, tatsächlich für die Eurozone – und schon gar für die deutschen Konzerne und Banken – verkraftbar. Schwerer verkraftbar sind bereits die weiter bestehenden Krisenerscheinungen in Spanien und Portugal. Und als nicht verkraftbar könnte sich das erweisen, was sich inzwischen in Italien und in Frankreich an Krisenpotenzial konzentriert.

In Italien stieg die offizielle Arbeitslosenquote seit 2008, als sie bei 8 Prozent lag, auf 12 Prozent Anfang 2016. In Frankreich erhöhte sie sich im gleichen Zeitraum von 7,8 auf 10,2 Prozent. In beiden Ländern hat die Jugendarbeitslosigkeit ein dramatisches Niveau erreicht: in Frankreich mit 25 Prozent und in Italien gar mit 38 Prozent (die letztgenannte Quote wird nur noch von derjenigen in Spanien, Kroatien und Griechenland übertroffen). Vor allem stiegen die Schuldenquoten in beiden Ländern kontinuierlich an: In Frankreich lag diese Quote 2007 bei »nur« 64 Prozent; Anfang 2016 touchiert sie erstmals die 100-Prozent-Marke. In absoluten Zahlen sind es 2,1 Billionen Euro. In Italien ist die Bilanz besonders bedrückend: Das Land hatte 2008 eine Gesamtschuld von 1,67 Billionen Euro, was 110 Prozent des BIP entsprach. Anfang 2016 sind es 2,18 Billionen Euro, was bereits 133 Prozent des BIP sind. Damit liegt Italiens öffentliche Schuld höher als diejenige Griechenlands zu Beginn der dortigen Krise 2010. Das Gewicht der italienischen Wirtschaft ist jedoch neun Mal größer als das der griechischen. Das der französischen Ökonomie ist gar zwölf Mal größer. Und es sind nicht nur die beiden Schwergewichte Italien und Frankreich, deren öffentliche Schuld kontinuierlich anwächst. In *allen* EU-Ländern wuchs die öffentliche Verschuldung in der Krise sprunghaft (in starkem Maß auch aufgrund der Aktionen zur »Bankenrettung«). Doch sie stieg entgegen der klassischen Entwicklung *auch in den sieben Jahren des formellen wirtschaftlichen Aufschwungs weiter an.* Sie lag 2008 im Eurozonen-Durchschnitt bei 72 Prozent. Und sie liegt Ende 2015 bei 95 Prozent. Sechs Eurozonenländer hatten bereits Mitte 2015 eine Staatsschuldenquote von mehr als 100 Prozent: Griechenland (167%), Italien (136%), Portugal (129%), Zypern und Belgien (je 110%) und Irland (102%). Die beiden Länder Spanien und Frankreich werden 2016 auch in die illustre Runde der 100-Prozent-Schuldenquoten-Länder aufsteigen. Die Schuldenquoten von Österreich (86,4 %) und Deutschland (72,5%) erscheinen nur im Vergleich zur allgemein hohen Verschuldung niedrig zu sein. Doch auch diese liegen wesentlich höher als vor der letzten Krise.

Das Gesamtbild, das die Ökonomie der Eurozone Anfang 2016 abgibt, ist, wie in Grafik 1 illustriert, durch *vier Charakteristika* geprägt. *Erstens.* Es gibt trotz sieben vollen formellen Aufschwungsjahren kein reales Wachstum; das BIP des Euroraums liegt Anfang 2016 auf dem 2008er-Niveau. *Zweitens.* Es existiert im Euroraum seit der Krise 2008/09 und insbesondere seit dem Wirksamwerden der harten Austeritätspolitik ab 2010 eine erhebliche Auseinanderentwicklung zwischen den wenigen Ökonomien, die im Plusbereich liegen, was bei den Ländern von wirtschaftlichem Gewicht außer auf Deutschland nur noch auf die Slowakei und auf Belgien zutrifft, und der Gruppe der Peripherieländer Spanien, Portugal, Italien und Griechenland. *Drittens.* Das Eurozonen-BIP erreicht nur deshalb wenigstens 2016 wieder das Niveau von 2008, weil die deutsche Ökonomie über den gesamten Zeitraum hinweg das bescheidene Wachstum von rund 5 Prozentpunkten erlebt hatte – und weil das spezifische Gewicht der deutschen Ökonomie derart bestimmend ist. *Viertens.* Der tiefe Fall der griechischen Ökonomie ist ohne Zweifel einmalig; das griechische BIP schert dabei von den allgemeinen Entwicklungen der Eurozone vor allem ab 2010 nach unten aus. Die Grafik 1 verdeutlicht dies.

Grafik 1: Wirtschaftliche Entwicklung ausgewählter Eurozonen-Länder 2008 bis 2014 (2008 = 100)

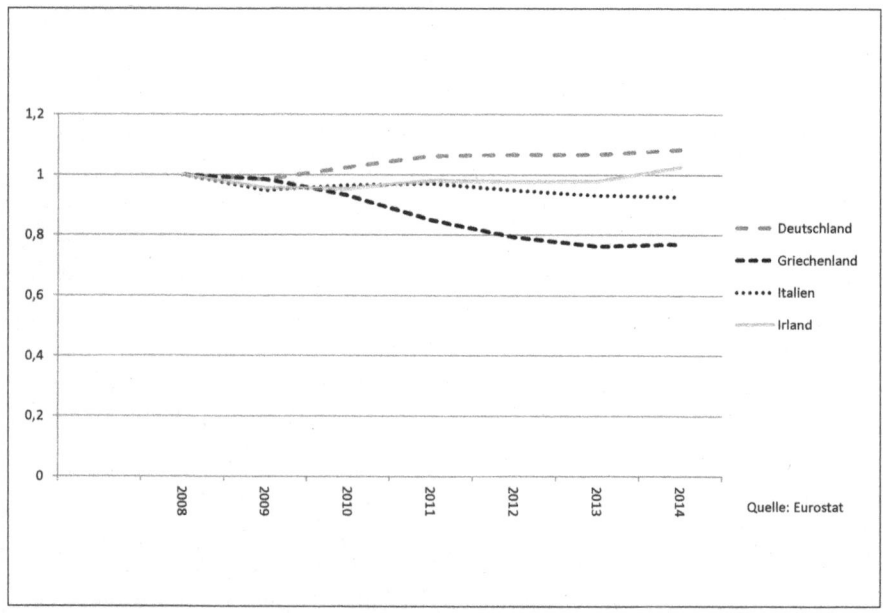

Interessant ist jedoch, dass sich die Entwicklung dann gleich anders darstellt, wenn wir als Ausgangsbasis 1999, das letzte Jahr vor der allgemeinen Euroeinführung (und damit Index 1999 = 100) wählen. Bei einer entsprechenden – hier nicht wiedergegebenen – Grafik liegt Italien hinsichtlich des Langzeitwachstums 2014 auf ziemlich genau dem gleichen miserablen Niveau wie Griechenland. Beide Länder haben heute ein BIP wie vor 15 Jahren. Im Fall Italien gab es weitgehend Stagnation; in Griechenland gab es ein erhebliches Wachstum und dann den vielfach beschriebenen Absturz. Dieser Vergleich relativiert in keine Weise das Hellas-Desaster. Es unterstreicht jedoch, dass sich mit Italien ein echtes Eurozonen-Schwergewicht in einem miserablen Zustand befindet und vor einem Absturz steht.

Wobei es sich bei all dem um die Beschreibung einer Ökonomie gewissermaßen in »Friedenszeiten«, in Zeiten formellen Aufschwungs, handelt. Das wird sich alles dann erheblich kritischer darstellen, wenn es eine neue weltweite Krise gibt. Diese neue offene weltweite Rezession, wenn nicht eine neue Weltwirtschaftskrise, kommt so sicher wie das Amen in der Kirche. Seit 250 Jahren Kapitalismus ist der Zyklus wiederkehrender Krisen eine Konstante. Wobei die Periodizität dieser Zyklen zwischen sieben und zehn Jahren liegt. Der dramatische Einbruch der chinesischen Börsen Anfang 2016 (mit Rückwirkungen auf die Weltbörsen, auch auf diejenigen in der Eurozone), der erhebliche Rückgang der Wachstumsraten der chinesischen Ökonomie seit mehreren Jahren, der Zusammenbruch von mehreren italienischen und portugiesischen Banken Ende 2015 und die am 1. Januar 2016 in Kraft getretenen neuen Regelungen zur Abwicklung maroder Banken in Europa, mit denen erstmals grundsätzlich Sparer als »Gläubiger der Banken« tituliert werden und zur Sanierung der Institute herangezogen werden können – all das können Vorboten einer solchen neuen Krise sein.[285]

In jedem Fall gilt: Eine solche kommende Krise stößt auf eine wesentlich schwächere und gefährdetere Eurozone als dies im Vorfeld der 2008er-Krise der Fall war: Die teilweise doppelt so hohen Verschuldungsgrade, die Existenz einer

---

285. Interview mit Danièle Nouy, Chefin der europäischen Bankenaufsicht Mitte Januar 2016: »Frage: Erwarten Sie Bankenpleiten? In Italien und Portugal wurden kurz vor dem Jahreswechsel noch einige Banken vor dem Ruin gerettet? Anwort Nouy: Die dortigen Aufseher und Politiker wollten einige Probleme lösen, bevor die neuen Gesetze in Kraft treten. Seit dem 1. Januar gibt es europäische Regeln für die Abwicklung von Banken, die eine Haftung der Gläubiger beinhalten. Für Sparer, *die ja auch Gläubiger einer Bank sind*, bedeutet das: Bis 100.000 Euro ist ihr Geld sicher.« In: *Süddeutsche Zeitung* vom 25. Januar 2016. Ohne, dass dies in der Öffentlichkeit breit debattiert wurde, wurde hier eine radikale Wende vollzogen und das verallgemeinert, was erstmals in der Zypern-Krise angewandt wurde: Die Einlagen bei den Banken werden als »Kredite« behandelt und gegebenenfalls zur »Sanierung« der Banken eingesetzt, also den eigentlichen Eigentümern weggenommen und den meist privaten Eignern der Banken zugeschanzt.

geschwächten Peripherie und der weiterhin aufgeblähte Finanzsektor mit Spekulationsblasen beispielsweise im Immobilienbereich und das weiterhin auf Rekordtief befindliche Zinsniveau sind Ausdruck dieser grundsätzlichen Schwäche.

Dabei suchen sich die Austeritätsfanatiker bereits ihr nächstes Opfer. Der deutsche Finanzminister hatte im Vorfeld eines Eurogroup-Treffens, das am 24. April 2015 in Riga stattfand, kaum verhüllt darauf hingewiesen, dass *Frankreich* in Bälde im Zentrum einer neuen Operation Troika stehen könnte. Schäuble forderte in einem Interview von Frankreich »Reformen« und dabei insbesondere »Arbeitsmarktreformen« mit einer spezifisch-französischen Form von Hartz IV. Dann formulierte er in seiner bekannt süffisant-zynischen Art die folgenden Sätze: »Frankreich könnte froh sein, wenn jemand das Parlament [zu diesen Reformen] zwingen würde. [...] Aber das ist schwierig. So ist halt die Demokratie.«[286] Wobei es anstelle von Frankreich natürlich auch Italien oder auch Belgien treffen kann.

Warum Griechenland zum Versuchskaninchen wurde

Vor dem Hintergrund der umfassenden Labilität der Eurozone stellt sich erst recht die Frage: Warum machen »die« das? Woher rühren der Zynismus, der Hass und die Gewalttätigkeit, die die Verantwortlichen in Brüssel, Frankfurt am Main und Berlin gegenüber Griechenland praktizieren? *Drei Gründe* dürften hierfür entscheidend sein.

Zunächst gibt es *politische Gründe*. Die griechische Bevölkerung hat in den vergangenen 80 Jahren wiederholt die Kraft zu einem antikapitalistischen Widerstand gefunden, die in der jüngeren europäischen Geschichte einmalig ist. Das gilt für den Widerstand gegen die faschistische – italienische wie deutsche – Besatzung. Und das trifft auf den Widerstand gegen das faschistische Regime der Jahre 1967 bis 1974 zu. Die Tatsache, dass Griechenland als einziges europäisches Land die Nato nicht im Kosovo-Krieg unterstützte (und teilweise den Luftraum für Nato-Kampfflugzeuge auf dem Weg nach Belgrad sperrte) und dass Athen bis heute nicht bereit ist, den Kosovo als unabhängigen Staat anzuerkennen, spielt hier ebenfalls eine Rolle. Blickt man heute auf die ökonomische und soziale Wüste, die die USA und die EU mit dem Kosovokrieg in Serbien und dem Kosovo geschaffen haben, dann erfährt die griechische Kritik an dieser Politik späte Satisfaktion.[287]

---

286. Nach: *Frankfurter Allgemeine Zeitung* vom 17. April 2015.
287. Der Nato-Krieg gegen die Bundesrepublik Jugoslawien 1999 (bzw. gegen das, was damals von diesem Staat noch übrig war), sollte, insoweit es die deutsche Beteiligung betrifft, auch vor dem histo-

Sodann hat die gegen Griechenland gerichtete Aggression eine *Stellvertreterfunktion*. Syriza wird geschlagen, doch gemeint sind antikapitalistische Bewegungen und Parteien in ganz Europa, insbesondere in den anderen Peripherieländern, und mögliche Linksregierungen in Lissabon oder Madrid. Die Bildung einer neuen Linksregierung in Portugal unter Ministerpräsident António Costa, zu der es im Dezember 2015 kam, ließ im Lager der Austeritätsfanatiker bereits die roten Lämpchen blinken. Schließlich erhöhte Costa als eine erste Maßnahme den Mindestlohn von 505 auf 530 Euro. Die portugiesische Regierung versprach auch, Renten und Sozialleistungen zu erhöhen und die Lohnkürzungen im öffentlichen Dienst teilweise zurückzunehmen. Derartige Maßnahmen werden in Brüssel und Berlin als Kampfansagen verstanden, zumal sich hier jeder an die ersten Maßnahmen der Syriza-Regierung im Februar und März 2015 erinnert. Die *Frankfurter Allgemeine Zeitung* fragte bereits im Januar 2016: »Portugals Linksbündnis als Modell für Spanien?«[288] Sollte es 2016 im Zuge von Neuwahlen auch in Spanien zur Bildung einer neuen Linksregierung aus PSOE und Podemos kommen, so dürfte das für Schäuble & Co. als massive Gefährdung des Austeritätskurses in der gesamten Eurozone gesehen werden. Gesine Schwan, eine der wenigen Prominenten in Deutschland, die in der Griechenlandkrise Rückgrat zeigte, hat just diesen Zusammenhang betont: »Finanzminister Wolfgang Schäuble hat von Anfang an die Absicht gehabt, Syriza an die Wand fahren zu lassen, damit es keine Ansteckungsgefahr in Spanien und Portugal gibt.«[289]

Strukturen zur Durchsetzung der reinen Kapitallogik

Drittens schließlich erleben wir eine *Verselbständigung der neoliberalen, kapitalistischen und finanzpolitischen Dynamik*. Dieser Selbstlauf speist sich einerseits aus der objektiven Stärke des angehäuften, hochkonzentrierten Kapitals, das nach Verwertung – nach immer noch brutalerer Ausbeutung von Mensch und Natur – giert. Damit korrespondiert andererseits die politische Ignoranz, oft auch individuelle Dummheit, der führenden Vertreter der Regierungen in Berlin, Paris

---

rischen Hintergrund des erfolgreichen Partisanenwiderstands in Jugoslawien im Zweiten Weltkrieg gesehen werden. Erich Schmidt-Eenboom hat in seinem Buch *Der Schattenkrieger – Klaus Kinkel und der BND* (Düsseldorf 1995) dokumentiert, wie der westdeutsche Geheimdienst BND, der wiederum nahtlos aus der Nazi-Geheimdienstorganisation »Gehlen« hervorging, seit Titos Tod systematisch auf die Spaltung Jugoslawiens hinarbeitete und dabei in Kroatien alte Ustascha-Kontakte reaktivieren konnte.
288. Nach: *Frankfurter Allgemeine Zeitung* vom 9. Januar 2016.
289. »Eurozone und IWF tragen die Hauptverantwortung«; Interview mit Gesine Schwan in: *Berliner Zeitung* vom 30. Juni 2015.

und Rom bzw. des Führungspersonals der EU. Angela Merkel, Wolfgang Schäuble, François Hollande, Matteo Renzi, Jean-Claude Juncker und Jeroem Dijsselbloem mögen hinsichtlich der rein technisch-effizienten Nutzung von Macht über eine gewisse Intelligenz oder auch Bauernschläue verfügen. Doch sie haben auch nach bürgerlichen Maßstäben keine politische Vision und nicht einmal den Willen, eine solche zu entwickeln. Das unterscheidet sie grundsätzlich von einigen wenigen Politikern aus früheren Phasen der EWG-EG-EU, beispielsweise Charles de Gaulle, Willy Brandt, François Mitterand oder auch Helmut Schmidt, die – durchaus im bürgerlichen und kapitalistischen Sinn – konzeptionelle und teilweise auch zukunftsfähige Konzeptionen einer Europäischen Union hatten. Darüber hinaus sind die meisten führenden Vertreter der sogenannten Eliten in Europa, Nordamerika und Japan in diverse elitäre Lobbygruppen und Zirkel eingebunden, die alle auf die neoliberale Wirtschaftspolitik und auf den umfassenden Kotau vor der Kapitallogik eingeschworen sind.[290] Die heutigen führenden Politiker in der EU *verwalten* in erster Linie nur noch die beschriebene Kapitallogik – auch wenn ihr Projekt Eurozone damit auf einen Prellbock zusteuert und die gesamtgesellschaftlichen Kosten der Austeritätspolitik die kurzfristigen Gewinne um ein Vielfaches übersteigen.

Ausdruck dieser Abgabe von politischem Gestaltungswillen an die reine Kapitallogik sind die Konstruktionen des Fiskalpaktes, des European Stability Mechanism (ESM) und der Eurogroup. Die zwei erstgenannten Folterwerkzeuge gelangten, wie dies Frank-Walter Steinmeier ja bereits 2010 angedroht hatte, erst im Zusammenhang mit der Griechenlandkrise in den »Werkzeugkasten« der EU. Auch hier zeigt sich, in welch *konkreter Form* dieses Land die Rolle des Versuchskaninchens spielt.

Der genau zwei Jahre nach dem ersten Griechenland-Memorandum im März 2012 beschlossene Fiskalpakt zwingt die EU-Mitgliedstaaten zu einer umfassenden Politik der Austerität. Wenn die (im Fiskalpakt nochmals verschärften) Maastricht-Kriterien hinsichtlich des Jahresdefizits bzw. hinsichtlich der Gesamtverschuldung nicht eingehalten werden, dann kann die EU-Kommission einschreiten und das entsprechende Land mit einem »Defizitverfahren« überziehen und damit faktisch die Einhaltung einer Schuldenbremse erzwingen. Der SPD-Politiker Andreas Bovenschulte und der Jurist Andreas Fisahn stellten dazu fest: »Im

---

290. In Europa ist das z. B. der European Round Table, auf der Ebene Nordamerika-EU ist dies die Atlantikbrücke und auf Weltebene die Trilaterale Kommission und der Council on Foreign Relations. Siehe Hannes Hofbauer, *Die Diktatur des Kapitals* – Souveränitätsverlust im postdemokratischen Zeitalter. Wien 2014, S. 137ff.

Ergebnis verlieren die nationalen Parlamente so unmittelbar das letzte Wort in Sachen Haushaltspolitik«, was »verfassungsrechtlich unter dem Gesichtspunkt der Demokratie nicht haltbar« sei.[291] Um diesen Widerspruch scheinbar aufzulösen, zwingt der Fiskalpakt die unterzeichnenden EU-Mitgliedsländer – außer Großbritannien und die Tschechische Republik stimmten alle EU-Mitgliedsländer dem Pakt zu – dazu, das entscheidende Folterwerkzeug dieses Paktes, die Schuldenbremse, in der jeweiligen nationalen Verfassung zu verankern. Der Fiskalpakt enthält im Übrigen eine Reihe von Gummiparagrafen, die Gewähr dafür bieten, dass die in der EU tonangebenden Staaten ihre spezifische Interpretation des Paktes zur Anwendung bringen können.

ESM – eine kaum bekannte Struktur der nackten Kapitallogik

Der Europäische Stabilitätsmechanismus (ESM) trat im September 2012 in Kraft, kurz nach der Etablierung des zweiten Griechenland-Memorandums. In der Öffentlichkeit wird der ESM als neutraler »Rettungsschirm« und als Ausdruck der innereuropäischen Solidarität verkauft. In Wirklichkeit werden mit ihm die Entdemokratisierung und die Durchsetzung der reinen Kapitallogik, wie sie beim Hellas-Versuchskaninchen seit 2010 zur Anwendung kamen, auf die gesamte Eurozone bzw. auf die Mitgliedstaaten des Euroraums übertragen. Der ESM ist ein weiteres Instrument zur Spaltung der EU und zur Umsetzung des deutschen Projekts eines »Europas der zwei Geschwindigkeiten«. Für die EU-Länder, die sich nicht der Eurozone angeschlossen haben, hat der ESM keine Gültigkeit.

Grundsätzlich ist der ESM ein auf bis zu 1,5 Billionen Euro aufblähbarer Geldfonds[292]. Bei der Verwendung dieser gigantischen Mittel hat nicht mehr – wie dies zumindest formal auf der EU-Ebene der Fall ist – jedes Euroraum-Mitglied eine Stimme. Vielmehr sind die Stimmen entsprechend der ESM-Anteile gewichtet. Wobei nun erstmals Deutschland auch formal über das entscheidende Gewicht verfügt, nämlich über gut 27 Prozent aller Stimmanteile, und damit über eine Sperrminorität. Rien ne va plus sans l'Allemagne – nichts

291. Zitiert bei: Hannes Hofbauer, a.a.O., S. 91.
292. Der eigentliche Fonds verfügt Anfang 2016 über Mittel (eingezahlte und zugesagte Gelder) in Höhe von 704,8 Milliarden Euro. Durch Hebelung (zusätzliche Kredite des ESM) sind es bis zu 1500 Milliarden Euro. Bis Anfang 2016 hatte der ESM gegenüber Spanien Kredite in Höhe von 41,3 Mrd. Euro, gegenüber Zypern in Höhe von 9 Mrd. Euro und gegenüber Griechenland in Höhe von 86 Milliarden Euro zugesagt. Die Kredite für diese drei Länder summieren sich bereits auf 363,7 Milliarden Euro und damit auf 51,6 Prozent des gesamten Fonds-Volumens. Damit ist klar, dass auch der ESM für einen Staatsbankrott Italiens zu klein sein würde. Die italienische öffentliche Gesamtschuld liegt bei 2,2 Billionen Euro.

geht mehr in diesem Euroraum ohne Deutschland. Damit hat die politische Elite in Deutschland ein strategisches Ziel erreicht. Bereits eine Stimmenkombination von Deutschland, Frankreich und Österreich reicht aus, um wichtige ESM-Entscheidungen zu treffen, auch dann, wenn die übrigen 14 Eurozonen-Mitglieder dagegen stimmen sollten. Wobei es auch Möglichkeiten gibt, Entscheidungen gegen Frankreich zu treffen, wenn sich die deutsche Regierung mit einigen mittelgroßen und kleinen Ländern verbünden würde. Das Wesen des ESM besteht jedoch darin, dass es sich hier um eine *Kapitalgesellschaft* handelt, an der die einzelnen Staaten zwar, wie dargestellt, beteiligt sind, die aber zugleich ausschließlich der Kapitallogik verpflichtet ist. Entsprechend der dümmlichen Parole, man müsse Deutschland »wie eine schwäbische Hausfrau führen« (was einer Beleidigung der schwäbischen Hausfrauen gleichkommt, wird doch gerade im Land des Häuslebauens sehr wohl verstanden, dass man es mittels klug eingesetzter Bausparkassen*kredite* zu Wohlstand bringen kann), soll nun eine Staatengemeinschaft nach den Kriterien eines auf Autarkie ausgerichteten Konzerns geführt werden. Wobei damit vor allem gemeint ist, dass es keine Transparenz, schon gar keine Demokratie geben soll. Entsprechend unterliegen die im ESM entscheidenden »Gouverneure«, in der Regel entsandte Minister einzelner Länder, einer Schweigepflicht hinsichtlich der ESM-internen Debatten und Beschlüsse; sie können also von den Parlamenten der Länder, deren Regierungen sie in die ESM-Führung entsandten, nicht kontrolliert werden. Darüber hinaus genießt das gesamte ESM-Personal Immunität, sie unterliegen hinsichtlich der im ESM getroffenen Entscheidungen weder nationalem noch EU-Recht.

Der Buchautor und Wirtschaftshistoriker Hannes Hofbauer bilanzierte: »Mit dem ESM ist die EU de facto zu einer Kapitalgesellschaft geworden. […] Nun herrscht das ökonomische Primat nicht nur über die politischen Prozesse, sondern es ist dem System der Europäischen Union unumkehrbar eingeprägt.«[293] Wobei in dieses Herrschaftsmodell durchaus feudale Elemente eingeflochten wurden; in diesem werden schließlich auch die viel zitierten Grundsätze von »good governance« verletzt.

Mit dem 2015 beschlossenen dritten Memorandum wurde der ESM erstmals in direkter Form in die »Griechenland-Rettung« einbezogen. Auf diese Weise wurde aus der Kontrollstruktur Troika eine *Quadriga*: EU-Kommission, EZB, IWF und ESM bilden die neue Kontrollgruppe zur Überwachung der Umset-

---

293. Hannes Hofbauer, *Die Diktatur des Kapitals*, a. a. O., S. 96 und 98.

zung der Hilfsprogramme. Syriza erleichterte diese Umgruppierung, das Gesicht zu wahren, da nun der verhasste Begriff Troika nicht mehr auftaucht. Allerdings ist die Quadriga als Kontrollbehörde nochmals stärker »entpolitisiert«, entdemokratisiert und ausschließlich kristalliner Kapitallogik verpflichtet. Während bei der Troika wenigstens ein Drittel des Teams in Form der EU-Kommission eine indirekt demokratisch legitimierte Struktur der Europäischen Union repräsentierte, ist es im Fall der Quadriga nur noch ein Viertel.

Dem ESM kommt bei der »Griechenland-Hilfe« inzwischen die entscheidende Funktion zu; 40 Prozent aller griechischen Schuldentitel liegen beim ESM. Die Website des deutschen Bundesministeriums für Finanzen verdeutlicht, wer im ESM allgemein und im Fall des ESM-Großkredits für Griechenland das Sagen hat, heißt es dort doch: »Nachdem Griechenland am 8. Juli 2015 einen Antrag auf Finanzhilfe an den ESM gestellt hat, wurde am 19. August 2015 ein ESM-Darlehen in Höhe von bis zu 86 Mrd. Euro in den ESM-Gremien beschlossen. Die Auszahlung der ersten Tranche in Höhe von 26 Milliarden Euro wurde *vom Deutschen Bundestag* am 19. August *freigegeben*.«[294] Die Summe an Geldern, über die der ESM verfügt, ist ihrerseits Ausdruck der »Verkapitalisierung« der EU. Sie liegt mit 700 Milliarden Euro beim Fünffachen des jährlichen EU-Budgets. Wobei es natürlich charakteristisch für den gesamten Wahnwitz dieser Konstruktion ist, dass das kleine Land Griechenland einen »Beistandskredit« in einer Höhe erhält, der bereits 12,3 Prozent des ESM-Gesamtvolumens entspricht.

Klaus Regling – eine unterbelichtete Personalie

Hält man sich die Relationen zwischen EU- und ESM-Budget vor Augen, dann ist innerhalb der EU ein in der Öffentlichkeit wenig bekannter Finanztechnokrat, der ESM-Chef Klaus Regling, deutlich mächtiger und wichtiger als der Barroso-Nachfolger und EU-Kommissionschef Jean-Claude Juncker oder gar als der Vorsitzende des Europaparlaments Martin Schulz. Der kühle ESM-Vorsitzende Regling hat dann auch eine Karriere als IWF-Manager, als Hedge Fonds-Direktor, als Generaldirektor bei der Europäischen Kommission und als Finanzberater hinter sich bzw. er ist parallel zu seinem ESM-Top-Job noch in Bereichen des internationalen Finanzgeschäfts engagiert. Er erklärt auch kühl, dass das Euro-

---

[294] Website www.bundesfinanzministerium.de. Hervorgehoben von uns. Im darauf folgenden Satz wird nochmals unterstrichen, dass diese Gelder vor allem zur Unterstützung privater Banken fließen. Er lautet: »Von diesen 26,0 Mrd. Euro sind 10 Mrd. Euro für Maßnahmen zur Bankenkapitalisierung vorgesehen.«

paparlament auch in Zukunft keinerlei Einfluss auf den ESM-Fonds haben soll; dass die Konstruktion des ESM völlig ausreiche, um »die volle demokratische Verantwortlichkeit seiner Handlungen zu gewährleisten«.[295] Regling machte an einem Beispiel plastisch deutlich, wie er das Zusammenspiel zwischen Griechenland-»Reformpaket« und Demokratie sieht. Auf die Frage, ob die Neuwahlen vom 20. September und der Wahlkampf nicht die Umsetzung des »Reformpakets« gefährdeten, antworte der ESM-Chef: Da beim dritten Hilfspaket »bereits in der frühen Phase mehr Reformmaßnahmen im [griechischen] Parlament beschlossen wurden als bei den Vorgängerprogrammen«, könne man »Griechenland jetzt auch einen mehrwöchigen Wahlkampf zubilligen.«[296]

Die Eurogroup – juristisch inexistent, politisch hochwirksam

In diesem Panorama von Kapitallogik und Machtakrobatik spielt die Eurogroup eine besonders charakteristische Rolle. Sie war bei der Konfrontation zwischen den Gläubigern und Griechenland, zu der es vor allem im ersten Halbjahr 2015 kam, der entscheidende Akteur. In diesem Kreis spielten sich die entscheidenden Debatten ab. Aus diesem Kreis heraus wurden dutzendfach die an Athen gerichteten Forderungen nach »Listen mit konkreten Reformvorschlägen« in die Öffentlichkeit getragen. Und in diesen Kreis hinein wurden die Vertreter von Syriza – Jannis Varoufakis und Efklidis Tsakalotos – mehr als ein Dutzend Mal zum Rapport zitiert. Nun treffen sich in diesem Kreis bewusst nur die EU-Finanzminister – die Politik bleibt bereits formal außen vor.

Eine juristische Grundlage für den Kreis existiert nicht. Es werden keine Protokolle erstellt; es gibt keine klare Geschäftsordnung – es handelt sich um einen Machtzirkel pur oder besser: um eine Gang mit einem Paten. Varoufakis konkretisierte dies wie folgt: »Es gab einen Moment, an dem der Präsident der Eurogroup [...] uns effektiv ausschloss und in der Öffentlichkeit erklärte, dass Griechenland sich im Grunde auf dem Weg aus der Eurozone befindet. Es gibt die Tradition, dass die Beschlüsse der Eurogroup einstimmig sein müssen und ihr Präsident kann nicht einfach [...] einen Mitgliedsstaat rausschmeißen. Doch er sagte: ›Oh, ich bin mir sicher, dass ich das tun kann‹. Also fragte ich

---

295. Interview mit Klaus Regling in: *Europäisches Parlament – Aktuell* vom 10. November 2015. In dem Beitrag begründete er, dass er das Europaparlament insoweit informiere, als er am 10. November 2015 gemeinsam mit Eurogruppenchef Jeroen Dijsselbloem »den Mitgliedern des Wirtschafts- und Währungsausschusses des Europaparlaments Frage [Rede] und Antwort« stehe.
296. In: Albrecht Meier, »Klaus Regling: ›Schuldenschnitt wird nicht auf der Tagesordnung stehen‹«, in: *Der Tagesspiegel* vom 27. August 2015.

nach einer juristischen Einschätzung. Das hat ein bisschen für Durcheinander gesorgt. Für fünf oder zehn Minuten wurde das Treffen unterbrochen. Mitarbeiter und Offizielle redeten miteinander, die Telefone liefen heiß. Schließlich richtete ein Offizieller, ein Experte, das Wort an mich und sagte die folgenden Worte: ›Nun, die Eurogruppe gibt es juristisch gesehen gar nicht. Es gibt keinen Vertrag, der die Einberufung dieser Gruppe regelt‹. Was wir also haben, ist eine nicht-existente Gruppe, die die größte Macht besitzt, das Leben der Europäer vorzubestimmen. Sie ist niemandem verpflichtet, da sie juristisch nicht existiert, keine Protokolle aufbewahrt und rein vertraulich agiert. Also wird kein Bürger jemals erfahren, was darin diskutiert wurde. Und das sind fast Entscheidungen über Leben und Tod und kein Mitglied muss sich vor irgendjemandem rechtfertigen.« Auf die Frage des *New Statesman*-Interviewers, ob die Eurogroup »von der deutschen Position dominiert« werde, antwortete Varoufakis: »Komplett und restlos. Aber nicht hinsichtlich der Positionen – sondern vom deutschen Finanzminister. Es funktioniert alles wie in einem gut abgestimmten Orchester, in dem er der Dirigent ist. Alles passiert in Abstimmung miteinander. Es gibt Momente, in denen das Orchester verstimmt ist, aber er holt es zusammen und bringt es zurück auf Linie.«[297] Varoufakis teilte Mitte Januar 2016 mit, sämtliche Sitzungen der Eurogroup, an denen er teilnahm – mit Ausnahme der allerersten – aufgezeichnet zu haben. Bislang plane er, so der Ex-Finanzminister, »keine Veröffentlichung der Protokolle«. Schade eigentlich, kann man dazu nur sagen. Der aufklärerische Wert einer solchen Publikation – mit einer Audio-Version als Supplement – könnte gar nicht hoch genug eingeschätzt werden.[298]

Jürgen Habermas betonte in seinem viel beachteten Appell zur Griechenland-Krise insbesondere den Aspekt der »Entpolitisierung« und der Verselbstständigung der Politik zur Kapitallogik, was sich mit dem ESM, mit der Troika und mit der Eurogroup konkretisiert. Wenige Tage vor dem Referendum in Griechenland schrieb Habermas über den »Skandal, der darin besteht, dass sich die Politiker in Brüssel und Berlin weigern, ihren Kollegen aus Athen als Politiker zu begegnen. Sie sehen zwar wie Politiker aus, lassen sich aber nur in ihrer ökonomischen Rolle als Gläubiger sprechen. Diese Verwandlung in Zombies hat den Sinn, der verschleppten Insolvenz eines Staates den Anschein eines unpolitischen, vor Gerichten einklagbaren privatrechtlichen Vorgangs zu geben.« Ha-

---
297. Interview im *New Statesman*, hier nach: *Neues Deutschland* vom 15. Juli 2015.
298. Nach: Wassilis Aswestopoulos, »Varoufakis gründet eine neue Partei«, in: Telepolis vom 21. Januar 2016.

bermas appelliert in diesem Beitrag: »Es sind die Bürger, nicht die Banken, die in europäischen Schicksalsfragen das letzte Wort behalten müssen.«[299]

Nichttragfähige Schulden als tragfähiges Modell für dauerhafte Erpressung

Nach der Kapitulation von Alexis Tsipras und der von ihm geführten Syriza im Juli 2015 verschwand das Thema Griechenland, das ein gutes halbes Jahr lang die deutschsprachigen Medien beherrscht hatte, urplötzlich aus den Schlagzeilen und den Talkrunden. Die deutsche Bundeskanzlerin hatte die Umorientierung des öffentlichen Interesses damit erklärt, dass das Flüchtlingsthema Deutschland »weit mehr beschäftigen« werde »als Griechenland«. Einmal abgesehen davon, dass selbst das Flüchtlingsthema eng mit Griechenland verbunden ist, setzt sich das Drama in Griechenland selbst fort. Die Binnennachfrage wird mit dem neuen Memorandum nochmals reduziert. Mit der Privatisierungstreuhand wird der Ausverkauf des Landes – zu Schleuderpreisen, versteht sich – effizient organisiert. Generell, so eine Reportage im *Spiegel*, liege inzwischen »eine Mischung aus Gier und Verzweiflung über dem Land, eine irritierende Dringlichkeit. An ganz Griechenland klebt ein ›Zu-verkaufen‹-Schild.«[300] Ein wirtschaftlicher Aufschwung oder auch nur eine teilweise Belebung der Konjunktur erscheinen aufgrund der mit dem dritten Memorandum aufgezwungenen neuen Kürzungsmaßnahmen kaum vorstellbar – trotz neuer Modelle zur Streckung der Schulden. Die gesamten öffentlichen Schulden erhöhen sich 2016 nochmals massiv. Gemessen als Anteil am Bruttoinlandsprodukt werden die öffentlichen Schulden dann bei mehr als 200 Prozent liegen, also doppelt so hoch wie das BIP sein. Selbst Christine Lagarde, die Chefin des Internationalen Währungsfonds, erklärte mehrfach, dass Griechenlands Schulden »nicht mehr tragfähig« seien, dass sie niemals zurückbezahlt werden können. Weswegen sie nochmals Mitte Januar 2016 erklärte, der IWF könne sich, solange es keinen Schuldenschnitt gebe, nicht an einem dritten Memorandum beteiligen.

Dass die griechischen Schulden nicht tragfähig sind, wissen Schäuble, Dijsselbloem und Regling auch. Doch darum geht es nicht. Die Schulden werden

---

299. Jürgen Habermas, »Sand im Getriebe«, in: *Süddeutsche Zeitung* vom 23. Juni 2015. Habermas fährt hier wie folgt fort: »Zur postdemokratischen Einschläferung der Öffentlichkeit trägt auch der Gestaltwandel der Presse zu einem betreuenden Journalismus bei, der sich Arm in Arm mit der politischen Klasse um das Wohlbefinden von Kunden kümmert«.
300. Christoph Scheuermann, »Alles muss raus«, in: *Der Spiegel* 2/2016.

vielmehr immer wieder aufs Neue der Hebel sein, um Griechenland im Zustand eines Protektorats zu halten – eine Wertung, wie sie auch von Vertretern des Kapitals vorgenommen wird. So schrieb Claus Döring in der *Börsen-Zeitung* unter der programmatischen Überschrift »Euro-Kolonialismus«: »Dieselben Politiker, die noch eine Woche zuvor, wenn auch zähneknirschend, ihren Respekt vor der Entscheidung des griechischen Volkes bekundeten, keine weiteren als Spardiktat empfundenen Hilfsprogramme der verhassten Institutionen akzeptieren zu wollen, verordnen nun den Griechen ein noch viel härteres ›Spardiktat‹. Sie ringen dem Volkstribun Tsipras ein Vertragswerk ab, von dem sie wissen müssen, dass es die wirtschaftliche Kraft und die Reformbereitschaft des griechischen Volkes schlichtweg überfordert. [...] Brutaler lässt sich die Vision vom geeinten Europa nicht zerstören.«[301] Der Autor geht im Übrigen von der »absehbaren Nord-Süd-Spaltung der Währungsunion und der immer ›flexibleren‹ Regelinterpretation großer Euro-Länder wie Frankreich und Italien« aus.

Es sind jedoch inzwischen nur noch Einzelstimmen und verstreute Kommentare, die nach den September-2015-Wahlen in deutschen Medien das Thema Griechenland aufgreifen – teilweise allerdings durchaus mit deutlichem Tenor, so wenn die *Frankfurter Allgemeine Zeitung* feststellt, dass sich in Griechenland »die Stimmung gegen Tsipras« wende und dass nach neuen Umfragen »ein Drittel der jungen Griechen ihr Land verlassen« wollen.[302]

Notwendigkeit und neue Chancen von Solidarität

Diejenigen, die sich im ersten Halbjahr 2015 solidarisch mit dem Aufbruch in Griechenland zeigten, sollten nach der Niederlage diese Politik des Desinteresses, die die Gegenseite an den Tag legt, nicht kopieren. Deutlich zu machen ist, dass die Solidarität mit der griechischen Bevölkerung keine Modeerscheinung war. Und dass aus der griechischen Tragödie zumindest vier Lehren zu ziehen sind.

Eine *erste Lehre* lautet: Demokratie gerät zunehmend in Widerspruch zur »Eurokratie«, zur Herrschaft des Euro. Das Modell der Einheitswährung ist unter den gegebenen Bedingungen von Fiskalpakt und »Rettungsschirm« strukturell und insbesondere in den wirtschaftlich schwachen Eurozonen-Ländern mit der grundsätzlichen Missachtung demokratischer Entscheidungen verbunden. Es war gerade die griechische Krise, die einerseits diesen Zusammenhang

---
301. In: *Börsen-Zeitung* vom 15. Juli 2015.
302. *Frankfurter Allgemeine Zeitung* vom 24. November 2015 (zur Stimmung gegen Tsipras) und dieselbe Zeitung vom 21. November 2015 (zu den Auswanderungsabsichten).

deutlich machte. Und die andererseits die Entdemokratisierung der EU weiter vorantrieb, die Diktatur des Euro-Kapitals verstärkte und diese in neuen Strukturen verankerte.

Die *zweite Lehre*: Die Kritik, die Linke Ende der 1990er Jahre an dem Projekt Einheitswährung übten, traf nicht nur zu. Sie wurde von der Wirklichkeit noch deutlich übertroffen. Heute lesen sich die Sätze, die Gregor Gysi 1998 im Deutschen Bundestag sprach, wie eine Prophezeihung: »Ich behaupte: Der Euro kann spalten, denn er macht die Kluft zwischen den Mitgliedsländern der Europäischen Union und jenen, die nicht Mitglieder der EU sind, [...] größer. [...] Er unterscheidet innerhalb der EU zwischen Mitgliedsländern der EU, die an der Währungsunion teilnehmen, und jenen, die daran nicht teilnehmen. [...] Alle würdigen am Euro, dass sich die Exportchancen Deutschlands erhöhen würden. Wenn das denn so ist, dann müssen doch andere [...] Länder darunter leiden. [...] Das heißt: Wir wollen den Export Deutschlands erhöhen und damit die Industrie in Portugal, in Spanien und anderen Ländern schwächen. Die werde alle ver-ost-deutscht [= dem Osten Deutschlands ähnlich gemacht], weil sie diesem Export nicht standhalten können. [...] Deshalb sage ich: Das ist ein Euro der Banken und der Exportkonzerne, nicht [...] der Arbeitnehmerinnen und Arbeitnehmer.«[303]

Eine *dritte Lehre* lautet: Im Fall einer Konfrontation mit der Eurogroup muss es einen Plan B geben. Dabei ist es ein Missverständnis, wonach ein Plan B primär heißt oder sich gar darauf reduziert, den Euro als Währung aufzugeben. Seit dem von Giorgios Papandreou 2011 angedrohten Referendum haben Merkel & Schäuble immer wieder eine solche demagogische Reduktion vorgenommen. In dieser Logik war es auch effizient, die Linksabspaltung von Syriza, die Volkseinheit, als »Drachme-Partei« zu denunzieren. Ein »Plan B«, für den in der einen und der anderen Form immerhin prominente – keynesianisch geprägte, nicht-marxistische und fortschrittlich-bürgerliche – Ökonomen wie Nouriel Roubini, Joseph Stiglitz, Paul Krugman und James K. Galbraith plädierten, hätte zunächst drei andere Maßnahmen beinhalten müssen: So wäre ab Februar 2015 zu prüfen gewesen, die Bezahlung weiterer Rückzahlungen an EZB/EU und IWF zu verweigern. Eine Weigerung, die fälligen Raten zu zahlen, hätte in dieser entscheidenden Phase ein erhebliches Druckmittel in die Hand der griechischen Regierung gegeben. Griechenland zahlte im Zeitraum Februar bis Juni rund 8 Milliarden Euro an die Gläubiger, ohne neue – eigentlich zugesagte –

---

303. Gregor Gysi, Rede im Deutschen Bundestag am 3. April 1998, nach: Bundestagsdrucksache Protokoll Deutscher Bundestag.

Hilfsgelder zu erhalten. Das stellte einen unglaublichen Aderlass dar und war seitens Syriza als Goodwill-Aktion verstanden worden. Doch dieser Schuldendienst wurde mit keinem Euro Gegenleistung honoriert. Sodann – zweitens – stand die Verstaatlichung der griechischen Banken, die sich rein formell ohnehin faktisch in Staatshand befanden, auf der Tagesordnung. Und schließlich – drittens – ging es um die Kontrolle über die griechische Zentralbank und um die Einführung von Kapitalverkehrskontrollen, um damit fortgesetzte Kapitalflucht und die Ausblutung des Finanzsektors zu stoppen. Nur wenn als *Ergebnis* einer solchen Politik, die der Bevölkerung in Griechenland und vielen Menschen in Europa vermittelbar gewesen wäre, die Eurogroup Griechenland zum Verlassen der Eurozone gezwungen hätte, hätte man im Rahmen eines solchen »Plan B« auch für eine solche Situation Vorsorge treffen müssen – gegebenenfalls mit der Einführung einer internen Parallelwährung zum Euro. Just eine solche Politik der schrittweisen Konfrontation und der Absicherung mit einem »Plan B« war auf internationaler Ebene von Wirtschaftsnobelpreisträger Paul Krugman als sinnvoll erachtet worden.[304] Innerhalb von Syriza vertrat Varoufakis eine vergleichbare Position.[305] Entscheidend bei einem solchen Vorgehen – und mindestens so wichtig wie finanztechnische Details, wie sie Varoufakis inzwischen mit seinem »Plan Z« präsentierte – wäre die Absicherung durch eine demokratische Entscheidung an der Basis gewesen.

Die *vierte Lehre* lautet: Es ist auch heute, in Zeiten der von außen und vom Großkapital kontrollierten Massenmedien möglich, eine große Mehrheit der Bevölkerung für ein mutiges, solidarisches Projekt zu gewinnen. Diese erstaun-

---

304. »Der Wirtschafts-Nobelpreisträger Paul Krugman hat die linksgerichtete griechische Regierung in ihrem Kampf gegen die von den internationalen Gläubigern geforderten Sparmaßnahmen lange unterstützt – inzwischen ist er von Athen enttäuscht. Er habe die Kompetenz der griechischen Regierung vielleicht überschätzt, sagte Krugman in einem Interview mit dem US-Fernsehsender CNN. Das Referendum gegen ein weiteres Spar- und Reformpaket habe Syriza angesetzt, ohne einen Plan B in der Tasche zu haben für den Fall, dass die Finanzhilfen ausbleiben. ›Sie haben erstaunlicherweise geglaubt, dass sie bessere Bedingungen verlangen können, ohne einen Notfallplan in der Tasche zu haben‹, sagte Krugman. Mit dem dritten Hilfspaket habe sich Griechenland nun ›deutlich schlechtere Bedingungen‹ eingehandelt. ›Das ist natürlich ein Schock‹.« Nach: *Berliner Zeitung* vom 22. Juli 2015.
305. »Mein Standpunkt, den ich gegenüber der Regierung vertreten habe, war, dass, falls sie versuchen sollten, unsere Banken zu schließen, […] wir auch aggressiv antworten sollten, allerdings ohne den point of no return zu überschreiten. Wir sollten unsere eigenen Schuldscheine ausgeben oder wenigstens verkünden, dass wir unsere eigene, an den Euro gebundene Währung einführen, wir sollten einen Schuldenschnitt an den griechischen Anleihen vornehmen […] und wir sollten die Kontrolle der griechischen Zentralbank übernehmen. Das war das Tryptichon, das waren die drei Dinge, mit denen ich glaubte, auf eine Bankenschließung in Griechenland durch die EZB reagieren zu können.« *New Statesman*-Interview mit Jannis Varoufakis; nach: *Neues Deutschland* vom 15. Juli 2015.

liche Erfahrung wurde mit dem Referendumssieg vom 5. Juli 2015 unterstrichen. Die mehr als 60 Prozent der griechischen Bevölkerung, die an diesem Tag »Nein« zum zentralen EU-Projekt Memorandum Nummer 3 sagten, nahmen bei ihrem Votum eine Haltung ein, bei der – trotz enormer Notlage – die persönlichen, materiell geprägten Interessen hintenangestellt und die großen Ideen Demokratie, Souveränität, Würde und Solidarität ins Zentrum gerückt wurden.

Es sollte alles getan werden, damit möglichst viele der Menschen, die in Griechenland und europaweit den Aufbruch von Syriza mit Optimismus und Begeisterung begleiteten, sich nicht aus dem solidarischen Engagement zurückziehen. Auch nach der schweren Niederlage, die es mit dem dritten Memorandum gab, gibt es im deutschsprachigen Raum eine große Zahl von Griechenland-Solidaritätsgruppen, die mit einem bewundernswerten Engagement praktische Solidarität mit der griechischen Bevölkerung üben.

Alle diejenigen, die sich für die griechische Sache engagierten und die weiter in Sachen Griechenland aktiv bleiben, sollten sich das Ziel setzen, in dem Moment präsent zu sein, in dem sich als Folge der europäischen Krise ein *neues Fenster für einen europaweiten demokratischen Prozess öffnet*. Diese neue Öffnung wird es mit Sicherheit geben, da sich die Krise des Euro und die Krise der Eurozone aus Gründen der inneren Dynamik der Einheitswährung und der äußeren Krise der Weltwirtschaft verschärfen werden. Der bekannte US-amerikanische Ökonom James Galbraith argumentiert mit Blick auf die Entwicklung in Griechenland nach dem Referendum, dass die »Wahrscheinlichkeit hoch (ist), dass der Euro über kurz oder lang zerbricht.«[306]

Im Fall einer solchen neuen politischen Öffnung kann auf den Erfahrungen und nicht zuletzt auf dem Mut, der Phantasie und der Leidenschaft derjenigen aufgebaut werden, die sich in den vergangenen Jahren im Rahmen des Aufbruchs in Griechenland für Demokratie und Menschenwürde engagiert haben.

---

306. James Galbraith, »Erschlagen von der schwarzen Null«, in: *Süddeutsche Zeitung* vom 12. August 2015.

»Insgesamt handelt es sich um ein Buch, das ausgezeichnet informiert und auf dessen Grundlage sich um Gegenwarts- und Zukunftsfragen trefflich streiten lässt.«

Neues Deutschland

Winfried Wolf

Sieben Krisen – ein Crash

ISBN 978-3-85371-299-3, br.,
256 Seiten, 17,90 €

»Winfried Wolf kritisiert nicht nur das vorherrschende System, er liefert auch konkrete Alternativen und unbequeme Antworten.«

Wochenzeitung

Winfried Wolf

Verkehr. Umwelt. Klima

Die Globalisierung des Tempowahns

ISBN 978-3-85371-300-6, geb.,
512 Seiten, 36,90 €

» In den kapitalismuskritischen und fortschrittsskeptischen Diskurs reiht sich dieses kompakte Buch auf anregende Weise ein.««

Der Standard

Fabian Scheidler

Das Ende der Megamaschine

Geschichte einer scheiternden Zivilisation

ISBN 978-3-85371-384-6, br.,
272 Seiten, 19,90 €
E-Book: ISBN 978-3-85371-826-1, 15,99 €